Ralf Gréus

MIT DEM WOHNMOBIL DURCH UMBRIEN UND DIE MARKEN

mit Bolsena-See und Trasimenischem See

Die Anleitung für einen Erlebnisurlaub

DER WOHNMOBIL-VERLAG
D-98634 Mittelsdorf/Rhön

Die Deutsche Bibliothek – CIP-Einheitsaufnahme

Bibliografische Information der Deutschen Bibliothek

Die Deutsche Bibliothek verzeichnet diese Publikation in der Deutschen Nationalbibliografie.
Detaillierte bibliografische Daten sind im Internet über <http://dnb.ddb.de> abrufbar.

Titelbild: Urbino (Tour 12)

Vollständig überarbeitete und erweiterte 2. Auflage 2015

Karten und Fotos:
alle Karten vom Autor
Fotos: Umschlaginnenseite vorn Regine Staudt, S. 64 und 65 unten Reinhard Korn, S. 59 © iStock.com/dulezidar, S. 70 © iStock.com/stevenallan, S. 105 unten © iStock.com/pavel068, S. 133 unten © iStock.com/milla1974, S. 172 © iStock.com/PinoPhoto, S. 194 © iStock.com/clodio, S. 248 © iStock.com/infografick, S. 249 © iStock.com/irenvladimir, S. 252 unten Reinhard Schulz, alle anderen vom Autor

Druck:
www.schreckhase.de

Vertrieb:
GeoCenter, 70565 Stuttgart

Herausgeber:
WOMO-Verlag, D-98634 Mittelsdorf/Rhön
GPS: N 50° 36' 38.2" E 10° 07' 55.6"

Fon: 0049 (0) 36946-20691
Fax: 0049 (0) 36946-20692
eMail: verlag@womo.de
Internet: www.womo.de

Autoren-eMail: Greus@womo.de

ISBN 978-3-86903-122-4

Einladung

Die Toskana mit ihren bezaubernden Landschaften und unendlichen Kunstschätzen haben Sie schon ausgiebig bereist. Vielleicht waren Sie traurig, als unser Autor in Band 8 kurz vor dem Trasimenischen See und nördlich des Sees von Bolsena noch vor den Fresken von Assisi abgebogen ist, anstatt weiter nach Osten bis nach Urbino und an die Adria vorzustoßen.

Wir liefern die Beschreibung dieser Gebiete mit vorliegendem Buch nach, erweitert um Hinterland und Küste der Marken, wobei schon im Vorwort bei vielen von Ihnen die Wissenslücke geschlossen werden soll, wo eigentlich die Marken, italienisch *Marche*, liegen:

Im Norden beginnen sie glücklicherweise erst südlich von Rimini, sie grenzen im Westen an die Toskana und Umbrien und sie enden im Süden auf der Linie von Ascoli Piceno, noch vor den Abruzzen. Bestandteil der Marken ist ein Küsten-Abschnitt der Adria von etwa 150 km Luftlinie.

Womöglich gehören Sie zu den Lesern, die mal wieder etwas wirklich Neues kennen lernen möchten, ein Gebiet, das touristisch noch nicht voll erschlossen ist, mit landschaftlichen und kulturhistorischen Schönheiten abseits der Haupttouristenstrecken und mit unverfälschten italienischen Städten. Dann folgen Sie doch in diesem Buch Ralf Gréus, der seine Touren durch Umbrien und die Marken mit zahlreichen Badeplätzen an den Seen und der Küste ergänzt, und Ihnen richtige Badeferien bietet.

Wir bleiben auch in dieser gründlich überarbeiteten und abermals erweiterten Auflage unserer Linie treu und nennen Ihnen für Sie ausgewählte Stellplätze, die schönsten Campingplätze, aber auch Sehenswürdigkeiten, gute Lokale sowie kleine und größere Besonderheiten aus der Sicht des Reisenden im Wohnmobil.

Dabei wünsche ich Ihnen eine genussvolle Entdeckungsreise,

Ihre

Waltraud Roth-Schulz

Sehr geehrter Leser, lieber WOMO-Freund!

Reiseführer sind für einen gelungenen Urlaub unverzichtbar – das beweisen Sie mit dem Kauf dieses Buches. Aber aktuelle Informationen altern schnell, und ein veralteter Reiseführer macht wenig Freude.
Sie können helfen, Aktualität und Qualität dieses Buches zu verbessern, indem Sie uns nach Ihrer Reise mitteilen, welchen unserer Empfehlungen Sie gefolgt sind (freie Stellplätze, Campingplätze, Wanderungen, Gaststätten usw.) und uns darüber berichten (auch wenn sich gegenüber unseren Beschreibungen nichts geändert hat).
Bitte füllen Sie schon während Ihrer Reise das Info-Blatt am Buchende aus und senden Sie es uns unmittelbar nach Ihrer Rückkehr zu.
Dafür gewähren wir Ihnen bei späteren Buchbestellungen direkt beim Verlag ein Info-Honorar von 10%.
Aktuelle Korrekturen finden Sie unter: www.forum.womoverlag.de

Um die freien Übernachtungs- und Campingplätze auf einen Blick erfassen zu können, haben wir diese im Text in einem Kasten nochmals farbig hervorgehoben und, wie auf den Karten, fortlaufend durchnummeriert. Wir nennen dabei wichtige Ausstattungsmerkmale und geben Ihnen eine kurze Zufahrtsbeschreibung. "Max. WOMOs" soll dabei andeuten, wie viele WOMOs dieser Platz maximal verträgt und nicht, wie viele auf ihn passen würden (schließlich gibt es auch Einwohner und andere Urlauber)!
Übernachtungsplätze mit **B**ademöglichkeit sind mit hellblauer Farbe unterlegt. **W**anderparkplätze sind grün gekennzeichnet. **P**icknickplätze erkennen sie an der violetten Farbe. Auf Schlafplätzen, denen die gerade genannten Merkmale fehlen – also auf einfache **S**tellplätze – weist die Farbe Gelb hin. Empfehlenswerte **C**ampingplätze haben olivgrüne Kästchen. Wanderungen, die wir Ihnen besonders ans Herz legen möchten, haben wir hellgrün unterlegt.

Und hier kommt das Kleingedruckte:
Jede Tour und jeder Stellplatz sind von uns bereits mehrfach überprüft worden, wir können jedoch inhaltliche Fehler nie ganz ausschließen. Bitte achten Sie selbst auf Hochwasser, Brandgefahr, Steinschlag und Erdrutsch!
Verlag und Autoren übernehmen keine Verantwortung für die Legalität der veröffentlichten Stellplätze und aller anderen Angaben. Unsere Haftung ist, soweit ein Schaden nicht an Leben, Körper oder Gesundheit eingetreten ist, ausgeschlossen, es sei denn, unsere Verantwortung beruht auf Vorsatz oder grober Fahrlässigkeit.

Inhaltsverzeichnis

Zeichenerklärungen für die Tourenkarten

Touren / abseits der Touren

Linien		Symbole	
	Autobahn		Kirche, Kloster
	4-spurige Straße		Burg, Schloss, Ruine
	Hauptstraße	1493 m	Berggipfel
	Nebenstraße		Ausgr./antik. Bauw.
	Schotterstraße		Sehenswürdigkeit
	Wanderweg		Aussicht, Rundsicht
11 12 13 14	WOMO-Stellplatz, Wander-, Picknick-, Badeplatz (nicht für freie Übernachtungen)		Trinkwasser/Dusche
		V E	Ver-/Entsorgung
11 12 13 14	WOMO-Stellplatz, Wander-, Picknick-, Badeplatz (geeignet für freie Übernachtungen)	?	Problemstrecke
		24 C	empf./sonst. Camping

Alle Stell- und Campingplätze sind im Text und auf den Tourenkarten fortlaufend durchnummeriert mit Positionsangaben: N 50° 36' 38" E 10° 07' 12"

Gebrauchsanweisung

Die meisten Leser dürften sich vorliegendes Buch vermutlich als Fortsetzung der Toskana-Reisen gekauft haben. Das wäre zumindest konsequent. Denn fast jeder, der die hiesigen Touren ansteuert, kommt über Florenz, zumindest von Westen. Aber es wäre völlig falsch, in den nachfolgenden Reisebeschreibungen nur die literarische Zugabe zu sehen, ein Anhängsel an die berühmten Tourismus-Hochburgen, eine Art Toskana zweiter Klasse.

Nachdem die Toskana in einem einzigen, umfangreicheren Buch zusammengefasst worden ist, war Platz, das Zielgebiet dieses Reiseführers bis an die Adria auszudehnen. Der Kardinalfehler schlechthin wäre es allerdings, dies soll am Beginn der Gebrauchsanweisung schon gesagt werden, den Schwerpunkt des Buches am Meer zu suchen und die reizvollen Landschaften der Marken hinter der Küste zu versäumen. Wo eigentlich die italienische Region *Marche* (Marken) genau liegt, wurde Ihnen schon in der Einladung auf Seite 3 verraten (siehe auch auf der hinteren Umschlaginnenseite).

Wenn Sie meinen Tourenvorschlägen folgen, werden Sie schnell merken, dass Sie die Region zwischen der Toskana und der Adria gehörig unterschätzt haben.

Die Ziele dieses Buches taugen demnach genauso für einen vollwertigen Urlaub, zumal sie trotz ihrer wunderbaren Landschaften und ihrer hervorragenden Sehenswürdigkeiten überwiegend nicht überlaufen sind. Wenn Sie Umbrien und die Marken erst einmal kennen gelernt haben, werden Sie hierher immer wieder zurückkehren. Auch weil der Badeurlaub am Bolsena-See, in Latium, mit vorliegendem Buch geplant werden darf.

Wir gehen davon aus, dass es ein Gebot der Nachfrage nach Umbrien und den Marken ist, wenn wir Ihnen diesen Band 12 als vollwertiges Mitglied der WOMO-Reihe präsentieren.

Den ‚Schwarzen Peter' dieser Prämisse halten wir nun beide in der Hand: Sie als Leser (und Käufer), weil Sie vor und nach den eigentlichen Touren, Dinge lesen müssen, die ähnlich auch im Toskana-Buch vorkommen. Und ich als Autor, weil ich für dasselbe, zumindest für Ähnliches, andere Worte finden müsste. Dies gilt für die Tipps, den Allgemeinen Teil, hinten nach den Touren, in besonderem Maße. Ich empfehle Ihnen dennoch, dass Sie sich auch jetzt vor der Reise die Tipps zu Gemüte führen, weil Sie dort das nachlesen können, was für alle Touren gilt.

Das Prinzip des Buches entspricht im Großen und Ganzen der WOMO-Reihe, von der Sie vielleicht schon gemerkt haben, dass die Autoren unterschiedlich gewichten, es ist auf jeden Fall subjektiv. Was erwähnt werden muss, wird nicht verschwiegen, aber es wird mit meinen Augen betrachtet, die manches anders wahrnehmen als Sie es sehen.

Dabei mögen Sie bitte daran denken, dass ich Ihnen neben rein praktischen Ratschlägen im Grunde nur eine Anleitung für Ihre Reisen gebe, also eine Art Gebrauchsanweisung für den eigenen Erlebnisurlaub. Die Gewohnheiten und Vorlieben unserer Kundschaft sind dermaßen unterschiedlich, dass nichts unmöglicher ist, als einen Reiseführer zu schreiben, der jedem in allen Punkten gleichermaßen gefällt. Sie erhalten detailgenaue Angaben, mit dem Risiko, dass die eine oder andere vielleicht schon nicht mehr stimmt, wenn das vorliegende Buch gedruckt wird. Dieses Problem lässt sich leider nur durch kleinste Auflagen verringern oder dadurch, dass man Detailangaben in einem Reiseführer einfach weglässt. Ich habe mich lieber für Genauigkeit entschieden und bitte Sie ausdrücklich um Hinweise über Änderungen, aber auch um Nachsicht für den Lauf der Dinge.

Meine Tourenbeschreibungen sollen Ihnen einen Eindruck von der **Wirklichkeit** geben, die Sie nach meiner Mutmaßung vor Ort erwartet. Dabei kann ich mich täuschen, weil alles, was ich bereise, von meinen Mitreisenden und mir in einer konkreten Situation subjektiv erlebt wird. Nicht selten musste ich ganze Passagen einer Tour wieder umschreiben, wenn ich ein und dasselbe Gebiet nur ein paar Monate oder ein Jahr später erneut bereist habe, weil mein eigenes Erleben plötzlich ganz anders war als beim Besuch zuvor.

Unsere Urlaube verliefen im Sommerhalbjahr – in den letzten Jahren nicht mehr zwischen dem 10. 7. und 20.8. – in etwa auf den Routen, in die ich die einzelnen Reisebeschreibungen aufgeteilt habe. Ich könnte mir vorstellen, dass so ähnlich auch Ihre Fahrten ausfallen. Sie werden schnell merken, dass ich gelegentlich etwas mogeln musste, denn nicht immer haben wir die Touren so in einem Stück durchgezogen. Vor allem werden Sie merken, dass ich immer noch nicht das Gebiet vollständig bereist und beschrieben habe. Trotzdem tauchen fast alle bekannten Ziele in diesem Buch auf, daneben auch zahlreiche weniger berühmte, jedoch umso liebenswertere Orte.

Dabei kommen die **Bau- und Kunstdenkmäler** nicht zu kurz, wobei Sie aber bitte daran denken, dass ich einen Wohnmobilführer geschrieben habe und nicht mit den Kunstreiseliteraten wetteifern möchte. Die angegebenen **Öffnungszeiten** und noch mehr die **Preise** haben ein sehr kurzes Verfallsdatum, sie dienen hauptsächlich einer groben Orientierung. Ich erwähne in der Regel nur die nicht ermäßigten Preise und meistens nur die Öffnungszeiten von April bis Oktober. Dabei gebe ich, soweit mir bekannt, die Kassenöffnungszeiten an, weil ich annehme, dass Sie eine Eintrittskarte benötigen.

Bei keinem anderen Thema unterscheiden sich die Geister so sehr wie beim Essen. Es gibt Leute, die beim Öffnen mitgebrachter Konserven am Herd des Wohnmobils zu Hochform auflaufen. In diesem Buch werden Sie das nicht lernen. Denn ich gehe davon aus, dass Sie sich in Italien, einem Land mit einem großen kulinarischen Angebot, das eine oder andere Abendessen im ***Ristorante*** gönnen. Sie werden also köstliche Möglichkeiten zum finanziellen Aderlass finden, daneben aber auch einfache Pizzerien. Eigentlich wäre es mein Wunsch, Ihnen zu jedem Stellplatz auch die gastronomische Antwort zu bieten. Getreu meinem Grundsatz, Ihnen die Möglichkeiten aufzuzeigen, die anzunehmen Ihnen überlassen bleiben soll. Da auch wir ab und zu kochen, bleibt dieses Vorhaben lückenhaft, zumal ich meistens einem weiteren Anliegen folge, Sie nämlich positiv zu stimmen und daher den Anspruch aufgegeben habe, Ihnen auch von allen unseren negativen Restaurant-Erfahrungen zu berichten – die in Italien deutlich seltener sind als in Frankreich. In den erwähnten Lokalen werden Sie also überdurchschnittlich gut, wenn auch nicht immer ganz preiswert, speisen. Ich bin nämlich der Meinung, in einen Reiseführer gehöre gastronomisch mehr als schierer Durchschnitt.

Sie finden in Umbrien wie auch in den Marken schöne **Wanderreviere**, solange Sie nicht im Hochsommer danach suchen. Ich nehme Sie daher mit auf Rundwanderungen unterschiedlicher Länge und nenne Ihnen die dazu erforderliche Wanderkarte (meistens geht es auch ohne, weil die Markierungen fast flächendeckend zugenommen haben) sowie die von uns benötigten Gehzeiten. Damit ich im Text die gehfaulen Leser nicht quäle, und damit diese leichter weiterlesen können, sind die Beschreibungen von Wanderstrecken grün unterlegt.

Aber deswegen haben Sie diesen Reiseführer nicht gekauft. Sie planen eine Reise in einem Wohnmobil und erwarten Vorschläge für **Stell- und Campingplätze**. Ich helfe Ihnen bei der Suche, und habe zu Ihrer Orientierung häufig die Plätze fotografiert (längst nicht alle, weil die Fotos sich allzu ähnlich sehen würden). Nicht alle kommen für Wohnmobile im Lastwagenformat in Frage, wenngleich ich überwiegend auch auf die für den jeweiligen Stellplatz möglichen WOMO-Größen eingehe (wobei es sehr schwierig ist, sich nur in der Vorstellung in ein Wohnmobil größerer Dimensionen zu setzen – Maßangaben sind daher nicht mehr als eine grobe Schätzung). Manche meiner Tipps sind für Fahrzeuge mit einem Gesamtgewicht von über 3,5 t nicht zugänglich, weil einige Strecken für LKW verboten sind. Ich weise nicht auf diese seltenen Gewichtsbeschränkungen hin, weil sie nach meinen Beobachtungen von Wohnmobilchauffeuren nicht beachtet und Verstöße von der Obrigkeit nicht beanstandet werden. Aber alle Plätze waren zum Zeitpunkt der Recherche ohne Feinstaubplakette oder eine vergleichbare Ausnahmegenehmigung erreichbar.

Aus vielen Zuschriften haben wir Autoren des WOMO-Verlages erfahren, wie unterschiedlich die Gewohnheiten und Bedürfnisse der Leser sind. Wir können mit unseren Büchern nicht alle gleichermaßen ansprechen, und nicht jeder Tipp kommt für jeden in Frage. Das gilt vor allem für Stellplätze, die klein oder nur über schmale Zufahrten erreichbar sind. Dummerweise gehören bisweilen gerade schöne Plätze zu dieser Sorte. Sollen wir diese den Lesern vorenthalten, die sich bewusst für ein kurzes, niedriges und vor allem schmales Wohnmobil entschieden haben, nur um die anderen Leser, die in ihrer Behausung mehr Wert auf Platz und Komfort legen, nicht zu enttäuschen? Wobei es die Industrie den Käufern schwer macht, weil die Konstrukteure über Jahre immer breitere Fahrzeuge entwickelt haben, bei denen die Abnahme an Mobilität das Quäntchen an Verbesserung des Komforts weit übersteigt. Ich finde, dass ein Reisemobil, mit dem man wirklich reist (und nicht nur gelegentlich den Standort wechselt), so klein wie möglich und nicht breiter als 2,30 m sein sollte. Und ich habe den Eindruck, dass die Industrie das allmählich versteht und zunehmend schmale Alternativen zu übergroßen Wohnmobilen anbietet.

Mit den Empfehlungen einsamer Plätze (die stets als einsam bezeichnet sind), spreche ich nicht nur die Halter von Rottweilern und ähnlicher Sicherheitsvorkehrungen an oder die Unverzagten, sondern ich biete Ihnen damit zugleich Möglichkeiten, mit denen Sie den Tag auch mal auf dem Klappstuhl oder in Ruhe verbringen können. Sie müssen dort nicht unbedingt übernachten.

Bitte beachten Sie auch, dass sich die meisten Stellplätze nicht für jede Jahreszeit gleichermaßen eignen. Bei meinen Reisen konnte ich mich beispielsweise im Frühjahr für Plätze begeistern, auf die ich mich im Sommer nie stellen würde – und umgekehrt.

Die WOMO-Führer listen die **Positionen** aller Stell- und Campingplätze auf. Einzelheiten dazu und zur unterschiedlichen Darstellung der so genannten Winkelschreibweise finden Sie hinten bei den Tipps unter der Überschrift *GPS*.

»Freie« Stellplätze werden in diesem Buch auch solche genannt, die Geld kosten. Sie nehmen immer mehr zu und unterscheiden sich bisweilen gar nicht mehr so sehr von **Campingplätzen**, die ich selbstverständlich auch erwähne. Allerdings ist deren Anzahl gerade im Landesinnern nicht sehr groß (aber für reine Campingplatzschläfer ausreichend). So fiel es mir leicht, alle guten zu erwähnen, zumindest die meisten. Aber ich bewerte kaum die sanitäre Ausstattung. Mein Augenmerk liegt auch nicht in der detailgenauen Differenzierung der Campingplatzführer, sondern bei den landschaftlichen und atmosphärischen Reizen. Das bei den Campingplätzen angegebene **Preisniveau** ist nur eine Orientierung und bezieht sich auf einen Platz für ein WOMO mit zwei Personen in der preiswertesten und in der teuersten Zeit – ohne Strom, Hund und Kurtaxe. Die genannten Öffnungszeiten variieren und haben sich in der Vergangenheit nicht als absolut zuverlässig erwiesen.

Immer wieder höre ich Klagen über **Parkgebühren** oder **andere Entgelte**, und es entsteht der Eindruck, dass nur der die perfekte Wohnmobilreise erlebt, der möglichst wenig ausgibt. Das verstehe ich nicht, habe ich nämlich nicht den Eindruck, die meisten meiner Kollegen hätten nach der Anschaffung ihres Wohnmobils den letzten Groschen aus der Hand gegeben. Wie kann man sich darüber beklagen, dass man für eine Nacht fünf Euro bezahlen muss, wenn man Sechzigtausend oder mehr für einen Neuwagen hingeblättert hat, der schon durch die erstmalige Zulassung zehn Prozent seines Wertes eingebüßt hat und wenn man auf höchstens fünfunddreißig Kilometern Kraftstoff für diese fünf Euro verbläst.

In einer Welt, in welcher der Tourismus eine feste Wirtschaftsgröße ist, sollten wir in keiner Sekunde daran zweifeln, dass wir nur dort, wo wir auch Geld ausgeben, in Zukunft geduldet sind. Damit meine ich nicht verschwiegene Plätzchen in untouristischen Gebieten, sondern den Wohnmobilurlauber als in Haufen auftretende Spezies. Warum sollten einer solchen Gruppierung Wasser, Müllkapazitäten, Toilettenanlagen, wertvolles Bau-, Garten- oder Agrarland unentgeltlich zur Verfügung gestellt werden, wenn der Nutzer nur das konsumiert, was er in seiner voluminösen Heckgarage herangekarrt hat? Diese Zeiten sind in allen Gebieten, in denen mit dem Tourismus Geld verdient wird, vorbei. Sie werden auch nicht wiederkehren, ganz gleich, wie laut man sie beklagt.

Die in diesem Buch angegebenen **Stellplatzgebühren** enthalten meistens keinen Strom und bisweilen auch kein Wasser. Die Entgelte dafür habe ich bewusst nicht erfasst, weil sie sich noch häufiger ändern als alles andere, und ich es für nicht naheliegend halte, dass Sie einen Stellplatz beispielsweise nach den Stromkosten auswählen.

Von einem Wohnmobil-Führer erwarten Sie natürlich Angaben über **Entsorgungsstationen** und über **Wasserstellen**. Aber nicht an jedem Wasserhahn kann das WOMO mit dem Schlauch befüllt werden. Manchmal müssen Sie das Wasser in Behältnissen ein Stück tragen.

Wenn ich bei den Stellplätzen **Toiletten** erwähne, geschieht dies in erster Linie nicht als Möglichkeit zur Entleerung des Chemieklos (dessen Inhalt Sie nur ausnahmsweise und rücksichtsvoll einer öffentlichen Toilette überlassen sollten), sondern das dient mehr den Lesern mit Campingbusausbauten oder der Schonung des eigenen Tanks.

Jeder unserer Touren stelle ich eine Übersicht voran, in der ich Ihnen Besichtigungsvorschläge mache, eine oder mehrere

Gaststätten empfehlen, in der ich Ihnen Stellplätze nenne und Sie oft auch auf Wander- und Ausflugsrouten hinweise. Diese Angaben sind dann im folgenden Text näher beschrieben.

Seit die **Navigationsgeräte** Einzug in die Führerhäuser der meisten Wohnmobile gehalten haben (auch in unseres, obgleich wir nicht zu den Trendsettern technischen Fortschritts gehören), muss sich Ihnen nicht mehr erklären, wie Sie die Stellplätze finden. Falls Sie Ihr Gerät mal vergessen, sollten Sie sich mit den **Himmelsrichtungen** vertraut machen, weil ich Sie mit den Angaben *‚rechts'* oder *‚links'* nur so lange zum Ziel führen kann, wie Sie sklavisch an den Tourstrecken kleben.

Bei realistischer Betrachtung sind die Navigationsgeräte eher der (unnatürliche) Feind des Reisebuchautors. Sie nehmen ihm die Aufgabe ab, seine Leser positiv motiviert zum Ziel zu führen und entbinden diese von der Pflicht, sich mit Hilfe einer Karte zu orientieren. So fahren die Leute heute buchstäblich planlos durch die Gegend. Der Weg ist längst nicht mehr das Ziel. Die Fixiertheit auf das Ende einer Strecke steht aber in diametralem Widerspruch zu dem Anliegen der WOMO-Reihe, weil das Reisemobil nicht erfunden worden ist, um anzukommen, sondern um unterwegs zu sein.

Die **Entfernungsangabe** neben der Tourüberschrift bietet verständlicherweise nur einen groben Anhaltspunkt über die Länge der Tour und betrifft die Entfernung ab dem letzten Stellplatz der vorhergehenden Tour, soweit diese an die beschriebene Tour unmittelbar angrenzt.

Die zu den Touren gehörende **Tourenkarte** soll Ihnen die Orientierung ermöglichen, sie macht aber ebenso wenig wie das Navigationsgerät die professionelle Straßenkarte überflüssig (eine solche im Maßstab 1: 200.000 setze ich voraus). Die Straßennummerierung wurde in Italien stellenweise verändert. Ich kann nicht dafür garantieren, dass ich das bei allen Beschreibungen und auf allen Karten fehlerfrei berücksichtigt habe.

In der **hinteren Umschlagseite** finden Sie eine **Übersichtskarte**, die Ihnen ein erstes Verständnis darüber verschafft, in welchen Teilen des Reisegebietes die einzelnen Touren verlaufen.

Wie alle Reiseführer enthält auch dieses Buch Fehler, und es wird unaktuell. Alle Empfehlungen sind kurzlebig, wobei zuletzt mehr Restaurant- als Stellplatztipps dem Lauf der Dinge zum Opfer gefallen sind. Sie helfen uns also wirklich sehr, wenn Sie uns schreiben und uns dabei auch Orte nennen, die in diesem Buch (noch) nicht vorkommen. Gehen Sie bitte nicht davon aus, dass uns von Ihren Erfahrungen schon ein anderer Leser berichtet hat. **Wir sind auf die Mithilfe unserer Kunden angewiesen**. Sie unterstützen uns genauso, wenn

Sie berichten, dass alles noch so ist, wie wir es beschrieben haben (nichts ist öder als für die Neuauflage tagelang bereits empfohlene Stellplätze abzuklappern, um dann festzustellen, dass sich nichts verändert hat). Wir bitten Sie daher dringend um Ihre Zuschrift an den Verlag oder an

Dr. Ralf Gréus
Bahnhofanlage 18
D 68723 Schwetzingen
Fax: 0049/6221/980531,
e-mail: greus@womo.de

wobei nach einer E-Mail (idealerweise eine pro Buch) die Weiterverarbeitung Ihrer Informationen am leichtesten ist. Um Ihnen das Feedback zu erleichtern, befindet sich hinten im Buch eine vorbereitete Antwortkarte, mit der Sie sogar einen Bonus für Neubestellungen verdienen können. Noch lieber ist mir, ehrlich gesagt, wenn Sie das Prinzip einer solchen Antwortkarte in einer E-Mail aufgreifen, weil ich damit Ihre Zuschriften besser sortieren kann (Sie bekommen auch damit den Bonus). Bitte beschreiben Sie Selbstentdecktes, vor allem Stellplätze, möglichst genau, mit Koordinaten oder zumindest Himmelsrichtungen. Ich beantworte grundsätzlich alle an mich direkt gerichteten individuellen Schreiben, manchmal aber erst nach Monaten! Ich bitte um Nachsicht, wenn mir dennoch bisweilen auch mal ein Missgeschick unterläuft und ich die Antwort auf eine bestgemeinte Zuschrift vergesse. Denn meine Danksagungen sind bewusst nicht automatisiert.

Bitte beachten Sie auch die Hinweise auf Seite 4.

Informieren Sie sich unter www.forum.womoverlag.de über Stellplatzsperrungen und ähnliche Veränderungen und vermitteln Sie dort mit eigenen Beiträgen anderen Lesern aktuelle Informationen!

Zum Weg nach Umbrien und in die Marken ist eigentlich in Band 8, das ist unser Toskanaführer, schon alles gesagt. Entweder kommen Sie nämlich aus unseren westlichen Reisegebieten oder Sie steuern sofort Umbrien und die Marken an, wozu Sie denselben Hinweg nehmen. Zur Autobahn Florenz-Bologna gibt es dann keine echte Alternative. Und auf dem direkten Weg an die Küste brettern Sie einfach weiter, bis Sie Rimini hinter sich haben.

Auch ich kann Ihnen in diesem Buch keine neuen Wege nach Bologna nennen, die Stellplätze für unterwegs sind ebenfalls schon abgearbeitet, unter anderem in den Süditalienbüchern des Verlages. Ich beschränke mich daher hier auf ein paar Tipps. Zum Beispiel wie man die A 5 in Deutschland, das ist die Autobahn über Karlsruhe nach Basel, umschifft und dann möglichst staufrei und dennoch zügig über die Alpen kommt.

Wer sonntags morgens losfährt, wird selten Probleme mit Staus haben. Ganz im Gegensatz zu dem, der freitags nachmittags oder samstags sorgenvoll den Verkehrsfunknachrichten lauscht. Um ehrlich zu sein, wir gehören auch nicht zu den Leuten, die nach Ferienbeginn erst einmal zwei Tage zu Hause auf dem Balkon relaxen und stolz auf sich sind, dass sie nicht so blöd sind wie die anderen. Unser Italien-Urlaub beginnt schon am Freitagnachmittag oder Samstag, aber auf **alternativer Strecke**: Parallel zur deutschen Autobahn verläuft jenseits des Rheins auf **elsässischer Seite** eine Straße, die inzwischen vollständig vierspurig ausgebaut ist, auf der man kaum langsamer vorankommt. Fahren Sie über Speyer, Germersheim auf der vierspurigen B 9 nach Lauterbourg (davor etwa 8 km Landstraße) und im Elsass weiter nach Strasbourg! Aber da wir auch nicht am Abend bei Basel oder am nächsten Tag vor dem Gotthard-Tunnel (vor Ferienbeginn bis zu 4 Stunden Wartezeit) im Schritttempo voran kriechen wollen, bleiben wir zwei Nächte im Elsass, um dann dort am Sonntagmorgen staufrei in Richtung Toskana/Umbrien/Marken zu starten. Sie glauben nicht, wie schön die ersten eineinhalb Urlaubstage bei einer solchen Planung sind, zumal das Elsass allein schon einen ganzen Urlaub lohnt. Stellplätze und viele Tipps gebe ich in Band 6 der WOMO-Reihe, *Mit dem Wohnmobil ins Elsass*. Nicht nur der Reklame wegen prophezeie ich, dass Ihre südeuropäischen Urlaube, haben Sie diese Variante erst einmal getestet, demnächst häufiger seitlich der elsässischen Autobahn beginnen. Stattdessen oder daneben finden Sie auch im Reiseführer des WOMO-Verlages über die

Ostschweiz (Band 51 der WOMO-Reihe) gute Möglichkeiten, um die Reisewelle auszusitzen.

Bis in die Schweiz hinein kann man (sogar im Elsass) deutsche Verkehrsfunknachrichten hören, die auch von Staus an der Zufahrt zum Gotthard-Tunnel berichten. Bis zum Gotthard-Tunnel und – auf dem Heimweg – sogar südlich desselben empfangen Sie den deutschsprachigen schweizer Sender DRS 1 auf den Frequenzen 95,4 oder 89,4 oder DRS 3 auf 104,4. Man kann dann häufig noch rechtzeitig über Zürich, Chur und durch den **St. Bernardino-Tunnel** ausweichen oder neben der Autobahn auf der Landstraße fahren (falls die Einfahrt vor dem Tunnel gesperrt ist, wird Ihnen das an der Straße mitgeteilt). Oder Sie fahren im Sommer einfach über den **Gotthard-Pass**, was für WOMOs aller Größen überhaupt keine Schwierigkeiten bereitet.

am Gotthard-Pass

Spätestens im Tessin, bei Locarno, führen alle Strecken wieder zusammen. Das nächste Nadelöhr ist dann die schweizerisch-italienische Grenze bei Chiasso, wo man die Fahrzeugschlange an der Zollstation rechts umfahren darf, wenn man die Fahrspur für Busse und Wohnwagen benutzt, ehe dann auf dem Weg nach Milano bald die erste Mautstelle zum Bremsen nötigt.

Wenn Sie aus den östlichen Gefilden Deutschlands oder Österreichs stammen, werden Sie zwangsläufig die **Brenner-Strecke** nehmen und wissen, dass Sie sich zur Reisezeit am Wochenende auch dort mit ähnlicher Geduld wappnen müssen, weshalb ich auch hier wieder die Landstraße zur Diskussion stelle.

Falls Sie unterwegs gerne trödeln und Ihnen auf der Gotthardroute ein Umweg von 45 km (einfache Fahrstrecke) nicht zu weit ist, können Sie sich einen erlebnisreichen Abend gönnen, wenn Sie bei Bologna auf die A 13, Richtung Padua, nach Norden abbiegen, und die Autobahn in Höhe von Ferrara, an der Autobahnausfahrt *Occhiobello*, verlassen. Sie finden dann bei Occhiobello einen Wegweiser zum **Ristorante *Il Mulino sul Po***, der italienischen Form von Erlebnis-Gastronomie *(Sonntagabend, montags und Dienstagabend geschlossen).* Das Restaurant, es wurde mir von Lesern empfohlen (was Sie animieren sollte, mir ebenfalls zu schreiben), liegt nicht nur am, sondern regelrecht auf dem Po. Es ist nämlich so etwas wie ein Hausboot, auf dem es keine Speisekarte gibt, aber eine furiose Folge von Köstlichkeiten, die mit einem 30-teiligen Vorspeisen-Buffet beginnt, von dem man schon fast satt ist, bevor danach Gang für Gang aufgetragen wird. Das Ganze kostet 25 Euro, was nur dadurch möglich ist, dass man sich nicht der großen Küche verschrieben hat. Alles das übersteht man nur mit entsprechenden »Verdauungshilfen«, bei denen man ungeniert zugreifen darf, denn der Parkplatz des Ristorante ist zugleich der Übernachtungsplatz. Ein großer geschotterter Parkplatz, von Pappeln begrenzt und mit schönem Blick auf den Po.

Es hat uns daher nur wenig ausgemacht, dass wir am nächsten Morgen die 45 km nach Bologna auf der Autobahn wieder zurückfahren mussten. Die Freunde des Brenners verlassen besser die Autobahn schon bei *Verona Nord*, sie fahren Richtung *Tangenziale Sud* bis zum Wegweiser *Rovigo, Legnano* und weiter auf der kostenlosen 4-spurigen Schnellstraße bis etwa 20 km hinter Legnano. Sie verlassen die Schnellstraße beim Richtungsschild *Occhiobello* und dem Autobahnzeichen, um die letzten ca. 20 km zur *Mühle am Po* auf der Landstraße zu bummeln. So wird aus manchem Gotthardianer ein Brennerianer.

(A001) WOMO-Stellplatz: Occhiobello

GPS: N 44°55'07" E 11°34'43". **Max.WOMOs**: 5-6.
Ausstattung/Lage: Gaststätte, Mülleimer / außerorts, nicht einsam.
Zufahrt: ist im Text beschrieben.

Gelegentlich verfällt ein Leser bei unseren Touren den Fresken und wird auf der Heimfahrt das Erlebnis in Padua oder Venedig fortsetzen oder einfach diese Route für die An- oder Abreise wählen. Dann liegt das auch bei Fernfahrern sehr beliebte Lokal ohne weitere Visimatenten an der Strecke.

Man kann sich Umbrien auch von Osten nähern und von der Adria-Küste ins Landesinnere vorstoßen. Wenn Sie beispielsweise in Urbino anfangen wollen, ist die **Adria-Strecke** über die A 14, die Sie bei Pesaro oder, was besser zu fahren ist, bei Fano verlassen, eine echte Alternative, die bei Gubbio endet. Gut machbar ist auch der Weg unten herum, von der A 14 über Ascoli Piceno nach Norcia. Machbar, aber am Ende etwas steil und kurvig ist die Strecke, wenn Sie die Autobahn östlich von Bologna und nordwestlich von Cessena verlassen, um ein Stück auf der vierspurigen SS 71 nach Süden zu fahren, um von Westen auf Tour 13 anzukommen.

Über die Kraftstoffpreise – sie sind in Italien am höchsten – und die Autobahngebühren, die Schweizer Vignette, die Schwergewichtsabgabe, den österreichischen Scheibenaufkleber, von Freunden *Pickerl* genannt, und das dortige Erfassungsgerät für Laster möchte ich hier nicht lamentieren. Aber ich darf Sie darauf hinweisen, dass Sie die lästige Schlange an den italienischen Autobahn-Mautstellen locker umfahren, wenn Sie die mit ***'Viacard'*** gekennzeichnete Spur nehmen und Ihre Kreditkarte (*Visa* oder *Eurocard – ec*, bzw. Bankkarte funktionieren nicht) in den Automaten stecken (ohne Geheimzahl und Unterschrift). Mich wundert immer, dass davon so wenig Gebrauch gemacht wird. Und fahren Sie nie rückwärts, falls Sie in der falschen Spur stehen (Näheres bei den Tipps).

Lassen Sie uns nun zum Wesentlichen kommen, zu unseren 13 Touren.

TOUR 1

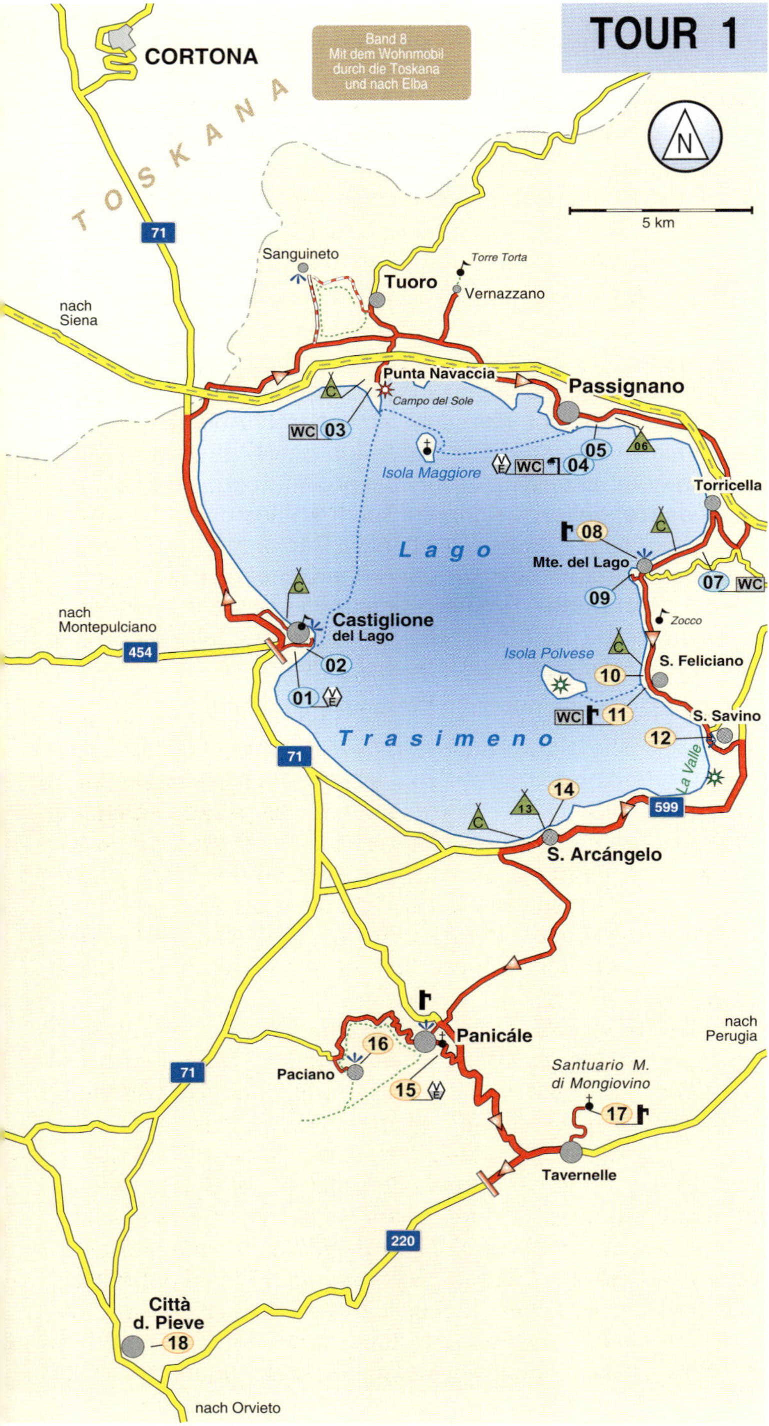
Band 8
Mit dem Wohnmobil
durch die Toskana
und nach Elba
CORTONA
TOSKANA
5 km
71
Sanguineto
Torre Torta
Tuoro
Vernazzano
nach
Siena
Punta Navaccia
Passignano
Campo del Sole
WC 03
05
06
Isola Maggiore
WC 04
Torricella
08
Lago
Mte. del Lago
07 WC
09
Zocco
nach
Montepulciano
Castiglione
del Lago
454
02
Isola Polvese
S. Feliciano
10
01
WC 11
S. Savino
Trasimeno
12
La Valle
71
14
13
599
S. Arcángelo
Panicále
nach
Perugia
16
Santuario M.
di Mongiovino
71
Paciano
15
17
Tavernelle
220
Città
d. Pieve
18
nach Orvieto

Tour 1: Lago Trasimeno 85 km

Castiglione del Lago - Tuoro - Passignano - Monte del Lago
San Feliciano - San Arcángelo - Panicále - Paciano

Stellplätze:	in Castiglione del Lago, bei Tuoro, bei Passignano, bei Torricella, Monte del Lago, in San Feliciano, in San Savino, in San Arcángelo, in Panicále, in Paciano, beim Santuario Madonna di Mongiovino
Campingplätze:	bei Castiglione, Tuoro und Passignano, bei Torricella, Monte del Lago, San Feliciano und San Arcángelo
Besichtigen:	Castiglione del Lago, Schlachtfeld und Campo del Sole bei Tuoro, Isola Maggiore, Monte del Lago, San Feliciano mit Fischereimuseum, Panicále und Paciano, Santuario Madonna di Mongiovino
Wandern:	von Tuoro über das Feld der *Schlacht am Trasimenischen See*, Spaziergang um die Isola Maggiore, durch das Naturschutzgebiet *La Valle*, von Panicále nach Paciano
Essen:	Ristoranti *La Cantina* oder *L'Acquario* in Castiglione del Lago, *Kursaal* bei Passignano, *Da Settimio* in San Feliciano, *Borgo Cenaioli* in San Arcángelo, *Lillo Tatini* in Panicále

Der Entschluss zu einer Umbrien-Reise ist Ihnen möglicherweise nicht leicht gefallen. Auf Ihrer Straßenkarte haben Sie angstvoll Tausende von Kurven erblickt, und Sie haben sich gefragt, ob Sie überhaupt Badesachen einpacken müssen. Meeresstrände konnten Sie nämlich nicht entdecken, weshalb Sie mit Recht vermuten, dass es auch uns nicht gelungen ist, die Grenzen Umbriens bis an die Adria auszudehnen. Aber wir haben unser Reisegebiet um große Teile der Marken erweitert, so dass Sie ab der 9. Tour doch noch in der Adria schwimmen werden.

Die Badeutensilien dürfen aber auch bei einer Umbrien-Fahrt nicht zu Hause bleiben. Der **Lago Trasimeno** ist nämlich, zumindest wenn man ihn etwas kennt, ein mit Abstrichen brauchbarer **Badesee**, an dem man einen ganzen Sommerurlaub verbringen kann. Das Wetter ist zu dieser Zeit phantastisch, Sie können an kleinen Stränden in der Sonne braten, und auch das sonstige Flair eines Badeurlaubs in südlichen Gefilden ist gewährleistet. Nur fehlt der Massentourismus, aber das wollten Sie ja so, sonst wären Sie nach Rimini gebrettert.

Treue Leser meiner Bücher, die bisweilen kritisieren, ich würde alles mies machen, was teuer und überfüllt ist, reiben sich verdutzt die Augen. Wie konnte es geschehen, dass dieser Autor ein Gewässer lobt, vor dem andere Reiseführer war-

Lago Trasimeno - bei Passignano (bei den Plätzen 04 und 05)

nen ? Will er nur sein Buch verkaufen? Das wünscht er gewiss, aber er möchte seinen Lesern auch mitteilen, dass am Trasimenischen See viel getan worden ist.

Dabei waren die von der Natur gegebenen Voraussetzungen denkbar schlecht: Der Trasimeno ist mit 128 km² und einer Entfernung zwischen den Ufern von bis zu 15 km der viertgrößte See Italiens.

Die größten Seen Italiens

Gardasee	370 km²
Lago Maggiore	212 km²
Comer See	146 km²
Lago Trasimeno	**128 km²**
Lago di Bolsena	114 km²

und zum Vergleich die drei größten Seen in Europa:

Plattensee	592 km²
Genfer See	580 km²
Bodensee	536 km²

Der Trasimeno hat aber nur eine durchschnittliche Tiefe von 4,5 m, und an der tiefsten Stelle lotet man kaum 7 m. Ein weiteres natürliches Dilemma kommt noch hinzu: Das Gewässer wird nur von kleinen Bächen gespeist, was einen geringen Wasseraustausch zur Folge hat und einen sehr schwankenden

Wasserstand obendrein. Schon die Römer haben versucht, dieses Problem in den Griff zu bekommen, als sie am südöstlichen Ufer des Sees, bei San Savino, einen künstlichen Abflusskanal angelegt haben, um wenigstens der Überschwemmungsgefahr Herr zu werden. Nachdem diese künstliche Wasserader versandet war, ging man im 15. Jahrhundert das Problem nochmals an und baute neue Abflusskanäle, deren jüngste und effektivste Variante seit dem Jahre 1998 in Betrieb ist. Damit konnte man aber nur Überschwemmungen begegnen. Das Problem des Austrocknens und das stetige Absinkens des Wasserstandes waren damit noch nicht gelöst. Das hat sich bis heute nicht grundlegend geändert, auch wenn man später den Zulauf der Flüsschen verbessert hat. Die Folge sind verschilfte und versumpfte Ufer; ein Grund dafür, dass der Trasimenische See noch nicht in die Hände der Tourismusinvestoren gefallen ist. Als ich für diese Neuauflage wieder nachgesehen habe, hatte ich das Gefühl, dass der Wasserstand nicht weiter gesunken ist.

Es ist auch noch nicht lange her, da drohte der See ständig zu kippen. Die Abwässer der – glücklicherweise kleinen – Orte wurden ungeklärt eingeleitet, und die Düngemittel der Landwirtschaft hatten ein explosionsartiges Algenwachstum bewirkt. Aber dann besann man sich rechtzeitig, man dachte an den reichen Fischbestand, der auch heute noch etwa 30 Prozent der Süßwasserfischerträge Italiens gewährleistet, und sicher hatte man auch stets die Touristen im Blick. Man baute eine Ringkanalisation, und Naturschützer konnten durchsetzen, dass im Jahre 1995 der gesamte See zum Regionalpark erklärt, also unter Naturschutz gestellt wurde, und dass zumindest an manchen Stellen keine Motorboote mehr fahren.

Die neben der Anhebung der Wasserqualität für uns Touristen wichtigste Maßnahme besteht jedoch darin, dass man seit einigen Jahren rund um den Trasimeno an ausgesuchten Stellen die Badeplätze pflegt und diese mit speziellen, an Rasenmäher

erinnernden Schiffen von Schilf und Wasserpflanzen frei hält. So muss man heutzutage zumindest an Campingplätzen und einigen Badestränden nur leicht auf morastigem Untergrund ins Wasser glitschen, man muss nicht entsetzt aufschreien, wenn beim Schwimmen ein Schilfbüschel den Bauch kitzelt, man braucht nicht mehr nach dem Baden einen klebrigen Film vom Körper duschen und man kann getrost den Kopf auch einmal unter Wasser halten. Die Kinder können auf Luftmatratzen und Gummibooten paddeln, und die Behauptung, die Ufer seien so flach, dass auch nach 50 m die Badehose noch trocken bleibt, ist bei vielen Badeplätzen eine Anekdote. Beachten Sie aber, dass es von den Windverhältnissen und der Jahreszeit abhängen kann, ob der jeweilige Strand bzw. das Uferwasser von Algen oder anderen Pflanzen verunreinigt ist (was unter Umständen nur hässlich aussieht).

Sie fragen sich, ob Sie am Trasimenischen See mit einer Mückenplage zu rechnen haben. Ich musste während drei einwöchiger Aufenthalten im August und mehrerer Nächte im Frühjahr oder Frühsommer insgesamt an weniger als 15 Stichen kratzen, was aber wohl auf chemische Bekämpfungsmittel zurückzuführen war. Denn am Abend schwirren (erst) im August Hunderttausende kleiner Moskitos um das Licht und an die Schutzrollos, darunter auch solche Viecher, die dem äußeren Anschein nach stechfähige Schnaken sind. Das irritiert etwas, es beeinträchtigt aber nicht das Urlaubsvergnügen. Gleichwohl würde ich keinen der von uns beschriebenen Stellplätze anfahren, ohne zur Sicherheit eine Moskitoschutzlotion im Gepäck zu haben.

Wenn Sie mit uns einmal um den See gefahren oder geradelt sind, die Strecke misst etwa 60 km, wenn Sie, vor allem am Südufer, bei prachtvollen Sonnenuntergängen geträumt haben und Sie auf den Geschmack von fangfrischen Fischen gekommen sind, wird der Lago Trasimeno in Zukunft zu Ihrem Urlaubs-Repertoire gehören.

Hoffen wir, dass der Massentourist das nicht gelesen hat, und fangen wir am **Westufer** an: Unser erstes Ziel ist zugleich auch das schönste, es ist das hoch über dem See thronende Städtchen **Castiglione del Lago** (13.500 Einwohner), wo wir zum ersten Mal Bekanntschaft mit dem »Umbrischen-Meer« machen. Unsere Erwartungen sind nach der Lektüre anderer Reiseführer, die dem See nicht sehr viel abgewinnen konnten, und beim Durchfahren etwas zersiedelter Randgebiete des größten Ortes am Trasimenischen See gedämpft. Aber dann schickt uns ein Wegweiser von der SS 71 südlich des Städtchens seewärts und bald stehen wir auf dem vielleicht besten Stellplatz am Ufer des Lago:

WOMO-Badeplätze: Castiglione del Lago

(001) **offizieller Stellplatz**
GPS: N 43°07'26" E 12°03'02"; Viale Divisione Partigiani Garibaldi.
Max. WOMOs: 40.
Ausstattung/Lage: Ver- und Entsorgung, Spülbecken, Strom, klappstuhlgeeignet, Badegelegenheit (der Hauptstrand liegt 150 m entfernt); Gaststätten und Geschäfte im Ort / Ortsrand; das historische Zentrum ist zu Fuß nach ca. 15 Minuten über einen hoch in den Ort führenden Treppenweg zu erreichen: den Stellplatz im Rücken nach rechts und vor dem nächsten Parkplatz bergauf.

Zufahrt: Biegen Sie südlich von Castiglione von der SS 71 zur Bootsanlegestelle ab, Wegweiser *'Area Camper'* und *'Spiaggia - Traghetti'*; der Stellplatz ist nicht zu verfehlen und liegt hinter dem Hafen.
Gebühr: 12 €/24 Std.; 3 € reine Ver- und Entsorgung; keine Kreditkarte.
Hinweis: Bei starkem Regen sehr matschig, dann sollten Sie frühzeitig wegfahren, am besten auf den nachgenannten Asphaltplatz.

(002) **Asphaltplatz**
GPS: N 43°07'31" E 12°03'23"; Via Lungolago. **Max. WOMOs**: 5-6.
Ausstattung/Lage: Siehe beim vorstehenden Platz.
Zufahrt: Fahren Sie am vorstehenden Platz vorbei, der Asphaltplatz liegt etwa 80 m weiter. **Gebühr**: 5 €/8-20 Uhr.
Hinweise: Der Platz kommt ernsthaft nur bei schlechtem Wetter in Frage. Die meisten eingezeichneten Parkbuchten sind für ein WOMO zu kurz.

in Castiglione del Lago

Das Städtchen selbst schmückt sich mit dem Attribut *Uno del Borghi piu belli d'Italia* (*Einer der schönsten Orte Italiens* – Sie kennen Ähnliches aus Frankreich; in Umbrien gibt es zur Zeit 22, in den Marken 18 dieser Dörfer oder Kleinstädte, die bis zu 15.000 Einwohner haben dürfen und nach bestimmten Kriterien in eine Vereinigung aufgenommen werden können). Der Rummel hält sich trotzdem in Grenzen. Sogar in der Hochsaison, wenn sich zugegebenermaßen schon einmal einige Menschen durch die Stadttore schieben, verbleibt noch ein deutlicher Rest von Provinzatmosphäre und gewachsenem Italien. Entspannt lassen wir uns auf der Piazza am Brunnen einen Cappuccino schmecken, nachdem wir uns die touristischen Highlights zu Gemüte geführt haben:

Die viertürmige, von Friedrich II. ausgebaute **Festung**, hat mit ihrem 39 m hohen Bergfried einmal zu den größten Anlagen Europas gehört und galt als uneinnehmbar. Auf dem ehemaligen Wehrgang kann man promenieren und dabei lernen, dass die feindlichen Attacken heutzutage von oben drohen. Es sind Taubenkot-Angriffe, die gerade noch so verhalten geführt werden, dass der eine oder andere, an sich traumhafte Blick auf den See und seine Ufer möglich ist. Auf dem Weg zur Festung muss man durch einen 180 m langen Gang, der im Palazzo della Corgna, dem heutigen Sitz der Gemeindeverwaltung, beginnt, dessen Säle im Erdgeschoss im 16. Jahrhundert prachtvoll freskiert worden sind *(9.30-19 Uhr jahreszeitenbedingt auch länger oder kürzer, 5 € für Festung und Fresken).* Genauso schön wie der Rundgang auf den Festungsmauern und obendrein noch taubenfrei ist der hübsche **Spazierweg** unterhalb der Burg, von dem man über mit uralten Olivenbäumen bestandene Wiesen und unter mächtigen Pinien immer wieder malerische Blicke auf die Wasserfläche hat. Und wir bestaunen im Innern der **Kirche Santa Maria Magdalena** das berühmte Gemälde ,*Madonna mit dem Kind'* von Eusebio da San Giorgio sowie ein schönes Fresko.

Castiglione - Blick von der Festung

Wer schon andere Bücher von mir gelesen hat, ahnt, dass unserem Kaffee am späten Nachmittag gelegentlich etwas kleines Alkoholisches folgt, ein *Ramazotti* zum Beispiel, und die Planung des Abendessens. Letztere nimmt uns der Wettergott mit einem lauen Sommerabend ab, an dem das **Ristorante *La Cantina*** die beste Wahl ist. Das ordentliche Essen – wir empfehlen trotzdem Pizza – wird nämlich in einem reizenden Garten serviert. Kommen Sie rechtzeitig oder reservieren Sie telefonisch, denn die Nachfrage ist auch außerhalb der Freiluftsaison beachtlich *(an der Straße vom zentralen Platz zur Festung; Tel. 075 9652463; mit Ausnahme von Juni bis August montags geschlossen).* Etwas anspruchsvoller, aber pizzafrei ist das ***Ristorante L'Acquario***, in dem wir ebenfalls schon sehr gut gespeist haben *(ein paar Häuser neben La Cantina, Tel. 075 9652432, mittwochs geschlossen).*

In Castiglione del Lago, das auf eine Halbinsel im See gebaut ist, die früher eine richtige Insel war, bis der Wasserstand abgesunken ist, finden Sie auch den **Campingplatz *Camping Listro*** *(mit Badestrand, aber ohne Pool; 1.4. - 30.9.)*. Davor überzeugt wenigstens ein schön gelegener Badeplatz, direkt am See und mit Dusche, aber auch mit Übernachtungsverbot.

Auf unserer Seerundreise starten wir nun nach Norden, wir umrunden die nordwestliche Ecke, um bei **Tuoro** auf geschichtsträchtigem Boden zu wandern.

Bereich der Schlacht am Trasimenischen See

Die Schlacht am Trasimenischen See

Dunkel erinnern Sie sich vielleicht noch an den Geschichts- oder Lateinunterricht, in dem Sie die **Schlacht am Trasimenischen See** erschaudern ließ, eines der berühmtesten Gemetzel der Weltgeschichte. Man schrieb das Jahr 217 v.Chr., als der Karthagische Feldherr **Hannibal**, der mit seinen berühmten Elefanten von Nordafrika über Spanien kommend die Alpen von Norden her überquert hat (wobei er seine Elefanten einbüßte). Sein Ziel war Rom, was die dortigen Herrscher begreiflicherweise nicht sehr begeistert hat. Die schickten den Karthagern daher vier Legionen mit 20.000 Mann entgegen. Gaius Flaminius, der römische Feldherr, geriet aber bei Tuoro, am Nordufer des Lago Trasimeno, in einen Hinterhalt. Es herrschte dichter Nebel, weshalb Flaminius nicht bemerkte, dass die Karthager verborgen auf dem Halbrund der Hügel westlich von Tuoro lauerten. Als die Römer nichtsahnend in der Ebene am See lagerten, schlug Hannibal zu. So wurden die Römer auf der einen Seite von den nordafrikanischen Truppen und auf der anderen Flanke vom Seeufer eingekesselt. 15.000 römische Soldaten, von denen viele versucht hatten, über den See und durch die Sümpfe zu fliehen, kamen ums Leben, während Hannibal »nur« 1.500 Mann verlor. In der lateinischen Literatur kann man lesen, noch nach Tagen habe das Blut der Römer den See rot gefärbt.

Nach diesem Sieg marschierte Hannibal weiter gen Süden, und in Rom machte die Schreckensnachricht die Runde: *»Hannibal ante portas« (»Hannibal vor den Toren«)*, woraus ja dann bekanntlich ein ‚geflügeltes Wort' geworden ist.

Ganz so schlimm kam es für Rom aber nicht. Obwohl Hannibal im Jahre 216 v.Chr. den Römern bei Cannae eine weitere bittere Niederlage beigebracht hatte, musste er im Jahre 203 sein ehrgeiziges Ziel aufgeben, 18 Jahre, nachdem er in Nordafrika losgezogen war (Näheres siehe auch bei der folgenden Wanderung).

Die nachfolgend beschriebene Wanderung führt zum Teil über das **Schlachtfeld**:

Zum Feld der Schlacht am Trasimenischen See

Ausgangspunkt ist der zentrale, baumbestandene Platz im oberen Teil von **Tuoro**, wo wir Wegweiser zum *'Percorso storico'* entdecken, die uns bergab zur *Sosta Nr. 8* geleiten. Die einzelnen Merkpunkte des Schlachtfeldes sind als *Sosta* bezeichnet, was wörtlich übersetzt *Rastplatz* heißt und erläutern soll, dass an diesen Stellen Tafeln mit der Beschreibung des Schlachtfeldes und der historischen Ereignisse - auch in deutscher Sprache - angebracht waren. Bis nach den Karthagern auch noch die Vandalen kamen und alle Tafeln herausgerissen haben; die meisten wurden inzwischen aber wieder ersetzt.

ehemaliges Schlachtfeld

Das erste Viertel der Wanderung verläuft entlang der wenig befahrenen Straße, aber dann biegt man bei der *Sosta Nr. 1* südwestlich von Tuoro nach rechts in einen Fahrweg ab, eine eindrucksvolle, schnurgerade Zypressen-Allee, die kurz vor dem Weiler **Sanguineto** endet. Der Name dieses Dörfchens ist von dem lateinischen Wort für Blut abgeleitet und erinnert an das antike Gemetzel. Wenn man von den leicht erhöhten Häusern dieser Ortschaft hinab ins Tal blickt, hat man das ehemalige Schlachtfeld genau unter sich, wenngleich die Historiker, wie man an einer *Sosta* nachlesen kann, heftig darüber streiten, wo genau sich einzelne Kriegshandlungen zugetragen haben.

In Sanguineto wählen Sie den Weg, der als Fahrstraße rechts abwärts führt. Kurz vor Tuoro muss man allerdings darauf achten, einen Pfad zu nehmen, der rechts bergab zu den so genannten ***Brennlöchern*** führt, den '*Ustrini*'. Es handelt sich hierbei vermutlich um Gruben, in denen auf Befehl Hannibals die zahlreichen Toten wegen großer Epidemiegefahr verbrannt worden sind. Jedenfalls hat man dort menschliche Überreste und Teile der Ausrüstung gefunden. Bei den *Brennlöchern* laufen wir auf einem Pfad weiter bergab, der wiederum auf einem befahrbaren Weg endet, auf dem man links gehend bald wieder Tuoro erreicht.

Die Wanderung dauert insgesamt 2,5 Stunden und ist auf der Kompasskarte Nr. 2463, *Lago Trasimeno*, eingezeichnet, ebenso wie eine Ausdehnung, auf der man nach einem nordwestlichen Bogen eine knappe Stunde später in Sanguineto ankommt. Der Schlachtfeldspaziergang ist wegen der lieblichen Landschaft ausgesprochen kurzweilig.

Auch wenn Sie nicht wandern, können Sie fast alle Stationen der Schlachtgeschichte auf dem vorgenannten Wanderweg mit dem **WOMO abfahren** – besser wäre das **Fahrrad**, lediglich zu den Brennlöchern müssen Sie ein paar hundert Meter laufen. Wählen Sie das schmale Sträßchen, das nördlich der vierspurigen Schnellstraße von Tuoro nach Westen führt und biegen Sie dann an der beschilderten Stelle nach Sanguineto ab, von wo Sie nach Tuoro weiterfahren dürfen, auch wenn dies auf Ihrer Straßenkarte nicht eingezeichnet ist.

Falls Sie sich von Tuoro aus den Geländeverlauf anschauen, fragt sich der römische Hobby-Feldherr in Ihnen, welche

Überheblichkeit den römischen Konsul in diese Falle tappen ließ. **Tuoro** (3.500 Einwohner) ist erst einige hundert Jahre nach der Schlacht gegründet worden und nur mittelmäßig reizvoll. Aber Sie finden ein Museum zur Geschichte der Hannibalschlacht und am Sportplatz einen ruhigen **Stellplatz** (Wegweiser ‚*Campo sportivo*'). Reizvoller ist der am See gelegene Ableger, der Ortsteil **Tuoro Punta Navaccia**, wegen seines respektablen **Strandes**, an dem man baden und sonnen kann, wenn man Eintritt bezahlt (baden kostet nichts, aber zum Sonnen muss man für 5 € einen Liegestuhl mieten). Außerdem stören einige an einen Jahrmarkt erinnernde Etablissements und am Wochenende viel Rummel. Dahinter gibt es einen großen Parkplatz, auf dem man erfreulicherweise, wenn auch zu mancher Zeit gegen Gebühr, fast am Wasser stehen darf. Man muss aber deuten können, dass das in einer der Parkplatzreihen montierte Schild mit durchgestrichenen Zelt und Wohnwagen sowie dem Zusatz ‚*No Camping*' nur Klappstuhl und Markisen, nicht aber die Nacht im WOMO verbietet:

in Tuoro

(003) WOMO-Badeplatz: Tuoro (Punta Navaccia)

GPS: N 43°11'37" E 12°04'39". **Max. WOMOs**: 10-15.
Ausstattung/Lage: Toilette, Mülleimer, (teilweise kostenpflichtiger) Badestrand, Gaststätte, Geschäft / außerorts.
Zufahrt: Fahren Sie von Tuoro oder dem Raccordo auf der Stichstraße an den See (Wegweiser ‚*Punta Navaccia*').
Gebühr: Im Sommer zeitweise 10 €/Tag.
Hinweise: Am Wochenende würde ich diesen Bereich des Sees eher meiden. Disco am Wochenende. In ruhigen Zeiten kann man hier abends sicher auch die Klappstühle rausstellen, obgleich das verboten ist (‚*No Camping*').

Der halblegale Stellplatz so dicht am Ufer ist umso erstaunlicher, als in unmittelbarer Nähe ein sehr großer und bekannter **Campingplatz** angelegt ist, der uns wegen der zahlreichen Dauercamper, des leicht heruntergekommenen Zustands und der ziemlich spießigen Atmosphäre weniger gefallen hat *(mit Pool; 1.3. bis 31.10.)*.

Überhaupt nicht hausbacken ist der Skulpturenpark zwischen Stellplatz und See, der **Campo del Sole**, wo mehrere bekannte Bildhauer in den Jahren 1985 bis 1989 aus örtlichem Sandstein herausgearbeitete, bizarre Figuren und Säulenpfeiler aufgestellt haben, mit denen auf interessante Weise der Schlacht gedacht wird *(kostenlos; in der Nähe des Touristenbüros und der Toilette ist eine Tafel aufgestellt, auf der zu jedem Objekt und seinem Künstler eine Erläuterung nachgelesen werden kann)*.

Campo del Sole

Gibt es einen Turm, der noch schiefer ist als der von Pisa? Es gibt ihn, er heißt **Torre Torta** und Sie können ihn sehen, wenn Sie 2 km östlich von Tuoro nach **Vernazzano** abbiegen, das Dörfchen durchqueren, eine steile, schmale Straße bewältigen und vor den dann folgenden Häusern parken. Nach dem ersten Haus zeigt ein Schild zum Torre. Sie durchsteigen eine kleine Schlucht und können den mit einem Korsett und starken Seilen gesicherten Turm dann nicht verfehlen. Sie sehen das Gebäude auch von der Straße zwischen Tuoro und Passignano (dort auch Wegweiser zum *'Torre pendente'*).

Wer mehr das faule Urlaubsleben im Sinn hat, fährt weiter bis nach **Passignano sul Trasimeno** (4.700 Einwohner), dem Hauptbadeort am See, der sich touristisch gefällig gibt; mit schattiger Uferpromenade, den passenden Läden und

Passignano

Gaststätten sowie einer Burgruine über dem alten Ortskern am Hang. Die merkwürdige, metallene Skulptur im Wasser ist weniger rätselhaft, wenn man weiß, dass sie an eine kleine Flugzeugwerft mit Pilotenschule bei Passignano erinnern soll. Wer mit dem WOMO einen Parkplatz sucht, muss östlich des Ortes dafür bezahlen:

WOMO-Badeplätze: Passignano

(004) **<u>öffentlicher Asphaltplatz</u>**
GPS: N 43°11'05" E 12°08'39", Via Europa. **Max. WOMOs**: 10-15.
Ausstattung/Lage: Ver- und Entsorgung, Toilette, Dusche am kostenlosen Strand - Foto Seiten 22 (kostenpflichtig ist hingegen ein kleiner Pool), Mülleimer, Gaststätten / Ortsrand.
Zufahrt: Biegen Sie etwa 300 m östlich von Passignano zum Hafen ab; ausgewiesene Wohnmobilparkplätze sowie Ver- und Entsorgungseinrichtungen liegen rechts der Zufahrt, während links der Badestrand angelegt ist, hinter dem WOMOs nicht parken dürfen.
Gebühren: 8 - 20 Uhr: 10 € / 12 Std., 5 € / 6 Std., 2 € / 1 Std.
Hinweise: Direkt an der nachts wenig befahrenen Straße, tagsüber dezente Bahngeräusche, kein Schatten, nichts für Sommernächte.

(005) ***<u>L'Airone</u>***
GPS: N 43°11'04" E 12°08'43", Via Europa.
Max. WOMOs: ca. 30.
Ausstattung/Lage: Ver- und Entsorgung, Toilette, Dusche, kostenloser Strand - Foto Seite 22 (kostenpflichtig ist hingegen ein kleiner Pool), Mülleimer, klappstuhlgeeignet, Gaststätten / Ortsrand.

Zufahrt: Biegen Sie etwa 300 m östlich von Passignano zum Hafen ab; der privat betriebene Stellplatz liegt links der Parkplatzzufahrt.
Gebühr: 15 € / 24 Std.
Hinweis: Direkt an der nachts wenig befahrenen Straße, tagsüber dezente Bahngeräusche, schattig.

Passignano - *Camping Kursaal*

Etwa 300 m weiter liegt der relativ kleine Campingplatz *Kursaal* in sehr guter Lage und mit schönem Restaurant:

(006) WOMO-Campingplatz-Tipp: Passignano *(Kursaal)*

GPS: N 43°11'01" E 12°09'01", Via Europa 24. **Ortszentrum**: 1 km.
Zeiten: Ostern - 2.11. **Tel**. 075 828085; *www.campingkursaal.it.*
Ausstattung: Traumhafte Poolposition, gepflegtes Restaurant (das wir bei unserem letzten Besuch nicht so überdurchschnittlich fanden, wie früher; möglicherweise, weil wir das preisgünstige Tagesmenü gewählt haben; aber man sitzt weiterhin schön), Laden, Fahrradvermietung, Badestrand, kostenloses Wifi, Hundedusche!

Zufahrt: Der Platz ist östlich des Ortes an der Hauptstraße beschildert.
Preise: 22 – 29 €.
Hinweise: Nach unserer Beobachtung der gepflegteste Platz am Lago; tagsüber dezente Bahngeräusche, wenige Parzellen grenzen nahe an die Straße; für WOMOs über 7,50 m Länge beschränktes Platzangebot.

Direkt westlich daneben gibt es einen **weiteren Campingplatz** direkt am See mit stellenweise schöner Sicht auf den Ort.

Von Passignano (oder Tuoro) bietet sich auch eine Überfahrt zur **Isola Maggiore** an (im Sommer fast stündlich), zu einem niedlichen Fischerdorf und einer Behausung, in der Franz von Assisi im Jahre 1211 während 42 Tagen gebetet und zwischendurch nur an

Klöpplerin

einem halben Brotlaib geknabbert haben soll. Am Rand eines schönen Rundweges thront ein trutziges Castello, die Villa Guglielmi, das ein römischer Marchese um 1855 im mittelalterlichen Stil erbauen ließ. Die irische Haushälterin seiner Gemahlin führte auf der Insel bald darauf das Spitzenklöppeln ein, das aber heutzutage allmählich wieder aus der Mode kommt, weil die Klöpplerinnen aussterben.

Kurzweilig ist ein etwa einstündiger **Spaziergang** über das Eiland, den man im guten **Ristorante *Sauro*** ausklingen lassen kann. So schön die Insel ist, so entsetzlich wird sie an Sonn- und Feiertagen von Massen heimgesucht, besonders an Ostern.

Blick von der Isola Maggiore nach Passignano

Man kann Passignano nicht als mondän bezeichnen, und dennoch ändern sich Dörfer und Strukturen merklich, wenn man um die nordöstliche Ecke des Sees nach Süden auf das Ostufer eingeschwenkt ist, die schönste und beschaulichste Seite des Lago Trasimeno, an heißen Hochsommertagen wegen des Windes auch die kühlste. Dass es dort auch nette Stell- und Badeplätze gibt, macht die Sache umso erfreulicher.

Gleich im Norden, bei **Torricella**, ist vor dem kleinen **Campingplatz** *Eden Parc* (*ganzjährig geöffnet*) das Parken direkt am Wasser verboten. Sie können notfalls mit nicht zu großen Fahrzeugen in zweiter Reihe stehen. Das macht aber keiner, der die schöne Badestelle in knapp 2 Kilometer Entfernung kennt, auch wenn man hier sein Wohnmobil nur noch jenseits der Straße abstellen kann; dafür ist der Parkbereich sehr großflächig:

(007) WOMO-Badeplatz: *Spiaggia Albaia*

GPS: N 43°08'58" E 12°10'20". **Max. WOMOs***:* ca. 10.
Ausstattung/Lage: Gaststätte, Toilette, Mülleimer, klappstuhlgeeignet / außerorts.
Zufahrt: Der Parkplatz liegt zwischen Torricella und Monte del Lago und ist beschildert.

Wenn es Sie am Ostufer des Sees nach einem längeren Aufenthalt gelüstet, bietet sich ein paar hundert Meter weiter südlich der gut ausgestattete **Campingplatz *Cerquestra*** an, wo wir wenige schattige Plätze für Wohnmobile, einen Strand und einen geräumigen Pool gesichtet haben (*Ostern bis Mitte Oktober; www.campingcerquestra.it*). Die Straße durchquert aber den Platz.

500 m weiter im Süden folgt das Dorf **Monte del Lago**, das, wie der Name vermuten lässt, auf einer Anhöhe thront und uns von allen Ortschaften rings um den Lago am besten gefallen hat. Es gibt keine Durchgangsstraße, die Autos bleiben außerhalb, und Sie entdecken reizvolle Treppchen zwischen Backsteinhäusern und immer wieder wunderbare Seeblicke. Monte del Lago kam schon im Jahr 1823 zu touristischen Ehren, als der bayerische König Ludwig I. hier abstieg, um sich mit einer Geliebten, einer umbrischen Marchesa, zu treffen. Später war in dem Dorf auch der Komponist Puccini auf der Jagd, sein Ziel waren allerdings Enten.

Wir haben sogar einen Stell- und einen Badeplatz ausfindig gemacht (dort aber selbst bislang weder genächtigt noch gebadet). Zuerst zum Stellplatz mit Traumblick:

(008) WOMO-Stellplatz: Monte del Lago *(oben)*

GPS: N 43°08'42" E 12°09'44", Via della Strage. **Max. WOMOs**: 2.

Ausstattung/Lage: Gaststätte, Mülleimer, Wasser (rechts an der Straße ins Dorf), wer baden will, geht ins Dorf und dann geradeaus bergab zum See, kleiner Kiesstrand nach ca. 300 m ab Stellplatz / Ortsrand.
Zufahrt: Biegen Sie von der Seeuferstraße auf der Kuppe nach Mte. del Lago ab und fahren Sie vor dem Dorf rechts auf den Parkplatz.
Hinweis: Der Platz eignet sich nicht für WOMOs über 7 m Länge und ist im Sommer möglicherweise belegt. Parken Sie zunächst an der Ortszufahrt bei einer Bushaltestelle und erkunden Sie nach wenigen Schritten die Lage. Sie können sonst nur schlecht wenden.

Der sehr kleine Badeplatz liegt direkt am See in der Nähe eines verwaisten Cafés und hat einen schilflosen Badestrand (was an dieser Stelle des Sees keine Selbstverständlichkeit ist), aber kaum Stellfläche:

(009) WOMO-Badeplatz: Monte del Lago *(See)*

GPS: N 43°08'36" E 12°09'41", *Via dell Università*. **Max. WOMOs**: 1-2.
Ausstattung/Lage: Wiesenstrand, baden auch von den seitlichen Stufen des nahen Bootsanlegesteges / außerorts.
Zufahrt: Biegen Sie südlich des Dorfes zum See hin ab und fahren Sie bis fast zum Ende des Weges, bevor WOMOs das Parken verboten wird. Am Rand des Weges müssen Sie eine Nische suchen, weil die eigentlich schöne Wiese gesperrt ist.
Hinweis: Das ist nichts für turbulente Tage, weil Sie dann wahrscheinlich keinen Parkraum finden und zum Wenden ein Stück rückwärtsfahren müssen, weil die Wendebuchten zugeparkt sind; Sie brauchen leistungsfähige Keile.

Bei der Weiterfahrt nach Süden sehen Sie links das fotogene Ensemble des in Privatbesitz befindlichen und dennoch dem Verfall preisgegebenen Castello di Zocco, das im Jahre 1274 erbaut wurde und einst die größte Burg am See war. In Sichtweite folgen zwei kostenpflichtige **Strandbäder**, auf deren Parkplätze man das WOMO gut abstellen kann. Es scheint, als könne man hier auch **übernachten**. Letzteres haben wir nie ausprobiert, weil wir eine unbestreitbar romantischere Alternative im nahen Dorf **San Feliciano** kennen, wo wir unter Bäumen an einem malerischen Hafen, von dem Fischer noch täglich

zur Arbeit tuckern, ein lauschiges Plätzchen aufgespürt haben (siehe Foto unten). Leider kann man dort aber nicht baden:

(010) WOMO-Stellplatz: San Feliciano *(nördlich)*

GPS: N 43°07'08" E 12°09'55", Largo Pace e Lavoro. **Max. WOMOs**: 4-5.
Ausstattung/Lage: Mülleimer, abends klappstuhlgeeignet, Gaststätten, Geschäfte / im Ort.
Zufahrt: Fahren Sie von Norden kommend im Ort die erste Straße rechts, Beschilderung ‚*Museo della pesca*', vor dessen Gittertor links geradeaus unter Bäume am Rand eines Fischereihafens.

Das **Fischereimuseum** *(Museo della pesca)* ist im Gebäude jenseits des Gittertores untergebracht und erläutert anschaulich alte Fischfang-Techniken und die Bedeutung der Fischerei für die Menschen am See. Außerdem gibt es ein Aquarium mit prächtigen Fischen und schöne historische Fotografien *(April, Mai Juni, September: tägl. außer Mo. 10-12.30 und 15-18 Uhr; Juli, August: 10.30-13 und 16-19.30 Uhr; im Winter nur Sa. und So.; 3 €)*. Wir sind von dem Museum sehr angetan. Ähnlich wie von dem **Ristorante *Da Settimio***, etwa 100 m weiter südlich am Hafen, das zu Recht wegen seiner Fischgerichte zu den ersten Adressen am See gehört *(Do. geschlossen; Tel. 075 8476000; Reservierung kurz vor dem Essen dürfte reichen, von uns länger nicht mehr getestet)*.

Wir haben S. Feliciano nicht nur wegen des Stellplatzes angesteuert, sondern auch weil uns das noch einigermaßen naturbelassene Dorf gut gefallen hat. Meine Furcht, dass meine Tipps alsbald zu einer Überbelegung des Stellplatzes führen könnten, hat sich nicht bewahrheitet. Dennoch erwähne ich als Ausweichmöglichkeit die drei **Campingplätze**, die von außen einen einladenden Eindruck machen, soweit sie keine Dauercamper beherbergen, und an denen Sie automatisch vorbeikommen, außerdem einen weiteren, riesengroßen Parkplatz. Dort steht man ebenfalls direkt am See, den Sie vor lauter Schilf aber kaum sehen; außerdem fehlt jeglicher Schatten:

(011) WOMO-Stellplatz: San Feliciano *(südlich)*

GPS: N 43°06'52" E 12°10'13", Lungolago a Alicata. **Max. WOMOs**: 20.
Ausstattung/Lage: Toilette, Wasser, Gaststätte / im Ort.
Zufahrt: Der Platz liegt in San Feliciano am südlichen Hafenbecken, südlich der Schiffsanlegestelle.

In San Feliciano nimmt man – im Sommer fast stündlich – das Boot, wenn man die heute unbewohnte, aber größte Trasimenische Insel, die **Isola Polvese**, erkunden will. Wo sich bis Ende der 50er Jahre noch eine eigenständige Gemeinde angesiedelt hat, breitet sich heute ein »wissenschaftlich-didaktischer Naturpark« aus, in dem besonders Schulklassen die Insel als »Grünes Klassenzimmer« zur Erkundung von Wasserpflanzen nutzen. Damit sich die Überfahrt auch für Touristen lohnt, sind daneben ein renoviertes Schloss, ein ehemaliges Kloster und eine Kirche zugänglich.

Fährt man auf dem Festland weiter in die südöstliche Ecke des Gewässers, ist ein Abstecher zu dem schönen, leicht erhöht gelegenen Weiler **San Savino** angeraten, wo übernachten sollte, wer weite Blicke liebt:

San Savino - Stellplatz

(012) WOMO-Stellplatz: San Savino

GPS: N 43°06'22" E 12°11'30"; Viale della Libertà. **Max. WOMOs**: etwa 3.
Ausstattung/Lage: Mülleimer, schöne Sicht / Ortsrand.
Zufahrt: Der Platz liegt vor dem Ort bis unterhalb des Friedhofes (Wegweiser ‚*P*'), eine Etage tiefer finden Sie direkt an der Zufahrtsstraße weitere Plätze für größere Fahrzeuge.

Gedanken an ein Schwimmvergnügen kommen hier nicht auf. Ihnen zu Füßen liegt nämlich bei einem breiten Schilfgürtel der Teil des Sees, der Umweltschützern besonders wichtig ist, weil in den unzugänglichen Uferregionen sehr viele Wasservögel brüten. Das **Naturschutzgebiet *La Valle*** kann besichtigt werden, mit Glück bekommt man sogar Fischadler oder Rotreiher vor die Linse *(Mitte Juni bis Mitte September Do. und Sa.10.30; 5 €; die Zeiten sind wechselnd, schauen Sie am besten unter www.oasinaturalisticalavalle.it/turismo)*.

Am **Südufer** des Sees gibt es nur eine bedeutsame Adresse, es ist das Dörfchen **San Arcángelo**, weil es mit einem bescheidenen Stellplatz aufwartet und zudem mit dem für Kinder wahrscheinlich besten **Campingplatz** am See:

(013) WOMO-Campingplatz-Tipp: San Arcángelo *(Italgest)*

GPS: N 43°05'18" E 12°09'23", Via Martiri di Cefalonia. **Ortszentrum**: 0,5 km. **Zeiten**: Ostern - 30.9. **Tel**. 075 848238; www.Italgest.com.
Ausstattung: Pool mit Riesenrutsche, Badestrand, Laden (besser und preiswerter ist der Laden im Ort), Restaurant, das bei unserem Test vor Jahren sehr schlecht war.
Zufahrt: Biegen Sie in San Arcángelo, auf der Südseite des Sees, bei der Beschilderung ab. **Preise**: 23 – 31 €.

Auch als Autor von WOMO-Reiseführern muss man ab und an ein paar Tage zur Ruhe kommen und sich der Obhut eines Zeltplatzes anvertrauen. Man möchte Tisch und Stühle stehen und bei großer Hitze die Fenster allzeit offen lassen. Man nimmt dankbar die vollautomatische Waschmaschine an, und der letzte Rest von Anspannung, die man später im Gespräch oder auch im Buch gerne als Abenteuerkitzel verkauft, fällt von einem. Wenn man dann noch auf dem *Campeggio*

Villaggio Italgest einen Superstellplatz auf einer kleinen Halbinsel und direkt am Seeufer ergattert hat, bleibt man länger, als man es ursprünglich vorhatte. Es gibt allen erdenklichen Luxus vom Pool mit Riesenrutsche bis hin zum grasigen Badestrand. Auch die Standplätze, die nicht direkt am Ufer liegen, sind ruhig (wenn nicht gerade eine lästige Animationsveranstaltung die Kinder bespaßt) und, für italienische Verhältnisse, geräumig. Ich fürchte allerdings, dass Sie in der Superhochsaison von Mitte Juli bis Mitte August bisweilen vor wegen Überfüllung geschlossenen Toren stehen könnten (in der zweiten Augusthälfte hingegen war der Platz nur höchstens halb voll und Anfang Juli sogar noch leerer), weshalb Sie, falls Sie sich und Ihren Kindern in der heißen Zeit in Umbrien einen längeren Badeurlaub gönnen möchten, in Betracht ziehen sollten, telefonisch oder per e-mail zu reservieren. Nun haben Sie sich aber dummerweise unseren WOMO-Führer erst im Urlaub vorgenommen, Ihr Handy ist Ihnen im Urlaub zuwider und die Dame an der Rezeption vermittelt Ihnen in fließendem Deutsch, was in Italienisch *completo* heißt. Die Kids haben schon das Basketballfeld oder den Tennisplatz erspäht, und Ihre Frau haut wieder in die alte Kerbe, in die mit der Flugreise und dem Club-Urlaub ohne Kochen; die alte Leier, die aber

Hafen beim Stellplatz von San Arcángelo

dieses Mal ohne Frust und Ehekrach geschlagen wird. Denn Sie werden die freundliche Dame darum bitten, Ihnen für den nächstmöglichen Zeitpunkt ein Plätzchen zu reservieren und sich derweil auf unseren freien Stellplätzen vergnügen (und später davon mehr erzählen und mehr Fotos vorweisen können als von der längeren Zeit auf dem Campingplatz). Wenn Sie Glück haben, dürfen Sie schon am nächsten Tag bei *Italgest* einziehen und werden sich fragen, wo Sie die eine Nacht verbringen können.

Fahren Sie am Campingplatz geradeaus weiter bis zum See und stellen Sie sich dort an einem romantischen, kleinen Hafen beim Gebäude der Fischerei-Kooperation auf eine geräumige Freifläche. Bei einem grandiosen Sonnenuntergang kommen Sie genauso wie jenseits des Zaunes, dafür aber kostenlos, zur Ruhe. Und wenn es nach Ihnen gehen würde – leider geht es selten nach Ihnen – würden Sie der Dame an der Rezeption am nächsten Morgen wieder absagen. Sie brauchen ja nun wirklich weder Waschmaschine noch Riesenrutsche, um im Urlaub glücklich zu sein:

(014) WOMO-Stellplatz: San Arcángelo

GPS: N 43°05'21" E 12°09'22", Via Martiri di Cefalonia. **Max. WOMOs**: 3-4.
Ausstattung/Lage: Klappstuhlgeeignet, Spielplatz, Gaststätten und Einkaufsmöglichkeit im nahen Dorf / außerorts, nicht einsam.
Zufahrt: Biegen Sie in San Arcángelo zum See ab, Beschilderung *'Campeggio Villaggio Italgest'*. Fahren Sie am Campingplatz vorbei und am Ende der Straße vor einen Anlegesteg neben das Haus der Fischverkaufsstelle; lassen Sie sich nicht von einem Tor verunsichern, es hat keine Funktion; am Hafen stehen häufig italienische Wohnmobile. Sie können auch gut und schattig am Ende der Straße stehen bleiben.
Hinweis: Der Anlegesteg ist nicht mehr in Betrieb. Allerdings springt die einheimische Jugend von den vordersten Stufen in den See und klettert mit deren Hilfe auch wieder hinaus.

Wenn Sie sich in San Arcángelo länger aufhalten, wird es nicht ausbleiben, dass Sie mit dem Gedanken spielen, das Campingplatz-Restaurant zu beehren wie auch das Ristorante

bei San Arcángelo - im Hintergrund San Savino

oben an der Ecke, an der Sie von der Hauptstraße zum See abgebogen sind. Sparen Sie das Geld, denn beide Etablissements haben uns – allerdings vor Jahren, und wir haben es begreiflicherweise nicht wiederholt – mit das Schlechteste geboten, was uns in ganz Umbrien auf den Teller gekommen ist. Empfehlenswert hingegen ist der Supermarkt oben im Dorf, in dem das Angebot wesentlich größer ist, und wo die Preise unter denen des Campingplatzladens liegen.

Man muss auch hoch in einen alten Ortskern spazieren, wenn man in der rustikalen **Osteria *Borgo Cenaioli*** essen möchte *(Tel. 075 8479222; im Sommer kein Ruhetag; im westlichen Teil von San Arcángelo; bei der Kirche, wo man das WOMO parken kann, beschildert bergauf; vom Stell- oder Campingplatz ca. 25 Minuten zu Fuß).* Die Trattoria gehört zu den Lokalen, in denen wir für jede Auflage unsere Eindrücke gerne auffrischen, obgleich wir das nach den Zuschriften zahlreicher zufriedener Leser gar nicht müssten. Und wir sind uns sicher, dass die *Tortellini alla salvia* sowie das anschließende *Cinghiale* der deutsch sprechenden Patronin und Köchin noch einmal besser als früher gelungen sind. Wenn die Wirtsleute, denen Hektik völlig fremd ist, im Sommer die Tische aus der Gaststube einfach auf die Dorfstraße getragen haben, wenn Sie Ihr Wildschwein nur noch dank der Straßenlampe und einer auf Ihrem Tisch flackernden Kerze finden, werden Sie einen der romantischsten Abende Ihres Urlaubes genießen.

Panicále

Auf dem Endstück unserer See-Rundreise gibt es bis nach Castiglione nun keine weiteren, jedenfalls keine von uns entdeckten Marksteine. Es fällt daher nicht schwer, dem See etwa 5 km westlich von San Arcángelo den Rücken zu kehren, um auf einem schmalen, aber gut befahrbaren Sträßchen **Panicále** (5.200 Einwohner), eine der schönsten Kleinstädte Umbriens (und Italiens: *Uno del Borghi piu Belli d'Italia*), zu erreichen. Zwischen aus rotem Backstein gemauerten Häusern kann man weit über den Trasimenischen See blicken, und 200 m vor den Mauern, in der **Kirche San Sebastiano**, sind das berühmte und zudem noch bestens restaurierte Altarbild *'Martyrium des Heiligen Sebastian'* (aus dem Jahre 1505) sowie das leicht beschädigte (abgenommene) Fresko *'Mariä Krönung'* (1490) des weltberühmten Renaissance-Malers Perugino (Näheres zu diesem Künstler bei der 4. Tour) zu sehen. Erst beim dritten Anlauf liege ich richtig in der Zeit, um mich beim Touristenbüro am zentralen Platz (!!) einem Besichtigungsrundgang anzuschließen, von September bis Juni der einzigen Möglichkeit,

Panicále - San Sebastiano

Panicále - der zentrale Platz

um die beiden Fresken zu sehen. Die italienisch und englisch erklärende Dame führt zuerst in das kleine **Teatro Cesare Caporali** von 1848, das im Jahr 1994 nach Restaurierung neu eröffnet worden ist (nur rund hundert Plätze davon 32 im Parkett – und trotzdem noch in Betrieb). Danach ist dann die Kirche dran, und Sie erfahren alle Details dieser Fresken und ihrer Entstehung – mehr als Sie wissen wollen *(Führungen finden statt um 10.30, 11.30, 15.10, 16, 16.50, 17.50, 18.30 und 18.50 Uhr; 5 €; im Juli/August können Sie die Perugino-Fresken auch ohne Führung besichtigen, da die Kirche in dieser Zeit von 10.30 - 12.30 und von 16 - 19 Uhr geöffnet ist; 4 €).* Lohnend ist auch das Renaissance-Bild *‚Geburt Christi'* von Giovanni Battista Caporali (1519) in der **Kirche S. Michele**, am dritten Altar links *(oberhalb des Marktplatzes und ohne Führung).*

In einer früheren Auflage beklagte ich das Fehlen eines Stellplatzes und wurde erhört. Nun muss ich aber den Pflegezustand bemängeln:

(015) WOMO-Stellplatz: Panicále

GPS: N 43°01'43" E 12°06'08", Via della Repubblica. **Max. WOMOs**: 4-6.
Ausstattung/Lage: Ver- und Entsorgung, Strom, Mülleimer, klappstuhlgeeignet, Gaststätten, Geschäfte, Mineralwasserautomat / Ortsrand.

Zufahrt: Der Platz liegt seitlich der südlichen Zufahrt nach Panicále, der Straße nach Tavernelle; wenn die offiziellen Plätze belegt sind, können Sie auch eine Etage tiefer stehen.
Hinweis: Zuletzt war der eigentlich schöne Platz kostenlos, aber etwas verwahrlost. Wasser und Strom haben nicht funktioniert.

Panicále ist einer unserer umbrischen Lieblingsorte. Besonders im Sommer, wenn wir an der oberen Seite des schrägen Dorfplatzes von der kleinen Terrasse des **Ristorante *Lillo Tatini*** das unaufgeregte Geschehen um den ehrwürdigen zentralen Brunnen überblicken *(Tel. 075 837771; montags geschlossen).*

Ristorante *Lillo Tatini*

Auch **Paciano** (900 Einwohner), der Nachbarort, ist *Uno del Borghi piu Belli d'Italia*. Er liegt wie Panicále hoch über der Ebene, und leicht verwechselt man die Namen der beiden Dörfer. In Paciano sind die Häuser vielleicht ein wenig zu sehr herausgeputzt. Und viel schneller als man denkt, hat man die Ansiedlung durchquert. Am schönst gelegenen Parkplatz wurde inzwischen leider eine Müllsammelstelle installiert, weshalb ich mich mit der Hilfe eines Lesers neu umsehen musste:

in Paciano

(016) WOMO-Stellplatz: Paciano

GPS: N 43°01'17" **E 12°04**'10". **Max. WOMOs**: 2.
Ausstattung/Lage: Klappstuhlgeeignet, Gaststätte, Geschäft / Ortsrand.
Zufahrt: Fahren Sie in Paciano am dreieckigen Platz unterhalb der Altstadt rechts bergauf und rechts an der Altstadt vorbei. Sie stoßen nach etwa 250 m bei einer Grotte/Waschhaus auf ein nach rechts weisendes ‚P', das Sie nach weiteren 80 m in einer kurzen steilen Kurve auf einen Miniparkplatz schickt.
Hinweise: Der Platz ist für WOMOs mit mehr als 6,50 m Länge nicht geeignet, die parken am besten vor der Kirche.
In der zwar kurzen, aber engen steilen Kurve der Parkplatzzufahrt haben auf dem Rückweg unsere Antriebsräder ziemlich durchgedreht, aber unser Sprinter hat an ähnlichen Stellen häufiger Traktionsprobleme (die der Kundendienst von Mercedes nicht als Mangel anerkannt hat). Sie müssen also selbst beurteilen, was Sie Ihrem Fahrzeug und sich selbst zutrauen, erst recht bei einem Fiat mit Frontantrieb.

Wegen der verschlechterten Stellplatzbedingungen haben wir bei unserem letzten Update nicht mehr in Paciano gegessen und wissen nicht, ob die ***Osteria La Loggetta*** noch zu empfehlen ist. Zumindest der Blick von der *»aufgewärmten Panoramaterrasse«* – so ein Werbeständer vor dem Haus – ist wegen gewachsener Bäume nicht mehr so wie früher *(Tel. 075 830144; dienstags geschlossen).* Eine schöne Wanderung verbindet Panicále mit Paciano:

Von Panicále nach Paciano

Außerhalb des westlichen Stadttores von **Panicále** sehen Sie auf der anderen Straßenseite eine Markierung, die Sie auf einer gepflasterten Straße bergauf schickt. Sie bleiben mit schönen Rückblicken nach Pa-

nicále auf dem Fahrweg, der auf dem Bergrücken verläuft. So gelangen Sie in ein Wäldchen und folgen an einer Gabelung nicht der nach links abzweigenden, rot-weißen Markierung. Sondern Sie halten sich weiter auf dem Kamm, der sich allmählich absenkt und auf eine prächtige **Schirmpinienallee** trifft. Sie können sie durchwandern und müssen an ihrem Ende aber umkehren.

Jedenfalls stiefeln Sie wieder auf dem Hinweg ein Stück (ab der Pinienallee etwa 10 Minuten) bergauf zurück bis zu einem Durchfahrtsverbotsschild mit dem Zusatz *»a tutti i veicoli a motore«*, an dem Sie bereits vorbeigekommen sind. Hier biegen Sie ab und gelangen nordwärts bergab bald nach **Paciano**.

Für den Rückweg nehmen Sie die sehr wenig befahrene Straße nach Panicále, die in Paciano oberhalb des Waschhauses beginnt *(Kompass-Karte Nr. 2463, Lago Trasimeno; 3 Stunden, nach Rother Wanderführer; auf der Karte ist neuerdings für den ersten Teil des Rückweges eine Alternative eingezeichnet).*

Ein kleines Juwel habe ich erst entdeckt, als ich auch mal eine Kirche angesteuert habe, welche manche Reiseführer nicht erwähnen. Vielleicht sind denen die Fresken des **Santuario Madonna di Mongiovino** aus dem späten 16. und frühen 17. Jahrhundert zu neu, oder Antonio C. Pomarancio und Arrigo Fiammingo sind zu unbekannt. Letzterer heißt richtig Heinrich von der Broeck, aber daran dürfte es auch nicht liegen, dass die mächtige Wallfahrtskirche oberhalb von **Tavernelle** übergangen wird, die kein geringerer als Bramante, der Erbauer des Petersdoms, kurz vor seinem Tod im Jahr 1514 geplant hat. Mir gefallen die Bilder sehr, und wir waren die einzigen Besucher. Beachten Sie auch das eigenwillige Eingangsportal.

Santuario Mad. di Mongiovio

Hinter der Kuppelkirche finden Sie einen geräumigen Stellplatz in ruhiger Lage:

(017) WOMO-Stellplatz: Santuario Madonna di Mongiovino

GPS: N 43°00'45", E 12°08'53", Via Aldo Capitini. **Max. WOMOs**: 5.
Ausstattung/Lage: Wasser vor der Kirche, Spielplatz, Mülleimer, klappstuhlgeeignet, weiter Blick, wenn auch auf ein Kraftwerk / außerorts.

Zufahrt: Folgen Sie ab Tavernelle dem Wegweiser *,Santuario Madonna di Mongiovino'*, und fahren Sie links an der Kirche vorbei auf den Parkplatz direkt hinter die Kirche; kurz vor der Kirche verengt sich die Straße, aber Ihr WOMO wird durchpassen (sicherheitshalber vom Beifahrer einwinken lassen).

TOUR 2
18
19
Città
d. Pieve
220
71
1
10 km
Fabro
Ficulle
20
71
1
WC
21
ORVIETO
71
2
Bolsena
489
22
WC
25
Gradoli
La Grata
26
23
WC
24
2
71
Lago
di Bolsena
27
28
29
312
Capodimonte
Marta
Montefiascone
30
nach Bomarzo
31
32
2
nach Viterbo

Tour 2: Fresken, Dom und Badesee 180 km

Città della Pieve - Orvieto - Lago di Bolsena - Bomarzo

Stellplätze:	in Città della Pieve und Ficulle, in Orvieto, rund um den Lago di Bolsena, bei Bomarzo
Campingplätze:	mehrere Möglichkeiten am Lago di Bolsena
Besichtigen:	Città della Pieve, Orvieto, Bolsena, Montefiascone, den Heiligen Wald von Bomarzo

Diese Tour ist eine ideale Tour, weil sie Ihnen alles das bietet, was Ihnen den Urlaub verschönt: Fresken, ein wunderbarer Dom und am Ende, zur Belohnung, mehrere Badetage an einem See mit glasklarem Wasser.

Sie können es morgens trotzdem ruhig angehen lassen. Sie werden nämlich auf allen Etappen dieser Tour brauchbare Übernachtungsplätze finden. Vermutlich werden Sie dennoch nicht schon nach etwa 30 km, in **Città della Pieve** (7.100 Einwohner), einen Stellplatz suchen, obgleich es dafür vor den Mauern der Stadt eine relativ neu geschaffene, offizielle Gelegenheit gibt und einen Parkplatz, der leider etwas zugewachsen ist, was den eigentlich weiten Blick beeinträchtigt:

WOMO-Stellplätze: Città della Pieve

(018) offizieller Platz
GPS: N 42°57'25" E 12°00'15", Viale G. Marconi. **Max. WOMOs:** 6-8.
Ausstattung/Lage: Ver- und Entsorgung, Gaststätten, Geschäfte / im Ort.
Zufahrt: Der Platz liegt im nördlichen Teil der Altstadt hinter und unterhalb einer Mehrzweckhalle bzw. einer Tiefgarage.

(019) reiner Parkplatz
GPS: N 42°57'12" E 12°00'25", Via Vanni. **Max. WOMOs:** 3-4.
Ausstattung/Lage: Gaststätten, Geschäfte, leicht abschüssig / im Ort.
Zufahrt: Fahren Sie mit dem Wegweiser *'Campo sportivo'* auf der östlichen (!) Umgehung um die Altstadt und biegen Sie beim Wegweiser *'Campo sportivo'* nach Osten ab; fahren Sie nach 100 m vor dem Sportplatz bergab (an der Abbiegung auf der Kuppe ist im Sommer nach 100 m die weitere Straße gesperrt, was Sie nicht irritieren darf).

Beide Plätze sind eher etwas für Herbst und Frühling. Zu jeder Jahreszeit werden Sie die auf einem Bergrücken in 509 m Höhe gelegene Stadt ausgiebig besichtigen, die ihren besonderen Charakter durch die aus Ziegelstein erbauten Häuser bekommt. Zumal Sie schon von **Perugino** (1445 bis 1523) gehört haben, dem berühmtesten umbrischen Maler. Sie haben ihn bereits in Panicále, auf der vorangegangenen Tour, kennen gelernt, möglicherweise waren Sie auch schon in Perugia, der Stadt, nach der dieser Künstler benannt wird *('der*

Città della Pieve

aus Perugia') und wo seine zweitberühmtesten, aber vielleicht schönsten Fresken zu sehen sind (siehe Tour 5; am bekanntesten gilt das Fresko *,Christus übergibt Petrus die Schlüssel'*, in der Sixtinischen Kapelle im Vatikan). Weniger bekannt hingegen sind jedoch sein richtiger Name, Pietro Vanucci, und sein Geburtsort, Città della Pieve, dem immerhin fünf seiner Werke geblieben sind: Im **Dom** die *,Taufe Christi'* (ca. 1510; in der ersten Kapelle links nach dem Eingang), welcher Herr Vanucci angesichts ihrer Steifheit und Mittelmäßigkeit sicher nicht seinen Ruhm verdankt; ebenso wenig wie der *,Madonna im Glorienkranz mit Heiligen'* (im Chor hinter dem Hauptaltar – beides sind Spätwerke aus der Zeit, als dem Meister seine Kreativität verloren ging).

Ein perfektes Perugino-Fresko hingegen dürfen Sie im äußerlich unscheinbaren **Oratorio di Santa Maria Bianchi** in der Via Pietro Vanucci betrachten *(die Straße gegenüber dem Dom abwärts, etwa 200 m vom Dom entfernt auf der rechten Seite; in den Sommermonaten 9.30 – 13 Uhr und 16-19.30 Uhr, 1.10.-30.4. Sa. und So. und Feiertage 10-12.30 und 15.30-18 Uhr; sonst nach Anmeldung im Touristenbüro; 3 €)*. Die *,Anbetung der Könige'* (1504) ist eines der berühmtesten Bilder von Perugino, mit zarten Pastelltönen, lieblicher umbrischer Landschaft samt Trasimenischem See. Nach meinem Geschmack vielleicht ein bisschen zu süßlich, aber ein vortreffliches Schaustück dessen, was Renaissance-Malerei ausmacht. Die Kunsthistoriker spüren auf dem Bild alte Bekannte auf: In der zweiten Reihe links, mit roter Haube, Perugino höchstpersönlich, rechts von ihm neben dem Pfeiler der Pergola, die den Stall von Bethlehem symbolisiert, seinen Schüler Raffael, links von Perugino seinen Lehrer Leonardo da Vinci und am Rand des Bildes, ganz links mit Bart, Michelangelo. Vanucci hat sich damals wohl schon als Wohltäter verstanden, ansonsten hätte er nicht in einer Inschrift (Reproduktion an der linken Wand) festgehalten, dass er seine ursprünglichen Preisvorstellungen für dieses Fresko von 200 Florinen auf 75 herabgesetzt hat.

Via Baciadonne

Gehen Sie nun in der Via Pietro Vanucci in der vorherigen Richtung weiter bergab und bei dem bald folgenden ehemaligen Brunnen halblinks. Sie kommen dann nach etwa 100 m zu einem von links einmündenden Gässchen, das 50 bis 60 cm »breit« ist und als die schmalste Gasse Italiens gilt. So schmal und dunkel, dass den verklemmten männlichen Einwohnern der Stadt jahrhundertelang die Phantasie durchging. Vermutlich hat sich ebenso lange kein weibliches Wesen im Alleingang durch die **Via Baciadonne** *(Straße Küss' die Frauen)* getraut. Wohlwissend, dass die Herren der Schöpfung beim unvermeidlich engen Begegnungsverkehr nur ans Küssen denken.

Sehenswert ist schließlich neben der Kirche S. Francesco das **Oratorium des Heiligen Bartholomäus** *(die Via Pietro Vanucci; bis zum Dom, dort links, geradeaus aus der Stadt heraus, nahe beim Stellplatz; täglich 10-12 und 16-19 Uhr)*, weil dort ein unlängst renoviertes Kreuzigungsfresko zu bewundern ist, dessen steifen Figuren man sofort ansieht, dass das Bild lange vor der Renaissance gemalt worden ist (um 1340).

In Città della Pieve wird in großem Stil **Safran** angebaut, die teuerste Gewürzpflanze der Welt (etwa 20 €/Gramm). Von der im Herbst blühenden Krokusart werden nur die Stempelfäden getrocknet. Für ein Kilo Safran benötigt man deshalb bis zu 200.000 Blüten. Man kann verschiedene Erzeuger besuchen.

Auf der Fahrt nach Süden nehmen wir bei Fabro (mit Stellplatz incl. Ver- und Entsorgung beim *Centro sportivo*) lieber die Autobahn anstelle der kurvigen SS 71 und fahren so an **Ficulle** (1.600 Einwohner) und einem weiteren offiziellen Stellplatz vorbei:

(020) WOMO-Stellplatz: Ficulle

GPS: N 42°49'49" E 12°04'06", SS 71; Via Orvieto. **Max. WOMOs:** 4-5.
Ausstattung/Lage: Ver- und Entsorgung, Mülleimer, klappstuhlgeeignet, Gaststätte, Geschäfte / Ortsrand.
Zufahrt: Der Platz ist an der SS 71 beschildert und nicht zu übersehen.

Aber Ihr Urlaub wird nicht zum Flop, wenn Sie hier nicht übernachten und gleich nach **Orvieto** weiterreisen, das eine der bedeutendsten Städte im etruskischen Territorium war, bevor es im Jahre 350 v.Chr. von den Römern eingenommen wurde und wo Sie die nach meinem Geschmack größte_Sehenswürdigkeit Ihrer Umbrienreise bewundern dürfen. Orvieto (22.000 Einwohner) liegt auf einem mächtigen, 200 m über das Tal aufragenden Sockel aus Tuffstein, den die Bewohner im Laufe der Jahrhunderte weitgehend ausgehöhlt haben und heute vorwiegend als Weinkeller nutzen. Der Felsklotz begrenzt die Altstadt auf natürliche Weise, weshalb Sie kaum Parkraum finden. Es empfiehlt sich daher, von Osten anzureisen (wenn man von der anderen Richtung kommt, möglichst

auf der SS 71 südlich um die Stadt fahren), und den Mammutparkplatz bei der Bahnstation, zu der alle Wegweiser führen, zu suchen. *'Funicolare'* steht auf den Schildern. Das ist das italienische Wort für Bergbahn, die Sie von hier hinauf in die Altstadt befördert. Und wenn Sie wollen, dürfen Sie auf dem Platz daneben auch entsorgen, übernachten und 18 Euro für eine sogenannte Flatrate bezahlen (entsorgen, versorgen und 24 Stunden bleiben). Das ist besser als von mir früher vermutet, sogar fast gut, wenn Sie einen abendlichen Fußweg von der Stadt hinunter gefunden haben (ich fürchte, Sie müssen den großen Bogen auf der Straße gehen). Die letzte Bergbahn fährt nämlich um 20.30 Uhr:

(021) WOMO-Stellplatz: Orvieto

GPS: N 42°43'31" E 12°07'35", *Strada d. Direttissima*. **Max WOMOs**: etwa 30.
Ausstattung/Lage: Ver- und Entsorgung, Toilette, warme Dusche, warmes Wasser am Spülbecken, Mülleimer, Waschmaschine, klappstuhlgeeignet, Brotverkauf / Ortsrand.
Zufahrt: Der Platz ist an der Ostseite von Orvieto beschildert *,Funicolare'* und *,Stazione'*. **Gebühr**: 18 €/24 Std.
Hinweise: Der Platz liegt zwischen Schnellstraße und einer tagsüber stark befahrenen Bahntrasse neben dem Bahnhof. Die meisten Leser fühlten sich nachts nur wenig durch einige Güterzüge gestört. Wir haben hier noch nicht selbst genächtigt. Einige andere hielten den Stellplatz nicht für empfehlenswert.
Wahrscheinlich kann man auf dem Parkplatz daneben ebenso laut, aber kostenlos übernachten, sofern man nur parkt und nicht campiert.

Orvieto

Marktfrau in Orvieto

Wenn Sie mit der Bergbahn (für 5,30 €/zwei Personen einschließlich Rückfahrt) in wenigen Minuten fast in das Zentrum gefahren sind, gibt es einiges zu sehen, wobei sich der Donnerstagvormittag wegen des Marktes besonders anbietet. Obwohl Orvieto die meistbesuchte Stadt in Umbrien ist – neben Assisi die einzige stark frequentierte –, und obwohl man auch in Orvieto über allerlei Touristenkitsch stolpert, hat das ***Centro storico*** wegen restriktiver Vorschriften (so sind Fast-Food-Lokale verboten) seinen homogenen, ursprünglichen Charakter unerwartet gut bewahrt, was dann am besten zur Geltung kommt; wenn donnerstags am Palazzo del Popolo, einem romanisch-gotischen Gebäude aus Tuffstein, die farbenfrohen Marktstände aufgebaut sind. Orvieto sah im Mittelalter

Orvieto - Flachreliefs am Dom

so ähnlich aus wie heute, nur gab es mehr Gärten, in denen die Bewohner Nahrungsmittel angebaut haben, um sich gegen Belagerungen zu rüsten.

Schlendern Sie in Ruhe durch die Gassen, vor allem durch das alte Viertel im nordwestlichen Teil der Altstadt, denn Orvieto hat mehr zu bieten als nur den **Dom**. Seine Fassade ist die farbenprächtigste der gotischen Kathedralen Italiens, vielleicht weil ein großer Teil der Mosaiken aus dem 19. Jh. stammt. Die Bronzetüren wurden gar erst 1970 eingebaut. Aber die berühmten Flachreliefs an den Seiten der Portale, besonders das zweite Relief rechts vom Mitteleingang, auf

Orvieto - Dom

dem das jüngste Gericht schaurig dargestellt ist, waren für die Zeit ihrer Entstehung (1320 - 1330) ungewöhnlich realistisch. Hervorragend gelungen ist auch die Fensterrosette in einem quadratischen Rahmen, der seinerseits von Nischen gesäumt ist, in denen Statuen der Apostel aufgestellt sind. Die schwarz-weißen Streifen an den Seiten des Doms kennen Sie schon, wenn Sie in Pisa oder Siena waren, sie gehen auf arabischen Einfluss zurück, der sich von Pisa aus in Italien verbreitet hat.

Die größte Sehenswürdigkeit aber finden Sie innen, Sie müssen auch nicht lange danach suchen. Denn rechts des Altars, vor einer Gittertür, hat sich meist schon eine Schlange ungeduldiger Menschen gebildet, die vom Wächter nur stoßweise in die dahinterliegende Kapelle, die **Cappella della Madonna di San Brizio**, eingelassen werden. Lassen Sie sich nicht abschrecken! Ihnen entgehen nämlich sonst Fresken, die zu den eindrucksvollsten der Kunstgeschichte zählen. Der in Italien gerne eingesetzte Beleuchtungsautomat ist nicht mehr nötig, seitdem die *Cappella* phantastisch restauriert worden ist und überwiegend mit natürlichem Licht angestrahlt wird. Weil die energischen Wächter am schmiedeeisernen Gitter konsequent ihres Amtes walten, ist die Kapelle auch nicht mehr überfüllt. Gemeinhin gilt nur **Luca Signorelli** als der Maler der Fresken der Apokalypse. Richtig ist jedoch, dass die Wandmalereien im Jahre 1447 von Fra Angelico und Benozzo Gozzoli (siehe Toskana-Buch und Tour 4 in diesem Buch) begonnen wurden. Aber Signorelli schuf das Hauptwerk, einen Zyklus, der

Orvieto - Dom

das jüngste Gericht zeigt und die Geschichte des Antichrist erzählt, eines christusähnlichen Satans. Kunstgeschichtlich bedeutsam ist die Darstellung nackter menschlicher Körper in ungewöhnlicher Bewegung, die es bis dahin so noch nicht gab. Bahnbrechend für die damalige Zeit waren auch die Perspektiven (beispielsweise der Hölle) und die Porträts. Man erkennt sofort, welch wegweisenden Einfluss diese Bilder für die spätere Malerei gehabt haben. Wenn Sie es irgendwie einrichten können, müssen Sie die Cappella di S. Brizio zweimal aufsuchen. Zuerst für den allgemeinen Eindruck, danach sollten Sie einen Kunstführer lesen oder ein Buch erstehen, in dem die Bilder erläutert sind, bei einem Cappuccino darin schmökern und sich dann nochmals am Gitter anstellen

In der Kapelle gegenüber wird in einem Schrein das **Kelchtuch von Bolsena** aufbewahrt und zweimal im Jahr, an Ostern und an Fronleichnam, in der Öffentlichkeit gezeigt. Das Wunder dieses Stofffetzens war der Anlass für den Bau des Doms - und für das Fronleichnamsfest *(Besichtigung des Domes: März u. Okt. 9.30 - 18 Uhr, April bis Sept. 9.30 – 19 Uhr, Nov. bis Feb. bis 17 Uhr und Pause von 13 -14.30 Uhr, das ganze Jahr über an Sonn- und Feiertagen nur ab 13 Uhr, im Winter ab 14.30 Uhr; 3 € bis 30 Minuten vor der Schließung).*

Das Wunder von Bolsena

Im Jahre 1263 zelebrierte ein böhmischer Priester im nahen Bolsena eine Messe. Und ausgerechnet ihm, der sich wegen Zweifel an der Transsubstantation, also an der Verwandlung von Hostie und Abendmahlwein in Leib und Blut Christi, auf die Pilgerreise nach Rom begeben hatte, tropfte, so die Sage, beim Brechen der Hostie, Blut auf ein weißes Tuch. Das hat den erstaunten Gottesmann bekehrt und die Massen so elektrisiert, dass sie sich zu einer spontanen Gruppenwanderung aufmachten, um den Lappen im nahen Orvieto abzuliefern, wo damals der Papst residierte (mehrere Päpste residierten vorübergehend in Orvieto). Der hatte zu der Zeit beträchtliche Probleme mit Sekten, die die kirchlichen Lehren in Frage stellten, und nahm das Ereignis zum willkommenen Anlass, nicht nur den Dombau zu planen, der allerdings erst fast 30 Jahre später in die Tat umgesetzt wurde, sondern auch den Zug der Gläubigen, die Prozession, im Kirchenjahr zu verankern. So weit die fromme Legende, deren Fortbestand sicher auch in Zukunft durch eine strikte Verweigerung einer chemischen Untersuchung des Stofftuchs gewährleistet ist.

Sehenswert ist in Orvieto auch der **Pozzo di San Patrizio**, ein Brunnen, der auf Veranlassung des Papstes Clemens VII. gegraben wurde, um die Stadt im Fall einer Belagerung mit Wasser versorgen zu können. Zwei übereinander liegende Wendeltreppen, die durch mehr als 70 Fenster merkwürdig erhellt werden, führen in den Brunnenschacht und sind so angelegt, dass sich hinab- und emporsteigende Menschen nicht begegnen. Die 248 Stufen der Treppe waren zudem so kon-

Orvieto - Pozzo di San Patrizio

struiert, dass auch Maultiere und Esel hinuntersteigen konnten, um mit Wasser in Gefäßen beladen zu werden, das sich auf der Sohle des Brunnens auf Lehmboden gesammelt hatte. Sie finden den Eingang zur Unterwelt am östlichen Ende des Felsklotzes, seitlich der Seilbahn (*9-18.45 oder 19.45 Uhr; 5 €*).

Gerne entscheidet man sich in Orvieto zu einem Abstecher nach Westen in die Region Latium (und damit in das Gebiet von Band 79 der WOMO-Reihe), um noch ein paar Badetage am **Lago di Bolsena** einzuschieben, an einem der größten Vulkanseen Europas und fünftgrößten See Italiens. Das Wasser eignet sich hervorragend für einen Badeurlaub, deutlich besser als das des Trasimenischen Sees, und ist seit einigen Jahren, seit die Kläranlagen rundum in Betrieb sind, glasklar. So hat sich der Bürgermeister von Bolsena getraut, im Fernsehen und zu Werbezwecken ein Gläschen Seewasser zu verkosten.

Blick auf Bolsena

Bolsena

Wenn Sie durch die steilen, malerischen Gassen der mittelalterlichen Altstadt von **Bolsena** streifen (4.000 Einwohner, Hortensienfest am letzten Juni-Wochenende mit Blumenmarkt) , stoßen Sie im unteren Teil unweigerlich auf die **Basilica di Santa Christina**, die an der Stelle des so genannten Blutwunders von 1263 (siehe oben im Kasten) erbaut worden ist. In einer im 17. Jahrhundert errichteten Seitenkapelle werden unterhalb des Altarbildes und hinter vergoldeten Türen drei der vier Steine aufbewahrt, die mit dem aus der Hostie fließenden Blut befleckt worden sind; der vierte Stein wird im Kuppelraum in einem dafür hergestellten Gefäß gehütet. Von der so genannten *Neuen Kapelle des Blutwunders* gelangt man in den alten Teil des Gotteshauses, und dort zunächst zu einem Altar aus dem 8. Jahrhundert, an dem die Legende um Blut und Stofftuch ihren Ausgang nahm. Endpunkt der Kirchenbesichtigung ist das Grab der Heiligen Christina, einer Märtyrerin aus dem 4. Jahrhundert *(4 €)*.

Bolsena ist ein perfekter Ferienort, der uns bei jeder weiteren Reise immer besser gefällt. Hier kommen nicht nur die Historiker und, vor allem in der Oberstadt, die Fotografen auf ihre Kosten, auch die vielfältigsten Wünsche nach einer Bleibe werden erfüllt:

Keine schlechte Wahl trifft, wer nicht lange fackelt und sich direkt in Bolsena auf dem **Camping *Il Lago*** ein Plätzchen unmittelbar am See sichert (siehe nachfolgender Kasten). Erlebnishungrigen Ordnungsfanatikern wird eher das Herz aufgehen, wenn Sie stattdessen etwa 1,5 km weiter südlich Ihr WOMO in die schnurgeraden (etwas düsteren) Parzellen des ***Camping Village Lido*** zirkulieren und danach von Animateuren bei Laune gehalten werden. Der Individualist unter den Zeltplatzschläfern wird den wesentlich schöneren Nachbarplatz ***Blu Camping*** wegen seiner vielen Trauerweiden und heimeligen Wiesenecken (im alten Teil hinter dem Restaurant) bevorzugen:

Lago di Bolsena - bei *Blu Camping*

WOMO-Campingplatz-Tipps: Bolsena

(022) ***Il Lago***
GPS: N 42°38'19" E 11°59'04", Viale Cadorna. **Ortszentrum**: 0,4 km.
Zeiten: Ostern - 30.9. **Tel.** 0761 799191. **Ausstattung**: Strand, sehr zentral.
Zufahrt: Der Platz liegt im östlichen Teil von Bolsena direkt am See.
Preise: 20 – 28 €.

(023) ***Blu International Camping***
GPS: N 42°37'52 E 11°59'41", Strada del P. Lanciate.
Ortszentrum: 1,2 km.
Zeiten: Anfang/Mitte April bis Anfang Oktober. **Tel.** 0761 799197- im Sommer: 0761 798855; *www.blucamping.it.*
Ausstattung: Breiter Sandstrand, gutes, preiswertes Restaurant, Laden, Pool, kostenloses Wifi, Fußweg in den Ort (25 Minuten).
Zufahrt: Der Platz ist am Ostufer des Sees südlich von Bolsena nicht zu verfehlen. **Preise**: 19 – 25 €.

Sie können am Strand entlang nach Bolsena laufen (oder radeln) und kommen an einem idealen, campingplatzähnlichen Stellplatz vorbei. Einen weiteren ähnlich ausgestatteten finden Sie zwischen *Blu International Camping* und *Camping Village Lido*:

WOMO-Stell- und Badeplätze: Bolsena

(024) ***Le Calle***
GPS: N 42°37'49" E 11°59'49", Via Roma. **Max. WOMOs:** 20.
Ausstattung/Lage: Ver- und Entsorgung, warme Dusche, Toilette, Spülbecken, Strom, Mülleimer, klappstuhlgeeignet, Brotdienst, Gaststätte, **200 m zum See** / Ortsrand.

Zufahrt: Fahren Sie auf der SR 2 südlich von Bolsena an der Abzweigung zu *Blu International Camping* vorbei. Der Stellplatz liegt dann bald auf der Seeseite der Straße.
Gebühren: 15 - 19 €/Nacht.
Hinweis: Der sehr freundliche, deutsch sprechende Betreiber nennt das Gelände sowohl *‚Campeggio'* wie auch *‚Sosta Camper'*, aber es ist eher ein Campingplatz.

(025) Bolsena
GPS: N 42°38'08" E 11°59'13", Viale Cadorna. **Max. WOMOs:** 30.
Ausstattung/Lage: Ver- und Entsorgung, warme Dusche, Spülbecken, Strom, Mülleimer, klappstuhlgeeignet, Gaststätten in der Nähe, direkt am Strand / Ortsrand.

Zufahrt: Fahren Sie in Bolsena an der Hauptkreuzung auf der Platanen-Allee zum See, dort links, am Camping *Lago* vorbei, dann noch etwa 500 m ans Ende der Asphaltstraße (beschildert); oder fahren Sie an besagter Kreuzung nach Osten und biegen Sie nach ca. 500 m hinter der Tankstelle zum See ab.
Gebühr: Das volle Programm 15 €/Nacht, Ver- und Entsorgen 5 €; öffnen Sie ruhig das große Metalltor, der Kassierer kommt am Abend; kostenloses Wasser direkt daneben am Kreisverkehr.

Alternativ dürfen Sie auch auf einem **Parkplatz** gegenüber Camping *IL Lago* (siehe oben) stehen, aber das kostet Sie ein Vermögen (von 8-22 Uhr 0,50 € / 30 Minuten).

Wir fahren nun entlang der Nordseite des Sees um die nordwestliche Ecke, wo wir vor Jahren mit großer Enttäuschung registrieren mussten, dass einer unserer Lieblingsplätze diversen Blumenbeeten zum Opfer gefallen war. Und der Ersatz daneben war dem Chef des nahen Campingplatzes lange ein Dorn im Auge. Er hat mir von Wohnmobilen berichtet, die kü-

Lago di Bolsena - Nordwestecke bei Camping *La Grata*

belweise Fäkalien im See verklappen, von der Pest auf Rädern – und von polizeilichen Vollzugsmaßnahmen. Unwissend, dass ich es bin, der die WOMOs an den See und auf sein schönes Gelände gelockt hat. Seinen Zeltplatz empfehlen wir trotzdem weiterhin, in der Superhochsaison ein Geschenk mit Stellplatzgarantie. Etwas gesichtslos sind nur die aufgereihten Bäume:

(026) WOMO-Campingplatz-Tipp: Gradoli *(La Grata)*

GPS: N 42°38'09" E 11°53'13". **Ortszentrum**: 2,5 km. **Zeiten**: unbekannt.
Ausstattung: Badestrand, zeitweise Restaurant.
Zufahrt: Auf der Nordseite des Sees biegen Sie kurz vor Erreichen des Ufers nach rechts auf die SS 489 in Richtung Gradoli ab; bei nächster Gelegenheit - nach etwa 1,6 km in einer Rechtskurve - nehmen Sie das in einem großräumigen Einmündungsbereich nach links zum See abbiegende Sträßchen, das sich nach etwa 300 m gabelt; Sie fahren dort rechts und dann noch etwa 500 m auf einem Schotterweg entlang des Sees nach Süden.
Preise: 18 – 25 €.

Eine gut geeignete Badestelle samt privater *Sosta Camper* finden Sie ein Stück weiter im Süden:

(027) WOMO-Badeplatz: Gradoli *(San Magno)*

GPS: N 42°36'04" E 11°51'58". **Max. WOMOs:** 18.
Ausstattung/Lage: Ver- und Entsorgung, Strom, Mülleimer, klappstuhlgeeignet, Gaststätte in der Nähe, Badestrand / außerorts.
Zufahrt: Fahren Sie auf der schmalen Straße am Westufer entlang (von Süden Wegweiser *'Gradoli'*), Sie kommen an dem privat betriebenen Stellplatz vorbei. **Gebühr**: 10 € / 24 Stunden.

Der mit Abstand schönste Stellplatz am See, wenn auch nicht der beste Badeplatz, liegt wenige Kilometer weiter im Süden:

(028) WOMO-Badeplatz: Capodimonte

GPS: N 42°33'43" E 11°53'15", SP 8. **Max. WOMOs:** 30.
Ausstattung/Lage: Ver- und Entsorgung, Mülleimer, klappstuhlgeeignet, Badestelle, Liegewiese, Bänke und Tische, Spielplatz, Restaurant / außerorts, meistens besucht.
Zufahrt: Nördlich von Capodimonte, 0,4 km nördlich des Ortsschildes, zweigt (beschildert) von der Seeuferstraße ein holpriger Weg zum See ab,

an dessen Ende Sie auf einem offiziellen Stellplatz direkt am Ufer stehen dürfen. **Gebühr**: 10 € / 24 Stunden.

Hinweise: In der Hauptsaison ist der Platz relativ eng parzelliert. Von November bis März ist der Platz entweder geschlossen oder ohne Wasser kostenlos zu benutzen.

Obwohl man an diesem Teil des Lago di Bolsena ganze Ferien verbringen kann, fragt man irgendwann nach den Bedingungen am südlichen Ufer. Die sind leider deutlich schlechter. Die Strände sind schmal und die Stellplätze rar. Am Südufer kann man zwar entlang einer Staubstraße kilometerlang stehen, was allerdings wenig lieblich und etwas schmutzig ist. Ich bin auch nicht ganz sicher, ob man hier übernachten darf. Aber man kann auf jeden Fall sehr gut baden. Außerdem gibt es einen offiziellen, campingplatzähnlichen Stellplatz:

(029) WOMO-Badeplatz: Lago di Bolsena *(Kornos)*

GPS: N 42°32'05" E 11°56'49". **Max. WOMOs:** ca. 15.
Ausstattung/Lage: Ver- und Entsorgung, Strom, klappstuhlgeeignet, Gaststätte, vom schmalen Strand durch die Straße getrennt / außerorts, nicht einsam.
Zufahrt: Fahren Sie in Marta, wo man übrigens nicht übernachten darf, seitlich des Hafens am See nach Osten oder in Montefiascone Wegweiser *'Lago'* und dann in Gegenrichtung am See entlang.
Gebühr: 10 €/24 Std. **Hinweis**: Nur von Juni bis September.

Alternativ stehen Sie ein paar hundert Meter weiter östlich in der Nähe einer Straßeneinmündung kostenlos, ebenfalls am Strand;
GPS: N 42°32'05" E 11°57'07".

Hier haben Sie hoch über sich **Montefiascone** (12.000 Einwohner) im Blick, wo Sie, auch wenn die Stadt, wie der ganze Bolsena-See, in Latium liegt, unbedingt anhalten sollten. Wegen eines beachtlichen Kuppeldoms mit zwei übereinander liegenden Kirchen, in deren Unterkirche ein Fresko die Kürze und Nichtigkeit irdischen Lebens darstellt, sowie wegen einer sehenswerten, überschaubaren Altstadt. Etwa 700 Meter

Montefiascone

davon entfernt kann man Richtung Viterbo einen passablen Weißwein der Sorte *Est!Est!Est!* einkaufen und bei der **Winzergenossenschaft** (ein wenig dicht an der Durchgangsstraße und nicht sehr heimelig) kostenlos übernachten (**30** - **GPS**: N 42°31'60" E 12°02'33"). Mehr über jenen Wein und warum man bei seinem Namen an einen Stotterer denkt, erzählt Ihnen das Ehepaar Riehl in Band 79 der WOMO-Reihe, *‚Mit dem Wohnmobil durchs Latium'*.

Auf der Strecke durch den Bezirk der Riehls zurück nach Umbrien sollten Sie sich noch einen kleinen Umweg gönnen – zu einem großen Ziel: **Der Heilige Wald** von **Bomarzo** (Il Parco dei Mostri di Bomarzo) ist längst kein Geheimtipp mehr,

zu phantastisch – im reinen Wortsinn – sind die steinernen Fabelwesen, Monstren und Gebilde, die Vicino Orsini, der Fürst von Bomarzo, zwischen 1552 und seinem Tod im Jahre 1584 in einem magischen Park aufstellen ließ. Zu sehen ist eine Wunderlandschaft am Rande des Wahns. Verzerrt sind die Menschen, die Tiere, die Wege und das einzige in die Anlage gebaute Haus. Ich bräuchte mehrere Seiten, wollte ich Ihnen alle Figuren und deren Bedeutung beschreiben. Ich kenne nichts Vergleichbares, eine der größten Sehenswürdigkeiten in diesem Buch und auch ein Vergnügen für Ihre Kinder. Wir sind zuletzt an einem milden Frühlingsnachmittag durch den Sacro Bosco (Heiligen Wald) spaziert und seitdem der festen Überzeugung, dies sei der ideale Moment. Vielleicht hätte man uns zur selben Zeit in jeder anderen Parklandschaft Mittelitaliens ein ähnliches Vo-

im Parco dei Mostri di Bomarzo

gelkonzert geboten. Aber es schien uns, als hätten die Amseln niemals virtuoser musiziert. Die Literatur hingegen empfiehlt einen Herbsttag mit Nebelschwaden. Sie können also nichts falsch machen, es sei denn, Sie ließen sich von den hohen Eintrittspreisen abschrecken *(10 €; 8.30 – 19 Uhr, Nov. - März bis Sonnenuntergang; Zufahrtsbeschreibung beim folgenden Stellplatz, keine Hunde, es wird ein Zwinger angeboten)*. Der Park befindet sich noch immer in Privatbesitz, aber der Eigentümer hat seinen früheren, wunderbaren WOMO-Stellplatz geschlossen, was weniger schlimm ist, als ich zunächst dachte:

(031) WOMO-Stellplatz: Bomarzo

GPS: N 42°29'25" E 12°15'01", Via del Lavaiolo. **Max. WOMOs:** 3-4.
Ausstattung/Lage: Toilette (beim Park), Gaststätte (im Ort), meistens klappstuhlgeeignet, schöne Sicht auf das Dorf und die Landschaft / Ortsrand, etwa 500 m vom Park entfernt.
Zufahrt: Fahren Sie ab Montefiascone Richtung Viterbo und auf die Schnellstraße Richtung A 1 und Terni bis zur Abfahrt nach Bomarzo; nördlich des malerischen Ortes Bomarzo ist die Abzweigung von der SP 20 zum *‚Parco dei Mostri'* beschildert; gleich unterhalb des alten Dorfes kommen Sie an einem kleinen Parkplatz vorbei.
Hinweise: Der Platz ist an Wochenenden oft überfüllt, man kann dann auf den Asphaltplatz bei den *Carabinieri* ausweichen; **(32) - GPS**: N 42°29'06" E 12°14'59", Via Monte Bianco, im neuen Ortsteil südlich des *Centro storico*.

Tour 3: In die ideale Stadt 80 km

Lago di Corbara - Civitella del Lago - Todi

Stellplätze:	in Civitella del Lago, in Todi
Campingplatz:	in Civitella del Lago
Besichtigen:	Civitella del Lago, Todi
Essen:	Ristoranti *Trippini* in Civitella del Lago und *Jacopone* in Todi

Wir waren bei der Tour 2 zuletzt deutlich in Latium, und wer im Anschluss an jene Tour seine Reise in Süd-Umbrien fortsetzen möchte, wählt am besten südlich von Bomarzo die Schnellstraße, die SS 204. Wir kehren stattdessen nach Norden zurück und biegen auf halbem Weg zwischen Montefiascone und Orvieto nach Osten zum **Lago di Corbara** ab, der sich im Jahre 1962 als künstlicher Stausee des Tibers zwischen den Hügeln ausgebreitet hat. Leider ist er kein Badesee, man kommt fast nirgends ans Ufer, das Schwimmen ist offiziell verboten, und schmutzig wirkt er obendrein. Beides hält aber manche menschliche Wasserratte nicht vom Sprung in die bräunlichen Fluten ab. Es lohnt sich dennoch, ein wenig über dem Ufer zu verweilen, weil das Gewässer fotogen – von Weitem auch richtig blau, wie es sein soll – in die umbrischen Berge eingebettet ist.

Am Süd-Ufer kommen Sie am **Campingplatz** *Scacco Matto* vorbei, lauschig an einem Hang über dem See gelegen, mit Badezugang in das grau-braune Wasser. Man steht schön unter Bäumen, und in neueren Leserzuschriften wurde mir mitgeteilt, der Pflegezustand sei inzwischen ausreichend (**33** - GPS: N 42°41'59" E 12°14'51"). Empfehlenswert und auf jeden Fall gepflegt ist der nahe, kleine Campingplatz mit Stellplatzfeeling:

(034) WOMO-Campingplatz-Tipp: Lago di Corbara
(Gole del Forello)

GPS: N 42°43'22" E 12°15'36", SS 448. **Ortszentrum**: 6 km.
Zeiten: 5. 4. - 30.9. **Tel.** 0335 6671902.
Ausstattung: Stellplätze für Wohnmobile, Brotverkauf, Snack, Pool, Kajakstation, schöne Lage.
Zufahrt: Der Platz ist an der Strecke nach Todi etwa auf der Mitte des östlichen Seeufers beschildert. . **Preise**: 18 – 25 €.
Hinweis: Zeitweise Mittagspause 13.30 – 15 Uhr.

Blick auf den Lago di Corbara - von Civitella aus

Der schönste Ort über dem See ist **Civitella del Lago**, von dessen Aussichtsbänkchen Sie atemberaubende Sonnenuntergänge erleben dürfen. Auch der Bummel durch das niedliche Dorf macht Laune, die sich zur Hochstimmung steigert, wenn Sie Adolfo **Trippini** in seinen eleganten, kleinen Speiseraum führt, den wir ihm nicht zugetraut hätten. Denn vor dem Esszimmer betreiben die Tripppinis eine ordinäre italienische Café-Bar, und wer es nicht weiß, kommt kaum auf den Gedanken, dass sich dahinter ein **Ristorante** versteckt, das vielleicht am schönsten gelegene unter allen in diesem Buch beschriebenen. Von einem der wenigen Tische am Fenster machen Sie tief unter sich in der roten Abendsonne den See aus, in der Ferne den Felsklotz von Orvieto und, ganz hinten im Dunst, sogar den Monte Amiata. Das Essen ist vorzüglich und unterstreicht die Ausnahmestellung dieses Restaurants. Adolfo hat bei unserem Besuch auch alle Zeit der Welt, um sich unserem Appetit gebührend zu widmen, wir sind nämlich seine einzigen Gäste. Man muss allerdings zugeben, dass die Preise dieser Oase der Gastlichkeit nicht auf Pizzeria-Niveau liegen (41 Euro pro Esser für das überzeugende Menü), aber unsere Umbrien-Reisen wären um eine kulinarische Hauptattraktivität ärmer, wenn die Familie Trippini mangels Rentabilität schließen müsste. Ich vermute mal, dass hier am Wochenende Hochbetrieb herrscht, sonst hätte nicht unlängst Sohn Paul den Löffel übernommen, und dass auch unser Reiseführer ein wenig das Überleben sichert *(Ristorante Trippini; Tel. 0744 950316; www.trippini.net; Montag Ruhetag).*

An jenen Wochenenden wird es aber mit den Stellplätzen schwieriger, weshalb ich schon mal nach Alternativen zu unserem Plätzchen an der oberen Mauer geschaut habe. Dieses ist, zumindest am Abend, der Hit, weil wir an der Westseite des Dorfes stehen, einen Steinwurf von Trippinis Küche entfernt. Zwar am Rand der Dorfstraße, die wir aber nur überqueren müssen, um auch zu später Stunde und von einer Bank aus nochmals die erhabene Weite der umbrischen Nachtlandschaft aufzusaugen. Weniger erfreulich ist der Schulbus, der an der Haltestelle direkt hinter unserem Auto am nächsten Morgen schon früh den Motor warmlaufen lässt, und etwas schräg ist das Sträßchen auch (Wasser gibt es an der Außenwand der Kirche, etwa 100 m weiter im Dorf):

WOMO-Stellplätze: Civitella del Lago

(035) Mauer oben
GPS: N 42°42'37" E 12°16'54", Via Italia. **Max. WOMOs**: 2-3.
Ausstattung/Lage: Wasser, Gaststätte, Geschäfte / im Ort.
Zufahrt: Fahren Sie von der SS 448 hoch nach Civitella und folgen Sie der Einbahnstraße durch den Ort; nach einem langgezogenen Parkplatz fahren Sie links an der Kirche vorbei, danach nochmals links, bevor Sie vor einer Mauer am Straßen- und Westrand des Ortes parken.

Damit alle Leser Platz bekommen, haben wir auch eine gute **Alternative** zu unserem Stellplatz an der Mauer gefunden:

(036) Mauer unten
GPS: N 42°42,33"' E 12°17'00", Via degli Ulivi. **Max. WOMOs**: 2-3.
Ausstattung/Lage: Gaststätte, Geschäfte / im Ort.
Zufahrt: Biegen Sie gleich am Ortsanfang, wo die Einbahnstraße beginnt, nach links in die ***Via degli Ulivi*** ab, durchqueren Sie ein kurzes Wohngebiet bis zu einem kleinen Platz, rechts unter einer Mauer.
Zum abendlichen Seeblick müssen Sie Ihre Klappstühle auf dem Weg noch etwa 50 m tragen.

Blick von Civitella del Lago aus

Gelegentlich, glücklicherweise seltener als meine Mitreisenden befürchten, die mir oftmals verbieten möchten, die schönsten Stellen und die besten Lokale der Allgemeinheit preiszugeben (ganz selten können sie mich sogar überreden), haben die Tipps meiner Bücher so schreckliche Überfüllungsfolgen, dass ich mich selbst nicht mehr an den Ort meines publizistischen Frevels traue. Sie tun sich also einen Gefallen, wenn Sie bei Adolfo sicherheitshalber telefonisch reservieren, und die wohnmobilistische Nachwelt ist Ihnen dankbar, wenn Sie das Dorf nicht zuparken (was während des Verkaufs der Vorauflagen Adolfos Preise verhindert haben). Der schön gelegene Campingplatz ist eine echte Alternative:

(037) WOMO-Campingplatz-Tipp: Civitella *(Il Falcone)*

GPS: N 42°42'16" E 12°17'19". **Ortszentrum**: 2,5 km, 20 Minuten zu Fuß.
Zeiten: 1. 4. - 30.9. **Tel**. 0744 950249.
Ausstattung: Laden, Snack, Pool, sehr schöne Lage, teilweise schöner Blick auf den See. **Zufahrt**: Der Platz ist östlich des Ortes beschildert.
Preise: 18 – 28 €.

Todi

Von Civitella del Lago sind es auf der SS 448 noch gute 20 km entlang des Tibers bis nach Todi. Schon am Lago di Corbara wurde deutlich, dass sich Umbrien, das grüne Herz Italiens, doch erheblich von der Ost-Toskana-Landschaft unterscheidet. Während dort die Flächen der weiten Weizenfelder von geometrischen Baumreihen unterteilt sind, hat uns der Süden Umbriens mit seinem charakteristischen, abwechslungsreichen Landschaftsbild empfangen: Die angelegten Kulturen, mal ein bescheidener Weinberg, daneben eine Wiese, kurz darauf ein kleines Steineichenwäldchen in der Nachbarschaft einer Olivenpflanzung, dann wieder eine Hand voll Walnussbäume und kleine Dörfer sind über sanfte Hügel zerstreut. Wenn ich oben in **Todi** (17.000 Einwohner, Foto Seite 69), das wie die meisten umbrischen Städte auf eine Bergkuppe gebaut ist, an einer der zahlreichen Aussichtsbalustraden versonnen beim Blick in die Ferne träume, wünsche ich mir hier kein Ferienhaus. Ich wäre manchmal gerne für ein paar Monate ein umbrischer Kleinbauer, der zwischen Ginster und Mohn auf seinen unrentablen Äckern schwitzt. Wenn der aber im wirklichen Leben nach seinem Hauptberuf in irgendeiner Fabrik, zu der er tagtäglich über unzählige Kurven hetzen muss, am Abend auf seiner Wiese

jemals dazu kommt, mit den Gedanken spazieren zu gehen, wird er sich ausmalen, wie er mit einem WOMO in die Ferne braust. Oder dass er sich zumindest nicht mehr plagen muss, weil er es zu einem Andenkenladen gebracht hat, in dem er mir Postkarten verkaufen darf. Manchmal möchte ich auch einer der Alten sein, die im Stadtpark von Todi beim Blick über die Renaissancekuppel der Kirche Santa Maria della Consolazione ihren Nachmittagsspaziergang beschließen, nicht abgeschoben in ein Seniorenwohnheim.

Man kann also ein bisschen neidisch werden auf einen Bewohner von Todi. Was nicht verwundert, wenn man weiß, dass vor längerer Zeit eine Gruppe amerikanischer Professoren aus Kentucky Todi für die *»lebenswerteste, ideale Stadt der Welt«* gehalten hat. Das ist zwar übertrieben, es erklärt aber mein Gedankenspiel.

Ich stelle das WOMO an den Rand der Stadt und klettere zwischen Mandel- und Feigenbäumen über schmale, verfallene Treppen, vorbei an uralten Mäuerchen und kleinen Gärten, hoch in das Zentrum der antiken Stadt, die einst am Rande des etruskischen Herrschaftsgebiets lag. Oder ich tauche an der Porta Romana im Osten in das alte Stadtbild ein und stei-

Todi

ge durch schmale Gassen bis ich auf der **Piazza del Popolo** angekommen bin. Sie werden mich verdächtigen, den US-Professoren auf den Leim gegangen zu sein, wenn ich die Anlage des Platzes als eine der schönsten Italiens lobe, die am Nordende von der bescheidenen, aber fein verzierten Fassade des mit einer kunstvollen Rosette geschmückten **Doms** begrenzt wird (12. bis 16. Jahrhundert), von dessen breiter Freitreppe der Blick zurück auf die anderen Gebäude der Piazza schweift: geradeaus zum Palazzo dei Priori mit seinem interessanten Turm und links davon zum Palazzo del Popolo (13. Jahrhundert), dem ältesten Gebäude am Platz und durch eine Treppe mit dem Palazzo del Capitano (14. Jahrhundert) verbunden, der seinerseits wegen der schönen gotischen Fenster ins Auge sticht. Das Ensemble der Bauten ist deshalb so beeindruckend, weil es trotz kunstvoller Details sehr schlicht, aber dennoch, obgleich wir in der Toskana und in Umbrien schon viele schöne Plätze begangen haben, wieder einzigartig ist. Es ist den heutigen Stadtplanern auch ausgezeichnet gelungen, Zahl und Ausbreitung der Frei-

Todi - Rosette des Doms

Todi - Piazza del Popolo

luft-Cafés so einzuschränken, dass wir beim Cappuccino die Gesamtstruktur der Piazza noch bestens überblicken können.

Von der Piazza del Popolo steigen wir auf zur **Kirche San Fortunato** und freuen uns, dass auf dem kurzen Weg in den Gassen bislang nur Antiquitätenhändler Beweis des noch zurückhaltenden Tourismus sind. An dieser Kirche gefällt mir wegen des schönen Blicks ebenfalls die breite Treppe davor. Aber auch die kunstvollen Reliefs an der (unvollendeten) Fassade sind sehenswert. Im Inneren überzeugen neben den Schnitzarbeiten des Chores vor allem die beiden Seitenschiffe, die nämlich so hoch sind wie das Hauptschiff, was für eine italienische Kirche ungewöhnlich ist.

Ehrlicherweise muss ich aber zugeben, dass ich bei San Fortunato nur deshalb vorbeikomme, weil sie auf dem Weg zur **Rocca** liegt, jenem Stadtpark mit den Bänken und der schönen Sicht, von der schon die Rede war. Dass jene von profanen Industriebauten getrübt wird, übersehe ich einfach, ragt

Todi - Santa Maria della Consolazione

doch vor mir die Kuppel von **Santa Maria della Consolazione** auf, einer Renaissance-Kirche, die von Kennern als eine der schönsten Italiens gehandelt wird. Zu Fuß sind es nur ein paar Minuten. Den Architekten, darunter wahrscheinlich auch der berühmte Bramante, dem Konstrukteur des Peters-

Doms in Rom, muss der Bau in der Zeit von 1508 bis 1607 wahre Glücksgefühle erlaubt haben. Durften sie hier nämlich das Idealbild einer Renaissance-Kirche verwirklichen, deren Zentrale ein Kreis war, das Spiegelbild des Kosmos. Zumeist wurden den Baumeistern solche Gotteshäuser verwehrt, weil der Kreis eben nicht den Bedürfnissen des christlichen Hochamtes entsprach. Konsequenterweise hätte der Altar in der Mitte stehen und der Priester hätte einem Teil der Gläubigen den Rücken zukehren müssen. Da jener aber seine Schäflein im Blick behalten sollte, wurde auch in Todi der Hochaltar an den Rand gerückt. Daneben stehen heute miserable Gipskopien von Original-Skulpturen (im Vatikanischen Museum in Rom) der 12 Apostel, und links vom Eingang eine kolossale Holzstatue des Papstes Martin I. Der ist nicht nur ein in Todi verehrter Heiliger, sondern auch der Schutzpatron der Seefahrer, weil er im Jahre 656 im Schwarzen Meer ertrunken ist (eine merkwürdige Logik). Vielleicht wird er einst auch zum Schutzpatron von Viren und Bazillen, denn sein rechter Fuß wird derart häufig und heftig geküsst, dass man ihn mit einer Silberkappe verkleiden musste. Das Innere der Kirche ist ungewohnt weiß, lichtdurchflutet und nüchtern, man braucht nicht einmal die Sonnenbrille abzusetzen; es erinnert eher an einen pompösen Palast Gottes. Auch von außen scheint die Kirche in die Landschaft geklotzt, aber das war ja wohl beabsichtigt und trägt bis heute erheblich zu ihrer Attraktivität bei *(Mittagspause ab 12.30 Uhr, je nach Monat bis 15.30 Uhr; die Pausen werden in Zukunft wahrscheinlich kürzer oder entfallen).*

Der Parkplatz daneben war einst ein Stellplatzgeheimtipp, ist aber inzwischen für WOMOs verboten. Wer jedoch eine

Todi - Stellplatz an der Porta Orvietana

Sammlung der schönsten Abendblicke über umbrische Hügel in seiner Erinnerung (oder auf der Festplatte) anlegen möchte, fährt bei der Kirche Santa Maria weiter an die Nordwest-Seite der Stadt, um dort auf dem Asphalt des offiziellen Stellplatzes sein Nachtlager aufzuschlagen:

(038) WOMO-Stellplatz: Todi

GPS: N 42°46'52" E 12°24'05", Viale di Montesanto. **Max. WOMOs**: 10-15.
Ausstattung/Lage: Ver- und Entsorgung, Toilette, abends klappstuhlgeeignet, Gaststätten und Geschäfte in der durch einen spektakulären Schrägaufzug erreichbaren Altstadt, schöner Blick / Ortsrand.
Zufahrt: Fahren Sie bei der Kirche Santa Maria um die Stadt in nördlicher Richtung weiter und biegen Sie beim Wegweiser ‚*Porta Orvietana*' rechts ab; Der Platz ist unübersehbar beschildert und abgegrenzter Teil eines Großparkplatzes. **Gebühren**: 8 - 20 €, je nach Dauer.

Vermutlich werden Sie nicht über schmale Treppchen in die Altstadt steigen, sondern sich beim vorgenannten Stellplatz an der Porta Orvietana vom Schrägaufzug hinauf befördern lassen und bei der Heimkehr ein kurzes Achterbahngefühl genießen. Bis 24 Uhr, solange wackelt das technische Gerät über den Hang, werden Sie das urige **Ristorante *Jacopone*** an der Piazetta Jacopone längst verlassen haben *(am großen Platz auf der Seite gegenüber dem Dom rechts bergauf; Tel. 075 8942366, montags geschlossen).*

bei *Jacopone*

Ich bin ganz sicher, dass Sie nach ein paar Tagen in Umbrien gar nicht mehr verstehen können, weshalb alle Welt nur in die Toskana fährt. Und ich bin ebenso sicher, dass Sie auf einer Ihrer nächsten Italien-Reisen wegen Todi sogar einen Umweg in Kauf nehmen werden. So sehr daneben lagen die Gelehrten aus Kentucky nämlich nicht.

Tour 4: Rotweinstraßen 105 km

Montefalco - Bevagna - Trevi - Spello - Monte Subasio

Stellplätze:	in Montefalco, Bevagna, Trevi, bei der Abtei von Sassovivo, Spello und in Collepino
Campingplatz:	bei Bevagna
Besichtigen:	Montefalco, Bevagna, Tempietto di Clitunno, Trevi, Foligno, Abtei von Sassovivo, Spello, den Monte Subasio
Wandern:	von Spello nach Collepino
Essen:	Ristoranti *Coccorole* in Montefalco, *Ottavius* sowie *Piazza Onofri* in Bevagna und *La Cantina* in Spello

In meiner ersten Umbrienreisebeschreibung durfte ich vor Jahren behaupten, der Rotwein in Umbrien sei günstig und deshalb ein Geheimtipp. Bis zur ersten Neuauflage hatten sich die Preise aber fast verdoppelt – und schon schien auch die Qualität schlechter. Das war zur Zeit der Euroeinführung und hatte in Italien einen ähnlichen Effekt wie anderswo, weshalb guter Rotwein heute auch in Umbrien einiges kostet, aber immer noch deutlich weniger als im Chianti oder bei Montalcino.

Leider ist er meist aber qualitativ etwas schlechter. Die Preise mancher Erzeuger sind jedoch zuletzt wieder spürbar gesunken.

Hochburg der Spitzenweine ist **Montefalco** (5.500 Einwohner, *Uno del Borghi piu Belli d'Italia*), häufig auch als »Balkon Umbriens« gepriesen. Da ist was Wahres dran, denn der Blick in die Valle Umbra ist nicht von schlechten Eltern. Aber die örtlichen Schilderaufsteller haben ihr Bestes getan, um das Renommee zu ramponieren. Das schönste Plätzchen mit eben diesem Blick ist von einem WOMO-Verbotsschild gestraft, und niemand kann mir vorhalten, dass ich mit meinem Buch der Schuldige bin. Das Verkehrszeichen wurde nämlich schon vor meiner ersten Veröffentlichung angebracht. Früher habe ich Ihnen noch Tipps zum Austricksen der Obrigkeit geliefert, von denen ich mich jedoch schon länger distanziere, weil die rechtmäßige Alternative ebenfalls schön liegt. Und man muss auch mal loben, dass die Gemeinde sich beim Bau des offiziellen Übernachtungsplatzes viel Mühe gegeben hat, auch wenn die Dusche nicht mehr in Betrieb ist:

(039) WOMO-Stellplatz: Montefalco

GPS: N 42°53'32" E 12°38'53", Via Ugo Foscolo. **Max. WOMOs**: 30.
Ausstattung/Lage: Ver- und Entsorgung, Toilette, Strom, Gaststätten, Geschäfte / Ortsrand.
Zufahrt: Der Platz liegt an der Strecke von Bevagna vor dem Ort, unterhalb der Straße und eines großen, weiteren Parkplatzes (beschildert).
Hinweis: Der Platz ist am Wochenende bisweilen gut besucht, früh anreisen.

Neben die guten Übernachtungsbedingungen gesellen sich in Montefalco Kunstgenuss und das **Ristorante *Coccorole***. Mit großem Appetit dürfen Sie sich über die feinen Speisen hermachen; über Nudeln mit Rotwein- oder Trüffelsoße, über Perlhuhn *(faraona)* in Kruste oder über viele andere Köstlichkeiten *(im Largo Tempestivi: wenn Sie vom Stellplatz die Hauptstraße hochgehen, 30 m vor dem Rathaus rechts die Straße hinein; Tel. 0742 379535; mittwochs geschlossen, für diese Auflage nicht wiederholt getestet)*.

Sie werden vielleicht mit Ihrer Urlaubskasse besser haushalten und im WOMO speisen, aber Sie werden sich, sofern Sie nicht antialkoholisch orientiert sind, in Montefalco **Rotwein** kaufen. Der beste und teuerste Wein heißt *Sagrantino*. Er ist ein schwerer Roter von hoher Qualität (nicht zu verwechseln mit dem Süßwein *Sagrantino passito.* Eine Flasche *Sagrantino* kostete im Sommer 2014 im Laden zwischen 12 und 30 Euro, im Ristorante meistens nur wenig mehr. Beim vergleichbaren *Brunello* aus Montalcino (Toskanabuch – Band 8) darf man seit Jahren von solchen Preisen nur noch träumen. Nachdem auch in Montefalco die Preise derart gestiegen sind, bleibt vielleicht nur noch der *Rosso di Montefalco*, die schlichte Variante des *Sagrantino*, der zuletzt für 6 bis 10 Euro über die Ladentheke ging und zumeist sogar beim anspruchsvollen Rotweintrinker noch nicht den Entwöhnungsentschluss heranreifen lässt. Bezugsquellen nenne ich Ihnen hinten unter dem Stichwort *Wein*.

Montefalco - Marktplatz

Sie trinken nur Wasser, allenfalls nippen Sie mal am Bier? Sie nächtigen ausschließlich auf Campingplätzen? Warum, so fragen Sie sich, wird Ihnen Montefalco empfohlen? Weil es auch jenseits leiblicher Genüsse und Stellplatzempfehlungen noch ein Urlaubserleben gibt, das in Montefalco im sogenannten **Museo San Francesco** stattfindet. Zu sehen ist in der ehemaligen Kirche San Francesco einer der schönsten Freskenzyklen Italiens, der nach einer Restaurierung wieder in bunten Farben erstrahlt, eine anschauliche Bilderzählung von **Benozzo Gozzoli** über das Leben des Heiligen Franziskus. Der Künstler und seine Gehilfen hatten sich die etwa 150 Jahre älteren Darstellungen der Franziskus-Legende aus Assisi (Tour 5) zum Vorbild genommen, als sie um 1452 die lebendigen Gemälde im frischen Putz verewigten: Franz inmitten seiner Umwelt zwischen Monte Subasio und Montefalco mit unglaublicher Detailtreue, fast lieblichen Zügen und – entgegen der historischen Wirklichkeit – wie Jesus im Stall geboren und damit auf dessen religiöse Höhe gestellt. Eine der großen in diesem Reiseführer empfohlenen Sehenswürdigkeiten! Zu sehen sind noch weitere Bilder, darunter ein wunderbares Fresko von Perugino *(im hinteren Teil des Marktplatzes links bergab; 10.30-13 Uhr,*

Montefalco

14 - 18 Uhr, Juni-Aug. 10.30-13 Uhr, 15 - 19 Uhr, 6 €). Montefalco verzaubert zudem mit einem mittelalterlichen Stadtbild und mit sehenswerten Gemälden in anderen Kirchen, besonders in der **Kapelle San Fortunato**, einen Kilometer südlich, die schön freskiert ist und ein weiteres Werk von Benozzo Gozzoli zur Schau stellt, aber nicht von Wohnmobilen angefahren werden kann. Parkmöglichkeiten gibt es nämlich nicht, aber ein paar Schritte vom offiziellen Stellplatz zu Fuß werden Sie schaffen (die einfache Strecke dauert knapp 30 Minuten).

In Montefalco – es nennt sich Stadt des Weins und des Öls – bekommen Sie eines der besten **Olivenöle** Umbriens. Es heißt *Romanelli* und wird im Ort verkauft *(durch die Hauptgasse zu Piazza, Corso G. Mameli 42, kurz unterhalb der Piazza rechts)*. Wir haben uns zuletzt leider viel zu knapp eingedeckt.

Das hohe Niveau der Ziele dieser Tour verflacht auch bei dem nächsten Ort nicht. Sogar stellplatzmäßig gehört **Bevagna** zu den besten Adressen, weil Sie die Wahl zwischen einer guten freien Möglichkeit haben und einem Zeltplatz, der zwar abseits liegt, aber ein Schwimmbad, einen Tennisplatz und weitere Sportmöglichkeiten bereit hält. Als wir ihn für diese Auflage erstmals besucht haben, hat uns eine angenehme Mischung aus Improvisation und Gastfreundschaft empfangen, vor allem das Fehlen jeglicher Parzellen, und dass man zwischen hellen Wiesenstücken sowie schattigen Waldbereichen wählen kann:

(040) WOMO-Campingplatz-Tipp: Bevagna *(Pian di Boccio)*

GPS: N 42°54'45" E 12°35'12".
Ortszentrum: 3,5 km.
Zeiten: Ostern bis Ende September, Weihnachten, Jahreswechsel.
Tel. 0742 360391.
Ausstattung: Großes Schwimmbad mit drei Becken, kleiner Laden, Restaurant, Tennisplatz, Fußballplatz.

Zufahrt: Ab Bevagna ist der südwestlich des Ortes liegende Platz beschildert.
Preise: 20 - 24 €.
Hinweise: Der Platz, ein *Agriturismo*, dem auch ein paar Ferienhäuser angeschlossen sind, ist wegen seiner luftigen Lage ein beliebtes Ziel italienischer Wochenendausflügler.
Sie können zu angemessenen Preisen **Olivenöl** kaufen, wobei uns die kräftigste Sorte am meisten zugesagt hat.

Möchten Sie auf Schatten und den Pool verzichten und stehen Sie lieber ortsnahe, sind Sie mit dem freien Übernachtungsplatz besser bedient, weil dorthin nicht nur WOMOs im Sattelschlepper-Format (gelegentlich auch leibhaftige Sattelschlepper) passen, sondern weil man im Frühjahr aus den umliegenden Feldern die Vögel singen hört, weil das Gelände vor der Wohnmobil-Tür die Größe dreier Fußballfelder hat und schon deshalb klappstuhlgeeignet ist. Zumindest im Frühsommer (im Spätsommer wirkte der dann ausgedörrte Platz ein wenig trostlos) ist das einer der besten Stellplatztipps in diesem Buch:

(041) WOMO-Stellplatz: Bevagna

GPS: N 42°56'03" E 12°36'23", Via Madonna del Cuore. **Max. WOMOs**: 30.
Ausstattung/Lage: Ver- und Entsorgung, Toilette, Mülleimer, klappstuhlgeeignet, Geschäfte, Restaurants / Ortsrand.
Zufahrt: Fahren Sie von der nördlichen Ortseingangsstraße nördlich des Ortes nach Westen bergab bis zum unübersehbaren und gut beschilderten großen Park- und Stellplatz westlich der Ortes.

Der Stellplatz liegt goldrichtig, denn Bevagna (4.500 Einwohner - *Uno del Borghi piu belli d'Italia*) gehört zum umbrischen Pflichtprogramm. Das beginnt schon mit der fast geschlossen erhaltenen, auf römischen Fundamenten errichteten Stadtmauer und setzt sich bei den Relikten eines römischen Theaters fort, die Sie links der breiten Seite der langen Piazza Garibaldi finden, wenn Sie durch das nördliche Stadttor eintreten. Gehen Sie auf dem Platz weiter, sehen Sie an der linken Ecke der dem Tor gegenüberliegenden Schmalseite die Reste eines römischen Tempels, der in eine Kirche umgebaut worden ist. Sie erkennen daneben den bogenförmigen Straßenverlauf, der den Grundmauern des römischen Theaters folgt, das im Mittelalter mit Häusern überbaut worden ist. Mit etwas Fantasie

Bevagna - Piazza Filippo Silvestri

erahnt man in den ebenerdigen Werkstätten sogar noch den Unterbau der antiken Zuschauerränge.

Die Hauptsehenswürdigkeit ist aber die **Piazza Filippo Silvestri**, eines der schönsten Ensembles mittelalterlicher Bauten in Umbrien und zugleich einer der liebenswertesten Plätze. Da stört es wenig, dass der auf alt getrimmte Brunnen erst 1896 aufgestellt worden ist. Echt antik hingegen ist die freistehende Säule, die noch aus römischer Zeit stammt. Nicht ganz so viele Jahre auf dem Buckel haben die anderen Gebäude, der Palazzo dei Consoli, das Rathaus, mit einer beeindruckenden Außentreppe (1270) über die man zu einem im Jahre 1886 eingerichteten, schnuckeligen Logentheater gelangt (sehr sehenswert). Neben dem Rathaus steht die romanische Kirche San Silvestro, die wegen ihrer gedrungenen Fassade mit zierlichen gedrehten Säulchen, einem interessanten Portal und wegen der rechts davon sichtbaren Inschrift, die den Architektennamen Binellus und das Baujahr 1195 erkennen lässt, bestaunt wird. Auch der Innenraum (1954 restauriert) wird wegen seiner kräftigen Säulen und schweren Tonnengewölben bei zugleich komplexer Architektur als besonders bemerkenswertes Zeugnis romanischer Baukunst hoch geschätzt.

Das gilt nicht so sehr für das gegenüberliegende Gotteshaus San Michele, dessen Hauptportal die größte Aufmerksamkeit verlangt. Im 12. Jahrhundert haben hier die Baumeister antike Versatzstücke für die Türpfosten verwendet, auf die sie romanische Skulpturen-Reliefs gesetzt haben. Das große Rosettenfenster darüber ist allerdings gemogelt und stammt von der Generalrestaurierung des Jahres 1954.

Das lokale Großereignis lässt Ende Juni eine Woche lang das Mittelalter wieder aufleben. Auf dem **Mercato delle Gaite** wird alles das handwerklich gefertigt, angeboten oder ausgestellt, was man gemeinhin der alten Zeit zurechnet – und heute vermarkten kann. Wir finden Bevagna ohne diesen Mittelaltermarkt schöner, zumal in dieser Zeit der zentrale Platz durch eine Tribüne verschandelt ist.

Früher habe ich das **Ristorante *Ottavius*** empfohlen *(in einer Seitenstraße des Hauptplatzes; Tel. 0742 361932; montags geschlossen)*. Später habe ich statt eines Updates lieber die Konkurrenz getestet und kann daher aktuell nur die rustikale *(Spirito Divino)* ***Piazza Onofri*** loben, eine erfreuliche Mischung aus Ristorante und Enoteca *(Piazza Onofri 2, Tel. 0742 361926, mittwochs geschlossen)*.

Die Tour führt nun zurück über Montefalco Richtung Trevi und zur SS 3, aber nichts erinnert Sie daran, dass diese heutige Durchgangsstraße einst die römische **Via Flaminia** war. Genauso wenig kommt Ihnen in den Sinn, der südlich von Trevi unter Bäumen versteckte Weiher, die auf der Landkarte eingezeichneten **Fonti di Clitunno**, sei schon von den lateinischen Dichtern Properz und Vergil besungen worden. Wo heute am Zaun neben dem Parkplatz der Obolus für den Eintritt in das Quellteichgelände entrichtet wird, standen damals Tempel, auf

Fonti di Clitunno

deren Altären man die im frischen Wasser gesäuberten Tiere geopfert hat. Zu poetischem Überschwang, der noch bis zum Ende des 19. Jahrhunderts die Lyriker hingerissen hat, besteht indessen kein Anlass mehr. Gewiss, die Wasserfläche mit kleinen Inselchen, Schwänen und auch die Parkanlage wirken nicht alltäglich, ganz im Gegensatz zum vollen Parkplatz davor. Wenn Sie aber ausgestiegen und die ersten Laster vorbeigedonnert sind, klettern Sie wieder hinter das Steuer, und nichts liegt Ihnen ferner, als hier zu übernachten (allerdings hat sich die Situation durch die neue vierspurige Schnellstraße verbessert; Entsorgungsstation und Wasser auf der anderen Straßenseite, Richtung Süden, 200 m).

Tempietto di Clitunno

Ein paar Überreste der römischen Tempel gibt es dann aber doch noch zu bestaunen, wenn Sie 2 km nördlich auf den leicht zu übersehenden Wegweiser zum **Tempietto di Clitunno** achten. Hier haben die Langobarden zwischen dem 6. und 8. Jahrhundert n. Chr. antikes Baumaterial recycelt, für ein Tempelchen, das so heißt und auch so aussieht, aber eine der ältesten christlichen Kirchen Italiens und das vielleicht besterhaltene Zeugnis **langobardischer**, also germanischer Herkunft ist. Genau aus diesem Grund steht der Tempel seit dem Jahr 2011 neben einigen anderen Bauwerken (siehe auch bei Spoleto, Tour 7) auf der UNESCO-Liste des Weltkulturerbes zum Thema *‚Die Langobarden in Italien, Orte der Macht – 568 - 774 n.Chr.‘* Grund

Trevi

für diese kunsthistorische Adelung ist die Wiederverwendung antiker Bauteile (Spolien) in Kombination mit den Wandmalereien im Innern *(zuletzt nur unregelmäßig geöffnet, vermutlich nur nachmittags).*

Vielleicht hadern Sie bei den nächsten Kilometern nach Norden noch ein wenig mit sich und Ihrer Fotoausrüstung, weil es Ihnen auch in Zeiten digitaler Bilderfassung nicht gelungen ist, den Clitumnus-Tempel ordentlich ins Bild zu rücken. Der Frust gibt sich aber schnell, denn die nächste fotografische Herausforderung stellt sich nach wenigen Kurven, und sie ist, passables Wetter vorausgesetzt, leicht zu meistern. Sie müssen nur draufhalten, auf **Trevi**, die Kleinstadt am Ostrand der Valle Umbra (7.300 Einwohner, aber weniger als 2.000 im historischen Ortsteil), wie Montefalco und Bevagna *Uno del Borghi piu belli d'Italia* . Den Rest haben schon die mittelalterlichen Baumeister besorgt, weshalb das den Hügel hinauf kletternde Städtchen in allen Bildbänden fest verankert ist. Kaum ein anderes Motiv ist so typisch für Umbrien: Vor dem kontrastreichen Hintergrund des 1.429 m hohen Monte Serano kulminiert ein verschachtelter, stufenförmiger Ortskern aus hellem Naturstein in einem spitzen Campanile, daneben eine grüne Domkuppel, und alles wird von silbrigen Olivenhainen umrahmt, wo die Früchte für eines der besten Öle Umbriens geerntet werden.

Trevi ist aber nicht nur ein Ort für die Galerie der Stadt- und Dorfansichten, sondern taugt sogar für das fassbare Urlaubs-

vergnügen, wenn Sie Ihr Wohnmobil auf dem schön gelegenen, offiziellen Übernachtungsplatz geparkt haben, auf dem die Bäume inzwischen größer als auf unserem Foto sind (und ein wenig beim Rangieren stören):

(042) WOMO-Stellplatz: Trevi

GPS: N 42°52'44" E 12°45'07", Via Coste San Paolo.
Max. WOMOs: 15.
Ausstattung/Lage: Ver- und Entsorgung, Toilette (300 m im Ort am großen Platz hinter dem Rathaus), bedingt klappstuhlgeeignet, Gaststätten, Geschäfte, Freibad, teilweise schöner Blick auf die Valle Umbra / Ortsrand.
Zufahrt: Biegen Sie von der SS 3 ab und fahren Sie bergauf bis (unterhalb von Trevi) zum Wegweiser *,Pigge Bovara'*, dort rechts und an der nächsten Abzweigung links bis zum oberhalb von Trevi gelegenen Stellplatz.

Trevi ist eine reizvolle Kleinstadt, die leider beim letzten Erdbeben stark beschädigt worden ist. Aber es macht wieder Spaß, durch die verwinkelten Gassen zu streifen. Man steht dann irgendwann vor der Tür des **Trevi Flash Art Museums**, eines privaten Museums für zeitgenössische Kunst, das bei unserer Visite geschlossen war *(Mittagspause von 13.30-15 Uhr).* Die ausgedehnten Plantagen haben Trevi auch zum italienischen **Olivenöl-Museum** verholfen. Lohnend ist zudem ein Spaziergang zum Konvent **San Martino**, vor allem wegen des schönen Blicks von der dorthin führenden Alleenstraße. Das Beste bei Trevi, das Fresko Peruginos, *,Anbetung der Könige'* in der Kirche **Madonna della Lacrime**, wird Ihnen nicht neben Souvenirs präsentiert (an der Verbindung zur SS 3 – seitlich des Wegs zum oben erwähnten Stellplatz). Erst fahren Sie daran vorbei, dann müssen Sie im benachbarten *Instituto Pedagocico* läuten und schließlich die herbeischlurfende Nonne höflich um Einlass bitten. Wahrscheinlich wird Sie dann die Klosterfrau durch nach Frömmigkeit riechende Gänge zum Hintereingang der Kirche geleiten. Und sich taktvoll zurückziehen, während Sie – als einzige Touristen – am zweiten Altar rechts, den Haupt-

in Trevi

Trevi - *‚Anbetung der Könige'*

eingang im Rücken, ein Spätwerk des Meisters bestaunen, ein kultureller Höhepunkt Ihrer Umbrienreise!

Foligno - Dom

Von Trevi ist es ein Katzensprung nach **Foligno** (53.000 Einwohner), einer Industriestadt mit lebhaftem *Centro storico* und unverfälschtem Italien. Wesentlicher touristischer Anziehungspunkt ist der Hauptplatz samt einer sehr interessanten Domfassade aus dem 12. Jahrhundert und dem Palazzo Trinci an der Nordwestseite der Piazza. Der Turm des Domes ist wieder aufgebaut, nachdem er beim Erdbeben im September 1997 als prominentes Einsturzopfer europaweit in den Wohnstuben flimmerte.

Erdbeben

Als am 26. September 1997 am Nordostrand der Valle Umbra, zwischen Perugia und Spoleto, die Erde bebte, registrierten die Wissenschaftler auf der Richterskala einen Wert von 5,5. Das ist relativ wenig, wenn man bedenkt, dass es die großen Beben auf über 7 bringen (der höchste gemessene Wert lag bei 8,6). Aber die Erdstöße, die sich am nächsten Tag wiederholten, reichten aus für den Tod von mehr als 10 Menschen und für starke Zerstörungen in den Dörfern im Gebirge östlich von Assisi und Foligno. Und weil in Assisi die Decke der Oberkirche von San

Wiederaufbau in Assisi

Francesco einstürzte und Teile der berühmten Fresken dabei zerstört wurden, weil dabei sogar zwei Mönche und zwei Restauratoren von den herabfallenden Steinbrocken getötet und weil im weltberühmten Assisi viele Häuser baufällig wurden, war die Naturkatastrophe ein gefundenes Fressen für den Sensationsjournalismus. Immer wieder wurde im Fernsehen gezeigt, wie der Kirchturm von Foligno einstürzte, daneben Bilder von völlig zerstörten Dörfern. Die aber waren getürkt und stammten von einem früheren Beben nahe Napoli.

Gerüst-Ästhetik

Der Tourismus in Umbrien kam dadurch zum Erliegen, denn im Ausland war der falsche Eindruck entstanden, als liege ganz Umbrien in Schutt und Trümmern. Dabei war das letzte Beben gar nicht das schlimmste in neuerer Zeit. 1979, auch im September, wurden weiter im Osten, besonders in Norcia, viel mehr Menschen getötet und Schäden in einem Ausmaß angerichtet, dass man ihre Folgen, zum Beispiel Notbaracken, noch bis ins Jahr 2010 gesehen hat.

Die Erde wackelt also oft in Umbrien, überhaupt am Rand der Apenninen, was daran liegt, dass dort zwei große geologische Erdplatten aufeinander stoßen und aneinander reiben. Dies führt zu Spannungen bis die Erde im Epizentrum eines Bebens, das 1997 nördlich von Foligno beim Dorf Isola lag, in dem 80 Prozent der Häuser zerstört wurden, aufbricht, bzw. sich besonders heftig bewegt.

Diese Widrigkeiten der Natur kommen manchen, die nicht vom Tourismus leben oder nicht mit zerschmetterten Knochen unter den Trümmern ihrer Häuser begraben werden, gar nicht so ungelegen. Den Gerüstfabrikanten oder Bauunternehmern zum Beispiel, oder den Besitzern alter, renovierungsbedürftiger Häuser, die nämlich bis zu 100 Prozent staatliche Wiederaufbauhilfe erhalten. Ist man im Sommer 2000 durch das Erdbebengebiet gefahren, wurde allerdings deutlich, dass die staatliche Geldquelle höchst unterschiedlich sprudelt. Während in Assisi die Gerüste schon fast wieder verschwunden waren, dümpelte der Wiederaufbau in den touristisch weniger renommierten Orten, beispielsweise in Nocera Umbra, vor sich hin. Selbst im Jahr 2014 waren dort noch nicht alle Schäden behoben.

Den Wohnmobilreisenden wird die Erdbebengefahr nicht schrecken. Wann übernachtet der schon unter einem Kirchturm?

Auch die **Benediktiner-Abtei von Sassovivo**, 6 km östlich von Foligno, wurde durch das Erdbeben stark in Mitleidenschaft gezogen, und es hat lange gedauert bis alle Schäden behoben waren. Inzwischen kann man die 128 Säulen des berühmten Kreuzgangs wieder in einem ausgezeichneten Zu-

Abtei von Sassovivo

Abtei von Sassovivo - Kreuzgang

stand bestaunen. Sie müssen sich dazu am Klostereingang gleich links halten und nicht geradeaus gehen, wo Sie irritiert vor verschlossenen Türen stehen würden, weil das Gemäuer schon seit 1979 wieder von einem Orden bewohnt wird. Sie finden das über 1.000 Jahre alte Kloster in einem abgeschiedenen Hochtal, in der Nachbarschaft eines wunderbaren Picknick-Platzes, auf dessen Wiese man den Tag vertrödeln darf, selbst wenn einem dort die Nacht zu einsam ist:

(043) WOMO-Picknickplatz: Abtei von Sassovivo

GPS: N 42°57'31" E 12°45'46". **Max. WOMOs**: 3-4.
Ausstattung/Lage: Wasser, Bänke und Tische, Mülleimer, Wanderwege /außerorts, sehr einsam.
Zufahrt: Biegen Sie südlich von Foligno von der SS 3 am Beginn der SS 77 (Foligno – Camerino) ab; die Abzweigung von der SS 3 ist schwer zu finden; Sie müssen zunächst ein Stück Richtung *Macerata* fahren und dann sehr bald auf der SS 77 beim Wegweiser, an dem man leicht vorbei fährt, nach rechts zur nun beschilderten Abtei abbiegen (bei unserer letzten Recherche war hier eine Straße im Bau, weshalb sich die Wegführung noch verändern wird); am Ende fahren Sie beim Kloster noch etwa 200 m weiter.
Hinweise: Überwiegend abschüssig; Sie können nicht legal auf die Wiese fahren.

Wir fahren zurück nach Foligno und von dort in das Herz von Umbrien, die so genannte **Valle Umbra**, das **Umbrische Tal**, das sich von Perugia bis nach Spoleto erstreckt. Die bis zu 10 km breite Ebene hält nicht nur Augenschmaus bereit, dazu ist das Tal seit der Antike zu dicht besiedelt und zu gut erschlossen. Aber es fehlen die hässlichen, großflächigen Industrieansiedlungen. Wer Italien kennt, wundert sich, dass die Ebene nicht noch stärker zersiedelt ist, und auch der Straßenbau hält sich im Rahmen, wenngleich vor wenigen Jahren durch eine vierspurige Schnellstraße ergänzt. Die Reize der Valle Umbra liegen auch nicht im Tal selbst, sondern auf den seitlichen Berghängen. Diese tief schürfende Entdeckung wurde zwar schon vor dem Entstehen der WOMO-Reihe gemacht,

Spello

sie muss aber mal wieder in einem Reiseführer in Erinnerung gerufen werden, der ausschließlich auf das Auto fixiert ist und dessen Leser, wie man weiß, häufig dem Charme des Gaspedals erliegen.

Sonst würden Sie womöglich auf Ihrem eiligen Weg **Spello**, *Uno del Borghi piu belli d'Italia*, südwestlich am Hang des Monte Subasio liegen lassen. Das wäre dann ähnlich schlimm wie ein nur hastiger Besuch über Mittag, wenn die Kirche S. Maria Maggiore, deren Fresken zu den schönsten Umbriens gehören, geschlossen ist. In Spello (7.800 Einwohner) muss man sich also Zeit nehmen und den besten Ausgangspunkt für den Rundgang suchen. Dazu würde sich der große (beschilderte) Parkplatz rechts unterhalb der Stadt, nahe der Piazza J.F. Kennedy, eigentlich anbieten, zumal er mit Toiletten aufgemöbelt worden ist. Wohlwollend hatte ich mir schon entsprechende Notizen gemacht. Als ich dann aber 1 ½ Jahre nach dem letzten Erdbeben, in einer Zeit also, in der man in Spello die wenigen Touristen per Handschlag hätte begrüßen können, zurückgekehrt bin, wurde ich durch ein Schild brüskiert, das WOMOs sogar das Parken verbietet.

Man hat aber eingesehen, dass man Wohnmobilen eine Bleibe bieten muss und einen offiziellen, gut beschilderten Stellplatz gebaut. Zwar nur in 1b-Lage, aber ich würde lügen, würde ich das dortige Verweilen als Strafe bezeichnen:

(044) WOMO-Stellplatz: Spello *(offiziell)*

GPS: N 42°59'38" E 12°40'02", Via Centrale Umbra. **Max. WOMOs**: 20.
Ausstattung/Lage: Ver- und Entsorgung, Mülleimer, klappstuhlgeeignet / Ortsrand, Fußweg in den Ort in 5 Minuten über eine Treppe.
Zufahrt: Der Platz liegt an der Nebenstraße nach Assisi, westlich am Fuß des Ortes in der Ebene neben dem Sportplatz (beschildert). **Gebühren**: 5 - 8 €.
Hinweis: Möglicherweise von der nicht sehr weit entfernten Schnellstraße belärmt.

Ich bin der Meinung, dass Spello einen schöneren Übernachtungsplatz verdient und habe ein Plätzchen mit traumhafter Aussicht gefunden, auf das allenfalls zwei WOMOs passen. Obwohl mich meine Autorenerfahrung lehrt, dass solchen Geheimtipps nur ein kurzes Leben beschieden ist, fehlt weiterhin das in den Vorauflagen prognostizierte Verbotsschild:

(045) WOMO-Stellplatz: Spello *(nördlich)*

GPS: N 42°59'48" E 12°40'22", *Via Circonvallazione*. **Max. WOMOs**: 2.
Ausstattung/Lage: Gaststätten, Geschäfte, Wanderwege / Ortsrand.
Zufahrt: Fahren Sie auf der nördlich an Spello vorbeiführenden Straße zum *Monte Subasio* (beschildert) bergauf, beim Beginn der Stadt geradeaus (!) und unmittelbar vor dem Stadttor links, bei erster Gelegenheit rechts bergab auf den unteren von zwei Parkplätzen vor eine Tiefgarageneinfahrt.
Hinweise: Nur bis 7 m WOMO-Länge. Am frühen Nachmittag anreisen, später parken hier die Gäste des nahen Restaurants, das uns übrigens maßlos enttäuscht hat; etwas Gefälle.

In kulinarischer Hinsicht verlassen wir die ausgetretenen Pfade und entschließen uns weder für das bekannte Ristorante *Cacciatore (in der Via Giulia, einer der langen Straßen im oberen Ortsteil; donnerstags geschlossen)* noch für das berühmte *Molino (an der Hauptstraße unterhalb des Marktplatzes in der Altstadt)*, sondern für das **Ristorante *La Cantina di Spello*** *(ein paar Meter oberhalb vom Molino; Tel. 0742-651775; montags geschlossen)*, was schon wegen des hervorragenden Lamms mit Artischocken die richtige Entscheidung ist. Da unsere Tour im Zeichen des Rotweins steht, kosten wir einen *Villa Fidelia* des Weingutes *Sportoletti* aus Spello, einen dem *Sagrantino* überlegenen, aber selteneren und leider auch nicht ganz billigen Tropfen.

Kommen wir zum Wesentlichen: Sie laufen einmal ganz durch den Ort und gelangen dabei im unteren, südlichen Teil der Hauptstraße zu der von außen unscheinbaren **Kirche Santa Maria Maggiore**, die den schon erwähnten Nachteil hat, dass sie über Mittag lange geschlossen ist. Dabei ist sie neben dem mittelalterlichen Ortsbild und der reizvollen Lage der Stadt der Hauptgrund für die Reise hierher. Genau genommen ist es nur die **Cappella Baglioni**, auch ‚Cappella Bella' (‚Schöne Kapelle') genannt, was noch reichlich untertrieben ist. Ein gewisser Bernardo di Betto, ein Schüler des berühmten Perugino, hat sie im Jahre 1500 mit Gehilfen vollständig ausgemalt und ein phantastisches Fresko der *‚Anbetung des Jesuskindes'* an die Wand gezaubert. Wohl keinem Maler der Zeitgeschichte wird sein Künstlername weniger gerecht, denn **‚Pinturicchio'** (‚das Malerchen') hat ganz Großes geschaffen, als er in leuchtenden Farben detailbesessen den neugeborenen Jesus auf eine Wiese seiner umbrischen Heimat, vor dem

Spello - *‚Anbetung des Jesuskindes‘*

Trasimenischen-See, gelegt hat. Auf unseren Reisen durch die Toskana und Umbrien durfte ich schon viele religiöse Bilder des hochverehrten Säuglings betrachten, aber noch keines, das dem Anliegen des neuen Testamentes, so wie ich es verstehe, derart gerecht wird: Nicht die heilige Familie steht im Zentrum der Darstellung, es sind vielmehr die Leute aus dem Volk, die für das Kind heranschaffen, was ihnen wertvoll und teuer ist. Ein Widder wird an den Hörnern gezogen, und ein Hirte macht seine Aufwartung mit einem Korb voll Eiern. Die feinere Gesellschaft samt den drei Königen muss im Abseits, perspektivisch entsprechend kleiner gemalt, geduldig anstehen, bis die Hauptpersonen fertig sind. Ich konnte mich bis heute nicht daran satt sehen. Man kommt kaum dazu, sich auch die beiden seitlichen Fresken gründlich anzuschauen: links die *‚Verkündigung'* und rechts *‚Jesus und die Schriftgelehrten'*, die vor dem jungen Herrn ihre Bücher fallen lassen *(8.30 - 12.30 Uhr und 15 - 19 Uhr, sonntags und im Winter kürzer; leider 9 €, die sich trotzdem lohnen).*

Links und rechts des Altars entdecken Sie zwei Fresken von Perugino, dem Lehrmeister von Pinturicchio.

Hat man sich erst einmal in das ‚Malerchen' verliebt, strebt man interessiert die Hauptstraße etwa 120 m weiter bergauf, um in der **Kirche Sant‘Andrea** im rechten Querarm ein weiteres Bild des Künstlers, *‚Madonna mit Kind und Heiligen'* zu entdecken. Das ist aber ein wenig dürftig, angeblich hatte der Meister nur die Oberaufsicht, die er vornehmlich dazu benutzt hat, den auf einen Schemel gelegten Brief malen zu lassen, in dem ihn der Bischof von Orvieto um seine Dienste bittet. Das größere Kunstwerk in dieser Kirche ist rechts das Fresko von Dono Doni.

Fresko von Dono Doni

Bevor Sie Spello durch eines der mächtigen Stadttore wieder verlassen, die, wenn auch restauriert, noch aus römischer Zeit stammen, sollten Sie noch die paar Schritte zum **Belvedere** gehen, wo Sie das erwartet, was Ihnen der Wegweiser verspricht, einen interessanten Blick über die Valle Umbra, die angrenzenden Hänge und auf die Reste des römischen Amphitheaters am Fuß der Stadt.

Sie können auch schon mal Assisi ins Visier nehmen, wo Sie anlässlich der nächsten Tour gewiss ein paar Tage ausspannen. Falls Sie allerdings am Wochenende nach Fronleichnam in Spello weilen, dürfen Sie an einem der farbenprächtigsten Feste Umbriens teilnehmen, der *Infiorata*. Dann schicken die Einheimischen aus Angst vor Regen tagelang Stoßgebete zum Himmel, wollen sie doch auf den Straßen mit Millionen von Blütenblättern bunte Bilder puzzeln.

Wahrscheinlich fließt dann auch der Wein, von dem bei dieser Tour schon so oft die Rede war, in Strömen. Es ist kein *Sagrantino*, sondern der Rote von *Sportoletti* (wohl eher der *Rosso*), einem bei Spello ansässigen Erzeuger, der bestimmt noch ein paar Fläschchen für Sie rettet (siehe beim Stichwort *Wein*).

Sie werden noch nicht nach Assisi entlassen, denn zuvor müssen Sie mit uns noch wandern:

Von Spello nach Collepino

Sie starten auf dem großen Platz am Fuß von **Spello** (den mit dem Verbotsschild), wo Sie sich nach links, also nach Norden, wenden und nach rechts in die *Via Francesco Mauri* einbiegen. Nun geht es durch die Felder im Prinzip immer geradeaus. Wege und Straßen verlaufen etwas im Zickzack, Sie dürfen nicht nach rechts abdriften (!), sondern müssen sich im Zweifel eher halblinks halten. Der Weg führt auf die Hügel zu, um dort das linke, nördlichere Tal zu erreichen. Sie müssen an einen Bach stoßen, möglicherweise eine Furt überqueren und stehen danach auf einer Asphaltstraße. Dort wandern Sie nach links immer neben dem Wasserlauf auf der Straße (bei Gabelungen links und im Tal bleiben) bis zu einem Bildstock. Dort gehen Sie links in Windungen bergauf. Bei genauem Hinsehen erkennen Sie nun sogar eine rot-weiße Markierung. Etwa 100 m nach dem letzten Haus verlassen Sie die Straße und nehmen mit der Markierung nach links einen grasigen Weg oberhalb von Olivenbäumen, der in **Collepino** endet. Von dort bummeln Sie entlang der Straße zurück nach Spello, was schlimmer klingt als es ist, da man stets einen wunderbaren Blick auf die Valle Umbra und den Ort hat.

Die Wanderung durch eine zauberhafte Landschaft eignet sich nicht für den Hochsommer, da es so gut wie keinen Schatten gibt, sie dauert 3,5 Stunden und ist nur mit der etwas verwirrenden Kompass-Karte Nr. 2473 zu empfehlen, auf der die Strecke zu sehen, aber nicht markiert ist.

Falls Sie brav unsere Wanderstrecke abgearbeitet haben, sind Sie durch das Nest **Collepino** gekommen und konnten sich dort von besten Stellplatzbedingungen überzeugen, die Sie zu allen Jahreszeiten gerne in Anspruch nehmen werden, wenn an unserem Geheimplatz in Spello dann doch irgendwann das WOMO-Verbotsschild montiert worden ist. Der Weg zu beiden Plätzen ist nämlich am Anfang derselbe:

(046) WOMO-Picknickplatz: Collepino

GPS: N 43°01'18" E 12°42'13", Via San Silvestro. **Max. WOMOs**: 5.
Ausstattung/Lage: Bänke und Tische, Toilette (unterhalb des Parkplatzes am Eingang zum Dorf), Wasser, Mülleimer, abends klappstuhlgeeignet, Gaststätte, Wanderwege / Ortsrand.
Zufahrt: Fahren Sie nördlich von Spello auf der Straße zum Monte Subasio (beschildert) immer leicht bergauf und etwa 4 km oberhalb von Spello, in Collepino, auf einen großen Parkplatz unter Bäumen.

Im reizenden Dorf gibt es sogar ein *(donnerstags geschlossenes)* Restaurant. Dieses zu testen bleibt Ihnen vorbehalten, denn alles können wir Ihnen nicht vorkauen.

Der Stellplatz ist auch ein idealer Ausgangspunkt für eine absolut lohnende Rundfahrt über den **Monte Subasio** (1290 m). Die Strecke beginnt gegenüber dem Parkplatz und endet in Assisi. Sie belohnt mit prächtigen Fernsichten bis zum Trasimenischen See und ist, obgleich im südlichen Teil nur geschottert, auch für große WOMOs machbar; allerdings nur tagsüber (und bei trockenem Wetter), denn nachts ist die wunderbare Panoramastraße geschlossen, weshalb Parkplätze und Wiesen an ihrem Rand nur dem Sonnenbad dienen - und der Beobachtung von Gleitschirmfliegern (an Feiertagen und dem Tag davor für Wohnmobile verboten).

TOUR 5
N
5 km
zum Lago Trasimeno
PERUGIA
nach Umbertide
Ipogeo d. Volumni
Prepo
54
53
55
75
220
Castel del Piano
nach Città d. Pieve
Villa
317
Torgiano
56
57
58
Bettona
3
Deruta
zur Tour 6
147
Bastia
C
S. Maria d. Angeli
WC
47
49
ASSISI
50
51
48
S. Damiano
52
Eremo d. Carceri
Monte Subasio
1290 m
Cannara
75
45
44
SPELLO
(Tour 4)
46
Collepino
(Tour 4)
3
nach Foligno

Tour 5: Assisi und Perugia 115 km

Assisi - Perugia - Torgiano - Bettona

Stellplätze:	in Assisi, bei der Eremo delle Carceri, am Monte Subasio, in Perugia, in Torgiano
Campingplätze:	Camping *Fontemaggio* in Assisi, bei Perugia
Besichtigen:	Assisi mit Eremo delle Carceri und Basilika Santa Maria degli Angeli; Perugia, Grab der Volumnier, Weinmuseum in Torgiano, Bettona
Wandern:	von Assisi zur Eremo delle Carceri und zur Abbazia di San Benedetto, von Assisi zur Basilika Santa Maria degli Angeli
Essen:	Trattorien *La Stalla* und *Pallotta*, Pizzeria *Menestrello* in Assisi, Ristorante *da Cesarino* in Perugia

Bisweilen, mit zunehmender Erfahrung jedoch immer seltener, macht man bei einer Wohnmobil-Reise alles falsch. Obwohl wir in Sachen WOMO und Italien keine Anfänger mehr waren, hätten wir uns denken müssen, dass am Ostersamstagnachmittag die Ankunft in Assisi zum Unvernünftigsten gehört, was bei einer Umbrien-Reise überhaupt denkbar ist. Aber seit zwei Tagen hatten wir eindrucksvoll Gelegenheit, hautnah zu erkennen, weshalb Umbrien als das »*Grüne Herz Italiens*« in die Reiseliteratur eingegangen ist, hat uns doch der Wetterheili-

Assisi

ge, ein gewisser Petrus, eine Lektion zum Thema *‚Landregen'* und dem Untertitel *‚Kalte Tage im April'* erteilt, und dabei alle Register seines Könnens gezogen, mit tiefhängenden Wolken und Schneetreiben ab 700 m Höhe. Was blieb uns also anderes übrig, als Zerstreuung und Trockenheit in Kirchen, vor Fresken und in warmen Gaststuben zu suchen?

Assisi (24.000 Einwohner) schien uns dafür wie geschaffen, und als wir in einem geräumigen Ölbaumacker unterhalb der Stadt einen freien Stellplatz ergattert hatten, wurde die Laune schon ein wenig besser. Sie änderte sich aber schnell wieder, nachdem wir einen Fuß vor die Tür gesetzt hatten und der Schuh im Matsch fast stecken blieb. Über die späteren Putzorgien am Schuhwerk und im WOMO soll hier nicht geklagt werden. Auch nicht darüber, dass mit uns die Besatzungen wenigstens 50 anderer, vorwiegend italienischer Wohnmobile eine Art Survival-Training im Morast absolvieren mussten. Das besagte Gelände ist inzwischen für Wohnmobile gesperrt, bei Ihrem Urlaub wird es nicht regnen, und die heutigen WOMOs sind (leider) so ausladend dimensioniert, dass viele sowieso nur noch auf geteertem Untergrund parken. Deren Chauffeuren bleibt dann allerdings die Erfahrung italienischer Solidarität erspart, wenn die Vorderräder eines Fiats oder Fords bei der leisesten Berührung des Gaspedals hemmungslos durchdrehen und die Nachbarschaft schiebt. Sie können sich denken, wie der Regentag weiterging, dass die Kirchen und die Gassen proppenvoll waren und dass wir in keinem einigermaßen passablen Lokal einen Tisch bekamen. Assisi war zum Abgewöhnen.

Karfreitag in Assisi

Wir hatten noch einen weiteren Kardinalfehler begangen: Wenn man an Ostern nach Assisi fährt und sich bei der Stellplatzsuche in Konkurrenz zu etwa 300 (!) italienischen WOMO-Kapitänen begibt, reist man so rechtzeitig an, dass man sich bei einer der größten **Karfreitags-Prozessionen** Italiens unter die Schaulustigen mischt, um vermummte Männer mit Dornenkronen über den Kapuzen und schweren Holzkreuzen auf den Schultern barfuß durch die von Fackeln beleuchtete Stadt ziehen zu sehen. Start ist um 19.30 Uhr beim Dom San Rufino. Kenner kommen früher, um noch im Hellen die vor dem Dom wartenden Kapuzenmänner ausgiebig zu fotografieren.

Das Gegenstück, eine touristisch fast verwaiste Stadt, lernen wir kennen, als wir eineinhalb Jahre nach dem letzten, schlimmen Erdbeben, dessen Epizentrum nicht weit entfernt lag, auf dem zentralen Platz der Stadt unseren Kaffee schlürfen. Die meisten Häuser sind zur Reparatur der Schäden eingerüstet, und die Andenkenverkäufer träumen von besseren Zeiten. Die ersten Urlauber haben sich wieder eingefunden, auch wenn fast alle Kirchen noch nicht wieder betreten werden können. Aber es sind keine »normalen« Touristen, die in ihren Reiseführern blättern, sondern fromme Menschen, die wegen ihres Glaubens eine Pilgerreise auf sich genommen haben. Ordensschwestern schleppen schwere Koffer, Jugendgruppen eilen zu einer religiösen Veranstaltung und unmodisch gekleidete Menschen mit roten Backen lassen sich von einem schwarzberockten Geistlichen (jeder 20. Einwohner Assisis ist

Assisi - am Minerva-Tempel

ein Geistlicher oder eine Nonne) die Stadt zeigen. So fällt uns auf, wie bedeutend der Anteil der Leute ist, die vorwiegend wegen des Heiligen Franziskus und weniger zum Betrachten der Kunst nach Assisi fahren, richtiger: pilgern.

Längst hat der Besucherandrang wieder deutlich zugenommen, die meisten Schäden sind behoben, aber Sie werden auch in Zeiten größten Andrangs respektvoll denen begegnen, die sich die Pilgerfahrt abgespart haben und die sich darüber freuen, einmal im Leben die Wirkungsstätte des Heiligen mit eigenen Augen sehen zu dürfen.

Die Legende vom Heiligen Franz

Wie bei vielen Heiligen mischen sich auch hier Fakten mit Anekdoten: Franziskus wurde 1182 in Assisi als Sohn eines reichen Kaufmanns geboren und beschloss im Alter von etwa 20 Jahren, mit Vater und großbürgerlichem Leben zu brechen, um fortan ein besitzloses Dasein in Meditation und Rückbesinnung auf die Grundsätze des christlichen Evangeliums zu führen.

Bald scharten sich Anhänger um ihn, gemeinsam half man den Armen und Franz war ein begnadeter Prediger, dem es gelang, große Massen in seinen Bann zu ziehen. Und der vorlebte, dass die Liebe zur Natur sowie das Vertrauen auf Gott statt käuflicher Güter das Glück bedeuten. Vor allem die Hinwendung zu den Tieren und Pflanzen, in denen er ebenfalls Geschöpfe Gottes erkannte, machte ihn berühmt, und der Sage nach konnte er sogar mit den Tieren sprechen und bekanntlich zu den Vögeln predigen.

Die Anerkennung des späteren Heiligen wurde dadurch begünstigt, dass zu jener Zeit die katholische Kirche mit ihrem abgehobenen Feudalsystem die einfachen Menschen nicht mehr erreichte. Schon damals waren soziale Konflikte aufgebrochen, die vornehmlich in Frankreich Katharern und Waldensern, so genannten Ketzern, die zahlenmäßig sehr starke Anhängerschaft der Landbevölkerung zutrieb (Näheres in meinen Büchern über die Provence und das Languedoc). Während die französischen Abtrünnigen vollständig mit der traditionellen Kirche brachen und dafür gnadenlos verfolgt und grauenvoll niedergemetzelt wurden, verstand es Franziskus, den Draht zur Kirche nicht abreißen zu lassen. Vermutlich war er weniger radikal, so dass man auf päpstlicher Seite in seiner Bewegung die Chance erkannt hat, die Volksmassen weiter bei der Stange zu halten. Man beeilte sich deshalb, ihn nach seinem Tod am 3. Oktober 1226 bei einer Kapelle unterhalb Assisis (der heutigen S. Maria degli Angeli) schon zwei Jahre später heilig zu sprechen und ihm mit dem Bau der Franziskuskirche ein Denkmal zu setzen, das später Giotto mit dem berühmten Zyklus so prachtvoll ausgemalt hat.

Und es gelang dem Papsttum sehr schnell, der Glaubensgemeinschaft des Heiligen, dem Franziskaner-Orden, hierarchische Züge aufzusetzen, mit denen man die Dinge wieder in den Griff bekam. Daran dürfte sich bis heute wenig geändert haben, wenngleich mir in Assisi stets auffällt, wie groß doch die Anzahl jugendlicher Pilger – auch aus Deutschland – immer noch ist.

Assisi - San Francesco

Die Pilger werden die berühmten Wandmalereien von **San Francesco** sicher mit anderen Augen sehen als die meisten von uns, die dem italienischen Staat und mehreren Organisationen dafür danken, dass diese in einem gewaltigen technischen und finanziellen Kraftakt in der unglaublich kurzen Zeit von nur etwas mehr als zwei Jahren die Schäden des letzten Erdbebens weitgehend beseitigt haben. Die Decke der **Oberkirche** der beiden übereinander gebauten Gotteshäuser war bei einem Nachbeben teilweise eingestürzt und hatte dabei zwei Mönche und zwei Restauratoren tödlich verletzt, die sich gerade mit einer Gruppe den vom Erdbeben der letzten Nacht verursachten Schaden ansehen wollten. Zunächst glaubte man, einzelne Fresken gar nicht wieder rekonstruieren zu können.

Assisi - *‚Die Vertreibung der Dämonen‘*

Aber die Feuerwehr durfte den Schutt nicht entsorgen, aus dem rund 150 Restauratoren mit Hilfe der Computertechnologie über 300.000 Trümmerstücke zu einem Puzzle zusammenfügen konnten. Das Deckenfresko des Heiligen Hieronymus konnte nicht mehr ganz hergestellt werden, aber dem Rest des berühmtesten **Freskenzyklus** des Mittelalters, eines Vorläufers der Renaissance, sieht man die Schäden nur bei genauerem Hinsehen oder gar nicht mehr an. **Cimabue** und vor allem **Giotto** haben hier um das Jahr 1300 auf 28 Bildern das Leben des Heiligen Franz in Szene gesetzt. Vieles an dem Werk erinnert schon an die erst mehr als hundert Jahre später beginnende Renaissance (Näheres dazu im Toskana-Buch, Band 8); vor allem die schon individualisierte Darstellung der Menschen und der Bildaufbau. Es gibt zwar fast noch keine Perspektive, aber die Hauptfiguren sind bereits herausgehoben, Menschen sind in Gruppen zusammengefasst und die Hintergrundlandschaft spielt schon eine gestalterische Rolle. Ich kann Ihnen im Rahmen dieses Buches nicht die einzelnen Episoden erläutern, ich finde auch, dass man sie nicht unbedingt kennen muss, um die Bedeutung des Zyklus zu erfassen. Man identifiziert den Bruch mit dem Vater, Tod und Begräbnis und *‚Die Vertreibung* *der Dämonen'*, die auf dem Fresko erschreckt davon flattern. Den größten Wiedererkennungseffekt hat die berühmte Vogelpredigt an der Eingangswand. Betrachten Sie sich, was Ihnen gefällt, das reicht für's Erste allemal. Sie haben mehr davon, als wenn Sie jedes Bild einem Lebensabschnitt von Franz oder einer biblischen Geschichte zuordnen können – und am Ende in der Erinnerung doch wieder alles durcheinander bringen.

Auch die **Unterkirche**, die schon beim Bau für die heranströmenden Franziskusanhänger zu klein geworden war, weshalb man noch eine Kirchenetage aufgesetzt hat, ist vollständig freskiert, unter anderem von dem sienesischen Maler **Simone Martini** (1325) mit Szenen aus dem Leben des Heiligen Martin. An den Wänden des Langhauses, wo sich die ältesten Bilder aus der Zeit um 1260 befinden, hat sich ein unbekannter Künstler, den man ‚Franziskus-Meister' nennt, verewigt. Im Keller waren weitere berühmte Maler zugange, unter ihnen Cimabue (mit dem bekannten Portrait von Franziskus) und Lorenzetti. Wenn Sie sich einen Kunstreiseführer kaufen, können Sie sich locker einen halben Tag lang in beiden Teilen der Kirche aufhalten, um Motive und Stilrichtungen der einzelnen Werke zu studieren. Ich mache es kurz, San Francesco gehört wegen seiner die Reizschwelle weit überschreitenden Großartigkeit und wegen der Besuchermassen nicht zu meinem Lieblingsziel in Umbrien, aber zweifellos zu den absoluten Top-Sehenswürdigkeiten der Kunstwelt.

Assisi - San Francesco

Für die Pilger wird sicher das **Franziskus-Grab** in der Krypta der Unterkirche bevorzugtes Ziel sein. Und wer heute versonnen in der Oberkirche betrachtet, was nach dem Erdbeben wieder ausgeflickt worden ist (man hat fehlende Teile bislang allenfalls eingefärbt), sollte auch des armen Mönches gedenken, der am Morgen nach der Erdbebennacht des Jahres 1997 sorgenvoll die Schäden in Augenschein genommen hat. Er wurde dabei von einem weiteren Erdstoß überrascht und von der einstürzenden Kirchendecke erschlagen.

San Francesco ist über Mittag geöffnet und kostet immer noch keinen Eintritt *(8.30-18.45 Uhr)*.

Assisi hat aber noch mehr zu bieten, vor allem die hübsche **Piazza del Comune**, den Platz mit dem zentralen, mittelalterlichen Brunnen, vor dem man unweigerlich einen freien Stuhl sucht. Hat man den erst einmal ergattert, nimmt man die hohen Getränkepreise wie eine Laune der Natur hin, denn man ist eingefangen von der unglaublichen Vielfalt des touristischen Treibens, jener schon beschriebenen Mischung aus gaffenden, kurz behosten Touristen, in Kutten gekleideten Mönchen und frömmelnden Landpomeranzen, die das lauwarme Pizzastück weit mehr genießen als andere die Trüffeln im Nobelschuppen. Wenn Sie dabei gar noch einen Tag geringeren Andrangs erwischen oder die Stunden nach der Karfreitags-Prozession mit an den Hauswänden lodernden Fackeln, werden Sie merken, dass die Piazza zu den schönsten Italiens zählt.

Assisi - Piazza del Comune

Was auch kein Kunststück ist, denn ein beherrschendes Element sind die Säulen des römischen **Minerva-Tempels** aus dem 1. Jahrhundert v.Chr. Als weit gereiste Menschen werden Sie zwar Goethe nicht beipflichten können, der einst schrieb: »*Das löblichste Werk stand vor meinen Augen, das erste vollständige Denkmal der alten Zeit, das ich erblickte*«. Die Kirche des Heiligen Franziskus hatte es dem auf die Klassik fixierten Dichterfürsten wenig angetan, die ließ er nämlich »*links mit Abneigung liegen*«. Die römischen Säulen des Tempels sind ungewöhnlich gut erhalten, was daran liegen dürfte, dass sie schon im 16. Jahrhundert zur Vorderfront einer Kirche umfunktioniert wurden und sich niemand mehr traute, Hand anzulegen, um sie als Baumaterial für anderes zu verwenden.

Am Turm direkt daneben, am **Torre del Popolo** (13. Jahrhundert), erkennt man Maßeinheiten für Wolle und Leinen.

Sehenswert ist in Assisi gleichfalls der Rest des römischen Forums, des unterirdischen Ausgrabungsgeländes unter der

Piazza del Comune, von dem ein Teil von der Straße aus zu erkennen ist, der Hauptteil aber im Museo Foro Romano *(Pause von 13-15 Uhr)*.

Assisi - San Rufino

Würde die romanische **Kathedrale San Rufino**, der Dom von Assisi (1140 bis 1228), nicht von der Bedeutung der etwa 1 km entfernten Franziskus-Basilika überlagert, stünde sie, die auch unter dem letzten Erdbeben erheblich gelitten hat, neben dem Minerva-Tempel in den Reiseführern an erster Stelle, wenn auch nur wegen ihrer sehenswerten Fassade, von Baedeker zurecht als »*Juwel der umbrischen Romanik*« gelobt.

Eine Etage tiefer am Hang liegt die **Kirche Santa Chiara**, die Grabeskirche der Heiligen Klara von Assisi, der Gründerin des Klarisinnen-Ordens, der dritte bedeutende Sakralbau Assisis und ebenfalls Pilgerstätte. Klara war die weibliche Antwort auf Franziskus und gehörte in ihrer Jugend, nachdem sie ebenfalls Elternhaus und Wohlstand entsagt hatte, zu seinen Gefolgsleuten.

Als letzter Anlaufpunkt in der Stadt sei noch die **Rocca Maggiore**, die Burg oberhalb der Stadt, erwähnt, von der man einen schönen Blick hat, wenn man die Mühe des Aufstiegs auf sich genommen hat, was nur wenige schaffen.

Assisi - Blick von der Rocca

Wenden wir uns dem Trivialen zu. Damit meine ich nicht die Souvenirs, den Heiligen Franz in allen Variationen, vom freundlich lächelnden Mönchsgesicht in Schnapsglasform über das kitschige Heiligenbild bis hin zur kratzigen, wollenen Kutte aus Fernost. Obgleich an dieser Stelle auch mal gesagt werden muss, dass in Assisi allein schon sehenswert ist, wozu menschlicher Erfindungsgeist fähig ist, wenn es darum geht, **Kitsch** noch kitschiger herzustellen als man es jemals zuvor für möglich gehalten hat. Wobei der Nippes den von Pisa und San Gimignano noch um Längen schlägt und ihm durchaus museale Züge anhaften.

Kommen wir zum Stellplatz: Diesbezüglich bekleckert sich die Stadtverwaltung in neuerer Zeit nicht mit Ruhm, man hat vielmehr einige schöne Areale gesperrt. Geblieben ist nicht viel und nur ein einziger legaler und (vermutlich) kostenloser Parkplatz mit akzeptablen Bedingungen und teilweise schönem Blick. Der Fußweg in die Innenstadt dauert 20 Minuten:

(047) WOMO-Stellplatz: Assisi *(S. Vetturino)*

GPS: N 43°04'39" E 12°36'02", San Vetturino. **Max. WOMOs**: 30-40.
Ausstattung/Lage: Toilette, Mülleimer, bedingt klappstuhlgeeignet / außerorts, aber zeitweise sehr gut besucht; Fußweg zur Franziskus-Basilika 15 Minuten.

Zufahrt: Der Platz liegt nordwestlich der Altstadt. Biegen Sie von der SS 147, der Straße von Bastia nach Assisi, unterhalb von Assisi nach links ab und bald danach wieder nach rechts (beschildert). **Gebühr**: Zuletzt kostenlos, Schranke nicht in Betrieb; sonst 14 €/24 Std.; 2 €/Std.

Hinweis: Der nicht hässliche Platz ist Teil des Parkplatzes, auf dem Reisebusse abgestellt werden, während sich die Fahrgäste Assisi anschauen.

Assisi - Stellplatz Nr. 47 - unterhalb der Kirche San Francesco

Bei der letzten Nachrecherche habe ich zusätzlich einen privaten Stellplatz entdeckt, dort aber nicht selbst genächtigt:

(048) WOMO-Stellplatz: Assisi *(privat)*

GPS: N 43°03'52" E 12°37'27", Via d. Madonna dell'olivo. **Max. WOMOs**: 20.
Ausstattung/Lage: Ver- und Entsorgung, klappstuhlgeeignet, Gaststätten und Geschäfte im fußläufig erreichbaren Zentrum / Ortsrand.
Zufahrt: Der Platz liegt südöstlich der Altstadt. Fahren Sie in Assisi bergauf Richtung *‚Eremo d. Carceri'*. Sie kommen in einer Kurve an einem Parkplatz vorbei, ignorieren dort rechts die Abzweigung zum *‚Ospedale'* (Krankenhaus), biegen aber danach an einem kleinen Kreisverkehr nach halbrechts Richtung *‚Spoleto'* ab; der Stellplatz liegt dann nach etwa 300 m rechts und sieht aus wie eine private Grundstückseinfahrt.
Gebühr: 10 €/24 Std.
Hinweise: Für sehr große Fahrzeuge möglicherweise etwas eng. Am Wochenende ebenfalls gut besucht.

Deutlich weiter entfernt liegt der Stellplatz am Bahnhof von Bastia, unweit der Kirche Santa Maria degli Angeli:

(049) WOMO-Stellplatz: Bastia - S. Maria degli Angeli

GPS: N 43°03'36" E 12°35'14", Via Giosue Borsi. **Max. WOMOs**: 50.
Ausstattung/Lage: Ver- und Entsorgung, Toilette (nachts abgeschlossen), Mülleimer, Geschäfte, Gaststätten, Fußweg nach Assisi an der Straße weiter geradeaus mindestens 40 Minuten (siehe Wanderung weiter unten), alle 30 Minuten Busverbindung nach Assisi / im Ort.
Zufahrt: Biegen Sie in Bastia an der Straße nach Assisi nordöstlich der Bahngleise nach Südwesten zum Bahnhof (*‚Stazione'*) ab und fahren Sie gegenüber dem Bahnhof auf den nahen Parkplatz Richtung Assisi (beschildert).
Gebühr: 18 €/24 Stunden, 1,80 €/Stunde werden per Schranke kassiert.

In Zeiten großer Nachfrage, besonders an Ostern, wird das Übernachten fast überall toleriert. Sie machen dann nichts falsch, wenn Sie sich zu einer Gruppe italienischer WOMOs gesellen. Ich bin der Meinung, dass Sie in Assisi keinen Stellplatz brauchen, weil es einen **wunderbaren Campingplatz** gibt, der so aussieht, wie man sich einen freien Übernachtungsplatz ausmalt, überwiegend naturbelassen, weitläufig und wenig besucht. Hier können die größten Angsthasen Stellplatzfeeling erleben! Ich meine nicht das im ADAC-Campingführer erwähnte Gelände, 4 km unterhalb und westlich der Stadt. Über den Nachteil, dass man von dort – kostenlos – mit dem Bus nach Assisi fahren muss und über die engen Parzellen kann nämlich auch der im Sommer geöffnete Pool nicht hinweghelfen. Wählen Sie lieber den ***Campeggio Fontemaggio***, nordöstlich von Assisi. Inmitten der Natur und in heiliger Ruhe lassen wir hier gerne mehrere Tage lang die Seele baumeln, wir schmökern und lauschen dem Ruf des Kuckucks aus dem nahen Wald. Am Abend sitzen wir neben blühenden Ginstersträuchern über den Lichtern der Valle Umbra und registrieren zufrieden, dass man noch nicht die Parzellen vermessen hat, dass man das Gras noch wachsen lässt. Und dass ein Stück weiter eine Jugendgruppe, die sich mittels Aufkleber an der Windschutzscheibe ihres Busses als *‚Im Dienste des Herrn unterwegs'* ausweist, zur Klampfe singt und uns, getreu ihrem Vorbild Franziskus, die Reste des Nudeleintopfs zum Abendessen anbietet. Die wir, in Blickweite der Jungs, zunächst nur zaghaft und anstandshalber annehmen, um uns dann aber einzugestehen, dass die mit reichlich Ketchup angereicherte *Pasta* beim Gesang der Nachtigall ein größeres Erlebnis war als der geplante Restaurantbesuch.

Ein Vorteil dieses Campingplatzes besteht darin, dass man in 15 Minuten in Assisi ist, zu Fuß auf einem lauschigen Weg,

bei dem man allerdings zu abendlichen Restaurantbesuchen wegen des Heimweges in dunkler Nacht die Taschenlampe mitnehmen sollte. Besser kann ein Campingplatz kaum noch liegen, und besser ist auch kein freier Stellplatz! Kleinere Nachteile darf ich allerdings nicht verschweigen: Es gibt kein Schwimmbad, außerdem sind einige Bereiche etwas duster, und einen wirklich tollen Blick hat man nur von wenigen Ecken:

(050) WOMO-Campingplatz: Assisi *(Fontemaggio)*

GPS: N 43°04'02" E 12°37'51", *SP 251 = Via Eremo (Santuario) d. Carceri, 8.*
Ortszentrum: 0,9 km, 15 Minuten Fußweg ins Zentrum.
Zeiten: ganzjährig. **Foto**: Seite 110.
Ausstattung: Laden, Restaurant, Wanderwege.
Zwei größere Supermärkte kann man zu Fuß erreichen, wenn man von dem Fußweg nach Assisi bei erster Gelegenheit hinter dem Campingplatz nach links abbiegt, eine kleine Treppe hinunter und über einen Trampelpfad zur Via della Cooperazione geht; dort muss man sich etwa 300 m rechts halten.
Zufahrt: Fahren Sie auf der Straße direkt unterhalb Assisi vorbei und wenden Sie sich bergauf Richtung *'Eremo d. Carceri'* (spätestens am Berg Wegweiser). **Preis**: 21,50 €.

Wahrscheinlich hätte der Betreiber in den schweren Zeiten nach dem Erdbeben aufgegeben, hätte ihm nicht das zünftige **Lokal** im Empfangsgebäude (sowie das dortige Hotel und die kleinen Bungalows) ein stetes Einkommen beschert. Denn hier sitzen im vom Holzkohlengrill geschwärzten Gewölbe auf schmalen Bänken vornehmlich Ortsansässige, die sich rustikale Haus-

Blick von Assisi in die Valle Umbnra

Assisi - *Camping Fontemaggio*

macherkost auftischen lassen, der jedwede Schönfärberei fehlt. Das Essen kommt vom Topf oder Grill auf den Teller, nichts wird drapiert oder kaschiert. Wer im Urlaub rechnen muss, ist hier ebenfalls willkommen. Die Zahl der Einheimischen gibt mir Recht (weshalb Sie auch als Campingplatzbewohner kurz vor dem Essen reservieren sollten), und ich weiß, dass ich den Bogen überspanne, wenn ich behaupte, das ***La Stalla*** sei die gastronomische Variante der Franziskuslegende *(montags geschlossen; im Sommer wird auf der Terrasse gegrillt, dann kein Ruhetag aber Selbstbedienung, möglicherweise Betriebsferien im Mai)*.

Wer es etwas anspruchsvoller mag, aber dennoch familiär und zweifellos gut gekocht, läuft nach Assisi in die **Trattoria *Pallotta***, labt sich an umbrischer Hausmacherküche und stöhnt hinterher auch hier nicht über die Rechnung *(auf dem zentralen Platz gegenüber dem Minerva-Tempel einen Treppenweg bergab; dienstags geschlossen; Tel. 075 812649; das gleichnamige Hotel ist in einem anderen Gebäude in einer anderen Straße untergebracht)*. Eine ideale **Pizzeria** haben wir nicht gefunden, aber die besten Pizzen gibt's im ***Menestrello***, außerdem gute Vorspeisen (am unteren Ende des Platzes links bergab).

Das gesellschaftliche Großereignis in Assisi ist nicht die Karfreitagsprozession, sondern die **Festa di Calendimaggio**, wenn sich die Bewohner der Stadtteile über mehrere Tage an Umzügen mit historischen Kostümen ergötzen, in Wettkämpfen miteinander messen und beim Tanz näher kommen *(während 3 Tage vom ersten Donnerstag nach dem 1. Mai bis zum Samstag)*.

Assisi steht auf der UNESCO-Liste des Weltkulturerbes, keine andere Stadt Umbriens nimmt in unserem Buch so viel

Raum ein, keine andere ist auch so berühmt (Bethlehem ist die Partnerstadt, seit ein paar Jahren auch San Francisco, das sagt eigentlich alles). Zu keiner anderen habe ich ein ähnlich zwiespältiges Verhältnis. Assisi in einer Frühsommerwoche außerhalb der Saison (beispielsweise in den Pfingstferien oder an jenen Maitagen) kann Ihnen vor allem wegen des schönen Campingplatzes, der waldigen Umgebung und der vielfältigen kulturellen Angebote wunderbare Urlaubstage bescheren. Alles in allem ist Assisi eine **unserer Lieblingsstädte**!

Und die Stadt wird durch eine interessante Umgebung und weitere Übernachtungsalternativen zusätzlich aufgewertet: Zum Beispiel von einem der Stellplätze mit der schönsten Sicht in diesem Buch, aber auch einem der einsamsten. Stellen Sie sich an den Hang des Monte Subasio, etwa 250 m unterhalb der Eremo delle Carceri, auf einen riesengroßen Parkplatz, bei dem die Leute vom Straßenbauamt alles richtig gemacht haben: Das WOMO-Verbotsschild haben sie im Magazin vergessen, und vorne, an der Abbruchkante, wo die Sicht am schönsten ist, reichte ihnen ein Geländer aus Stangen, das Blick und Stimmung nicht schmälert. Lassen Sie sich nicht davon abhalten, in völlig freier Natur zu übernachten, denn erfahrungsgemäß verhilft Ihnen unser Buch bisweilen zu einem mobilen Nachbarn, für den so ausreichend viel Platz vorhanden ist, dass ich ausnahmsweise einmal nicht, wie sonst bei solchen Stellen, darum betteln muss, mir auch noch ein Plätzchen in der 1a-Lage frei zu machen, falls sich unsere Wege einmal kreuzen:

(051) WOMO-Stellplatz: Assisi *(Eremo delle Carceri)*

GPS: N 43°03'41" E 12°38'47", SP 251.

Max. WOMOs: 10.
Ausstattung/Lage: Bänke, Mülleimer, klappstuhlgeeignet, Wanderwege, schöne Sicht / außerorts, einsam.
Zufahrt: Folgen Sie ab Assisi dem Wegweiser *'Eremo delle Carceri'*, bis etwa 300 m unterhalb der Einsiedelei.
Hinweis: Am Wochenende ist nächtens möglicherweise mit Störungen durch die Franziskus-Fans zu rechnen, die nahe der heiligen Stätte auf dem Autositz um einen kleinen Francesco bemüht sind (gelegentlich sieht man auch Hinterlassenschaften, die das Gegenteil beweisen).

Der **Eremo delle Carceri**, ein kleines Kloster auf 791 m Höhe, ist das Ziel frommer Pilger (deshalb der große Parkplatz),

Eremo delle Carceri

weil dort nämlich zu Franziskus' Zeiten ein paar Grotten dem Heiligen und seiner Mannschaft Schutz bei ihren Meditationen boten. Angeblich ist die Grotta di San Francesco, zu der man durch enge, niedrige Gänge gelangt, authentisch, und auf dem aus dem Fels gehauenen Bett (wo die Blume steht) hat der Chef sogar genächtigt. Die Einsiedelei, bzw. das *‚Gefängnis'* (auf Italienisch *Carcere*), ist an Wochentagen weniger überlaufen und weniger verkitscht als ich das befürchtet habe. Vor allem liegt sie sehr schön in einer geschlossenen Waldlandschaft aus tausendjährigen Steineichen, auf denen schon die Vöglein gesessen haben, die dereinst, nachdem sie von Franziskus gesegnet worden waren, ausgeflogen sind, um seine Botschaft in aller Welt zu verkünden *(täglich von 8.30 - 17.30 oder 18.30 Uhr, 2 €, nicht in kurzer Hose).*

Fährt man bei der Einsiedelei weiter bergauf, und zwar an der nächsten Straßengabelung rechts, kommt man nach 2,4 km zu einem weiteren, einsamen Stellplatz mit wunderschönem Blick:

(052) WOMO-Picknickplatz: Assisi *(Monte Subasio)*

GPS: N 43°02'57" E 12°39'33".
Max. WOMOs: 3-4.
Ausstattung/Lage: Bänke und Tisch, Mülleimer, klappstuhlgeeignet, Wanderwege, wegen zwei Serpentinen nur bis ca. 8 m / in der Einsamkeit.
Zufahrt: Fahren Sie oberhalb der Eremo d. C. nach rechts und 2,4 km nach Süden.

Hinweis: Die Straße ist an Feiertagen und Vortagen vor diesen für Wohnmobile gesperrt.

Den vollen Reiz seiner Lage erlebt man erst richtig, wenn man zum Konvent und den beiden zuletzt genannten Stellplätzen wandert:

Von Assisi zur Eremo delle Carceri

Wir starten in **Assisi** an der **Porta Cappuccini**, dem Tor am oberen östlichen Stadtrand, und nehmen für den Hinweg den Pfad, der auch zum Campingplatz *Fontemaggio* führt (durch das Tor geradeaus die mittlere von drei Asphaltstraßen nehmen – nicht der Markierung folgen). Der Asphalt geht bald in Schotter über, wenn wir oberhalb von Gärten einen schönen Blick auf die Valle Umbra genießen. Beim **Zeltplatz** stiefeln wir weiter geradeaus, direkt am Haus vorbei. Nach einiger Zeit stoßen wir auf die Straße, die uns nur bis zur nächsten scharfen Linkskurve geleitet. Dort wählen wir mit einem Fußweg die direkte Linie bergauf und gelangen dann unterhalb der **Einsiedelei** wieder auf die Fahrstraße.

Nach der obligatorischen Besichtigung wählen wir am Ausgang des Gebäudekomplexes die nach rechts führende Straße, die kaum befahren ist. Nach fast einem Kilometer kann man nach links auf einem Pfad bergan der Markierung folgen. Wir verzichten auf die Mühe, die Wanderung wird deshalb eine halbe Stunde kürzer. Wir bleiben stattdessen einfach auf der Straße, inspizieren den zuletzt genannten Stellplatz und finden etwa 300 m nach einer scharfen Rechtskurve die Markierung wieder, die uns nun auf einem Waldweg bergab schickt. An dessen Ende liegt die nicht zu besichtigende **Abbazia di S. Benedetto**. Für ein paar hundert Meter verläuft unser Weg nun wieder auf der Straße, ehe uns die Markierung abermals in den Wald geleitet. Nach Schweiß treibendem Anstieg stehen wir dann zum zweiten Mal vor der Franziskus Kartause, wo wir nun die linke Straße bergauf wählen. Jetzt kann nichts mehr verrutschen, denn nach etwa 500 m ist das rot-weiße Wanderzeichen, das uns auf steinigem Weg zurück zur Porta Cappuccini führt, unübersehbar.

Die Wanderung dauert etwa 4 Stunden und ist wegen der prachtvollen Blicke ins Tal ein absoluter Hit, zumal sie wegen des Schattens auch im Sommer machbar ist. Die Kompass-Karte Nr. 2464 *'Perugia-Assisi'* muss nicht sein, sie beruhigt aber.

Sind Sie erst einmal auf dem Franziskus-Trip, bietet sich auch der **Pilgerweg** an:

Von Assisi zur Basilika Santa Maria degli Angeli

Der Weg beginnt in **Assisi** auf dem Parkplatz an der **Porta Nuova** (am östlichen Stadtrand). Folgen Sie dort dem beschilderten Fußweg nach **San Damiano**, das etwa 20 Gehminuten unterhalb der Stadt am Hang liegt.

Wer gut zu Fuß ist, wandert weiter bergab und kommt nach dem Überqueren einer Straße an dem Podere Zucchetti und einem Soldatenfriedhof aus dem Zweiten Weltkrieg vorbei, um sich dann an der nächstfolgenden Straße nach rechts und nach dem Überqueren der Bahnlinie mit der **Basilika Santa Maria degli Angeli** ein weiteres Haupt-Pilger-Ziel vorzunehmen.

In deren Nähe erreichen Sie auf der Straße den Bahnhof und streben auf einem gegenüber beginnenden Weg Assisi zu, wobei Sie an der nächsten Straße kurz rechts und dann wieder links spazieren, um dann am Ende, bei der Kirche San Francesco, in Assisi auf die Zielgerade einzubiegen (je nach Besichtigungszeit bis zu 3 Stunden, Karte wie oben).

Das Kloster **San Damiano** spielt in der Franziskuslegende eine wichtige Rolle, weil im Jahre 1206 das so genannte

Valle Umbra mit Santa Maria degli Angeli

»sprechende Kruzifix« des Hauptaltars Franz den Auftrag zur Reform der katholischen Kirche erteilt haben soll. Das heutige Kreuz ist eine Kopie, deren Original in Santa Chiara zu sehen ist. Während seines Aufenthaltes in San Damiano dichtete der Heilige auch seinen berühmten *‚Sonnengesang'*, das erste religiöse Gedicht in italienischer Sprache *(Gebetsbilder in deutscher Übersetzung liegen aus; geöffnet von 10-12.30 und von 14-18 Uhr, im Winter kürzer).*

Die **Basilika Santa Maria degli Angeli** liegt deutlich sichtbar in der Ebene und ist die siebtgrößte Kirche der Christenheit. Sie ist Ihnen sicher schon bei der Fahrt nach Assisi oder beim Blick von oben in die Valle Umbra aufgefallen. Die Gläubigen interessieren sich vor allem für die Cappella del Transito, in der Franziskus am 3. Oktober 1226 auf dem nackten Fußboden starb. Dahinter breitet sich der berühmte Rosengarten aus *(Roseto)*, wo sich Franz einmal nackt in einen Rosenbusch geworfen haben soll, als er durch den Teufel versucht wurde (was immer das bei einem unbekleideten Manne bedeuten mag). Das Stachelgestrüpp verlor dabei seine Dornen und verwandelte sich sofort in einen erblühenden Rosengarten (was auch heute noch für den Gärtner Stress bedeutet, muss er nämlich dornenfreie, wenn auch sehr kümmerliche Rosen züchten). Berühmt ist ebenfalls die Porziuncola-Kapelle, ein kleines, tonnengewölbtes Gebäude, das deplatziert unter der großen Kuppel steht. Ob der deutsche Maler Friedrich Overbeck im Jahre 1829 sehr zufrieden war, als er über dem Eingang das Fresko – ein missglücktes Pseudo-Renaissance-Bild – geschaffen hatte, muss bezweifelt werden. Auf jeden Fall wird es der religiösen Bedeutung des Ortes nicht gerecht, an dem die Heilige Klara im Jahre 1212 das Gelübde von Armut und Keuschheit abgelegt hat.

Ähnlich wenig waren die Herren begnadet, die ab 1569 den bombastischen Barockbau der Riesenkirche begonnen haben, der im Jahre 1832 bei einem Erdbeben teilweise eingestürzt und danach restauriert worden ist. Den Baumeistern blieb aber vermutlich nicht viel anderes übrig, als den gewaltigen Klotz in die Landschaft zu setzen, weil damals (wie heute) am 1. und 2. August jeden Jahres enorme Pilgermassen zu Ablassfeiern anreisten. Die Franziskus-Süchtigen drängen derzeit das ganze Jahr über zu den heiligen Stätten, aber auch zu den Andenkenständen, deren Angebot noch scheußlicher ist als die Basilika. Man muss sich meines Erachtens beides nicht unbedingt zumuten.

in Perugia

Zweifellos eines der Topziele und mit 125.000 Einwohnern größte Stadt Umbriens ist **Perugia**, 23 km westlich von Assisi, wo Sie, wenn Sie am Fuß der auf einem Bergrücken gebauten Altstadt angekommen sind, bei den Plätzen mit dem blauen 'P' nicht wählerisch sein dürfen. Sie sollten zudem nicht zu sehr darüber fluchen, dass auch in diesem Buch Stadtpläne immer noch nicht vorkommen (Rechtfertigung beim Stichwort *Karten*). Ich kann Ihnen aber versprechen, Sie werden die Sehenswürdigkeiten und Ihr WOMO nach der Arbeit finden.

Vielleicht parken Sie dort, wo Sie später übernachten (siehe auch beim unten beschriebenen Campingplatz). Auf dem offiziellen Stellplatz werden Sie sicher Platz finden, aber Sie werden einen weiten Fußweg in die Stadt bewältigen müssen – und wieder zurück zu einer Nacht in mäßiger Lage:

(053) WOMO-Stellplatz: Perugia *(Bove)*

GPS: N 43°05'52" E 12°23'04", Via Mentana. **Max. WOMOs**: 15-20.
Ausstattung/Lage: Ver- und Entsorgung, Mülleimer, nahe einer stark befahrenen Straße, etwa 30 Minuten Fußweg ins Zentrum / außerorts, meist besucht.

Zufahrt: Der Platz liegt im Süden der Stadt. Wählen Sie die Schnellstraßenausfahrt *,Prepo'*, und folgen Sie danach dem Wegweiser *,Centro'* bis zu einer T-Straße, dort folgen Sie links dem Wegweiser *,P-Bove'* und weiter *,Bove'*.
Gebühr: 10 €.
Hinweis: Bisweilen erweckt die mobile Nachbarschaft wenig Vertrauen.

Deutlich schöner stehen Sie auf dem von uns erkundeten Platz, wo Sie allerdings vormittags nie und später nur mit Glück und etwas Warterei eine Parkmöglichkeit finden werden. Auch die Übernachtung kann durchaus an der fehlenden Lücke scheitern. Haben Sie Erfolg, ist die Innenstadtlage jedoch fast ideal:

(054) WOMO-Stellplatz: Perugia *(San Pietro)*

GPS: N 43°06'06" E 12°23'41", Borgo Venti Giugno. **Max. WOMOs**: 2-3.
Ausstattung/Lage: Wasser (vor der Kirche links hinter einem kleinen Tor), Mülleimer, Gaststätten, Geschäfte, erträgliche Verkehrsgeräusche, teilweise schräg / in der Stadt, 15 Minuten Fußweg ins Zentrum.

Zufahrt: Der Parkplatz liegt unmittelbar vor der **Basilika San Pietro** südöstlich des Zentrums. Folgen Sie ab der Schnellstraße den Wegweisern ins *Centro* und *,Piazzale Europa'* (das ist ein Parkhaus), daran vorbei weiter bergauf; am Ende der Straße, nun schon fast auf der Höhe, rechts, aber auf der unteren von zwei nach rechts führenden Straßen; Sie werden nach ein paar hundert Metern links um die Bergkuppe geleitet, durchqueren einen Tunnel (3,30 m hoch) und wenden sich danach links bergauf; vor einem alten Tor erneut links. Vor der deutlich sichtbaren Kirche fahren Sie auf die kleine Terrasse vor einem Denkmal.
Gebühr: Parkuhr werktags von 8 – 21 Uhr 1,50 €/Stunde.
Hinweise: Vormittags finden Sie hier sicher keine Lücke. Unzählige Leser haben mir frustriert von Fehlversuchen berichtet. Wir haben trotzdem immer Platz gefunden, weil wir entweder über Mittag oder nach 19 Uhr angereist sind. Wahrscheinlich hatten wir bei der letzten Recherche einfach wieder nur Glück. Sie sollten auf jeden Fall nachsehen. Das WOMO darf nicht länger als etwa 6,80 m sein.

Von hier benötigen Sie etwa 15 bis 20 Minuten bis zum **Corso Vannucci**, der auf dem Scheitel des Hügels quer durch den historischen Kern gezogenen Achse, auf der die Orientierung nicht mehr schwierig ist. Denn zum Dom streben Sie dort auf der 400 m langen Fußgängerstraße, die sich von der Flaniermeile anderer Städte Europas und Italiens angenehm dadurch abhebt, dass hier noch nicht alle Klamotten-Ketten vertreten sind. Und Sie bleiben am Ende von Perugias Prachtstraße, auf der **Piazza IV Novembre**, andächtig stehen. Sie betrachten das Ensemble der Bauten, vor allem aber bestaunen Sie die **Fontana Maggiore**, den schönsten Brunnen Umbriens.

Perugia - Piazza IV Novembre

Erinnern Sie sich noch an Pisa und an Siena (Band 8 über die Toskana), an mein Faible für **Nicola** und **Giovanni Pisano**? Vater und Sohn sind auch die Schöpfer der wundervollen Reliefs und Statuen. Besonders gelungen sind die Bildhauerarbeiten am unteren Marmorbecken, wo der Lauf des Jahres dargestellt ist, mit entsprechenden Tierkreiszeichen und den Dingen, die man damals in den jeweiligen Monaten getan hat: Im Januar wärmt sich ein Paar am Feuer, man erkennt das Beschneiden von Obstbäumen, den Ausritt zur Falkenjagd, die Getreideernte und die Weinkelterung, um nur einige Szenen zu nennen, mit denen im Mittelalter zum ersten Mal das Alltagsleben dargestellt worden ist. Ausschließlich profan wollten

Perugia - Fontana Maggiore

die Herren Pisano dann doch nicht werkeln, weshalb biblische Figuren ebenfalls herausgemeißelt sind. Der schon im Jahre 1278 (!) fertig gestellte Brunnen hatte selbstverständlich einen praktischen Verwendungszweck, er war nämlich der Endpunkt eines komplizierten Wasserleitungssystems aus Aquädukten und Bleirohren, mit dem man das edle Nass aus 5 km Entfernung bis in das Stadtzentrum geleitet hat, um es dort der Allgemeinheit zur Verfügung zu stellen. Das war wegen der Hügellage von Perugia ein schwieriges Unterfangen, weshalb ein Monumentalbau als Brunnen die Leistung der Ingenieure und den Stolz ihrer Auftraggeber herausstellten sollte.

Daneben wirkt der **Dom** etwas flach. Seine Fassade ist bis auf die fast vollendete, schöne Außenkanzel unfertig, und sein Inneres wirkt dunkel. Erstrangige Kunstwerke gibt es daselbst auch nicht zu sehen, nicht einmal Reliquien, denn der Ehering von Maria wird versteckt in einer Seitenkapelle gehütet. Das Chorgestühl ist ganz ansehnlich, wenn auch durch einen Brand bei Restaurierungsarbeiten im Jahre 1985 dezimiert.

Perugia - Domfassade

Umso eindrucksvoller ist das Rathaus, der **Palazzo dei Priori** (um 1300), gegenüber dem Dom auf der Ecke, da er wegen seiner kunstvoll gearbeiteten gotischen Fenster bereits von außen verspricht, was er innen hält. Über die große Freitreppe gelangen wir in die **Sala dei Notari** *(montags im Sommer nur vormittags und im Winter geschlossen; 9-13 und 15-19 Uhr; kostenlos)*, die ursprünglich der Ratssaal war, dann aber später Versammlungsort der Notare, die sich im Mittelalter – wie heute – ihre Pfründe zu sichern wussten, wovon die prachtvolle Ausstattung des Raums zeugt. Ebenso gut bestückt waren

Fresko von Perugino im Collegio del Cambio

die Kaufleute, deren Zunftraum, in dem auch das Handelsgericht tagte, der **Collegio della Mercanzia**, kunstvoll vertäfelt ist *(Eingang vom Corso Vannucci, montags im Sommer nur vormittags und im Winter geschlossen; 9-13 und 14.30-17.30 Uhr; 1,50 €)* Die eindeutig meisten Mittel aber hatten – auch wie heute – die Banker. Die konnten es sich nämlich leisten, ihren Sitz von keinem geringeren als von Vannucci, genannt **Perugino**, freskieren zu lassen. Dabei erinnert die Bezeichnung ihres Versammlungsortes, **Collegio del Cambio**, eher an schnöden Geldwechsel *(Eingang vom Corso Vannucci; die Eintrittskarte gilt auch für den Collegio della Mercanzia; 9-13 und 14-17.30 Uhr; 4,50 €)*. Wie oft durfte ich Sie schon zu hochberühmten Freskenzyklen führen? Wenn man einen ausnimmt, der in unserem Reisegebiet alles überragt, die Bilder von Signorelli in Orvieto, gibt es in der Toskana und in Umbrien vielleicht zehn Kunstwerke, von denen jedes so phantastisch ist, dass sich eine ganze Reise dorthin lohnt. In der Abfolge unserer Touren durfte das Werk von Pinturicchio in Spello zu diesem elitären Zirkel gehören. Sein Lehrmeister Perugino hat sich in Perugia mit seinen Fresken über die Verbindung antiker Kultur mit christlichem Gedankengut sowie mit einem Selbstportrait an dem Trennpfeiler zwischen den Fresken mühelos in die Top-Ten eingereiht, wobei man nicht vergessen darf, dass sein Schüler Raffael ihm womöglich geholfen hat. Bei der Ausdruckskraft der Bilder übersieht man leicht die reiche Dekoration des Raumes und das holzgeschnitzte Mobiliar. Obgleich wir vor einem Kulturerbe ersten Ranges stehen, sind wir die einzigen Besucher.

Wieder draußen auf der Straße, dem **Corso Vannucci**, der nach dem Meister benannt ist, weil Perugino so etwas wie sein Künstlername war, steht uns der Sinn nach weiteren Bildern von Perugino (und Pinturicchio) in der benachbarten **Galeria**

Perugia

Nationale dell' Umbria, der größten und bedeutendsten Gemäldesammlung in Umbrien *(8.30-19.30 Uhr, am ersten Montag des Monats geschlossen; 8 €).* Auch hier gibt es keine Warteschlangen, was vor allem diejenigen Leser, die sich in Florenz vor den Uffizien die Beine in den Bauch gestanden haben, hoch erfreut, und was Sie nicht nötigt, Bild für Bild abzuschreiten. Sie können sich die schönsten Stücke herauspicken (in den Räumen 8 – 11, 22 und 23) und müssen sich nicht Stunden im Museum quälen, damit sich die Warterei gelohnt hat.

Die weiteren Sehenswürdigkeiten Perugias möchte ich kurz behandeln: Zum Beispiel – schräg gegenüber dem Palazzo dei Priori – das ***Café Sandri*** wegen seiner feinen, noch aus dem letzten Jahrhundert stammenden Einrichtung (preiswertes Buffet auf der Straße). Oder – südlich des Corso Vannucci – die oftmals abgebildeten Rolltreppen, welche die Piazza Italia mit der Piazza di Partignani (das ist ein großer Parkplatz) verbinden. Sie führen an der **Rocca Paolina** vorbei, einem einzigartigen, unterirdischen mittelalterlichen Stadtviertel. Nachdem der Papst im Jahre 1540 Perugia erobert hatte, brauchte er eine gewaltige Festung, die Rocca Paolina. Um ihr Platz zu machen, wurden am südlichen Stadtrand mehr als 100 Häuser abgerissen, deren Mauerreste

aber stehen blieben und der Burg als Unterbau dienten. Das Kastell war bei den Einwohnern begreiflicherweise nicht sehr beliebt, weshalb man sich nach dem Ende der Papstherrschaft (1848) beeilt hat, an der Stätte jahrhundertelanger päpstlicher Machtdemonstration einen Platz (die Piazza Italia) und einen Park (den Giardino Carducci) anzulegen. Im 20. Jahrhundert wurde dann der Schutt des mittelalterlichen Untergeschosses beiseite geräumt, wodurch die alten Gassen und Höfe wieder zum Vorschein kamen. Wenn auch die Gänge und Gewölbe inzwischen mehr und mehr, vor allem zu Ausstellungen, benutzt werden, ist eine fast unheimliche, bizarre Stimmung in den Resten der toten, unterirdischen Stadt entstanden *(täglich 9-19 Uhr, kostenlos).*

Perugia - Blick auf S. Domenico und S. Pietro (ganz hinten mit Stellplatz)

Drei Kirchen möchte ich noch erwähnen: Im nordwestlichen Teil der Altstadt das **Oratorio di San Bernardino**, ein Kleinod der Renaissance, das im Jahre 1450 zum Andenken an den Heiligen Bernhardin von Siena erbaut wurde. In ihm ist der Heilige Aegidius beigesetzt, und ich verspreche Ihnen, es ist der letzte Heilige, der bei dieser Tour Erwähnung findet. Sehenswert ist (im südlichen Teil) auch die gotische **Kirche San Domenico** mit großem Renaissance-Altar, schönem Chorgestühl und einem riesigen gotischen Glasfenster. Von dort sind es nur noch etwa 250 m weiter nach Süden zur Basilika **San Pietro**, in der zahlreiche Bilder, unter anderem 5 Tafeln von Perugino (an der Eingangswand) hängen und die ebenfalls reich verzierte Chorstühle aufweist. Vor deren Tür parkt möglicherweise Ihr WOMO (siehe oben).

Obwohl Perugia bis zum Jahre 217 v.Chr., als man nach der Schlacht am Trasimenischen See den überlebenden römischen Truppen die Tore öffnete, eine der mächtigsten etruskischen Städte war, ist von den **Etruskern** nur wenig ge-

Grab der Volumnier

blieben: Ein Stadttor im Nordteil (in Verlängerung des Corso Vannucci am Dom vorbei Richtung Norden), ein paar Reste der Stadtmauer, ein Brunnen, der **Pozzo Etrusco** *(ein paar Schritte östlich des Doms an der Piazza Danti; Mittagspause von 13.30-14.30 Uhr; 3 €)* und eine wunderbare Grabanlage, das so genannte **Grab der Volumnier** (Ipogeo dei Volumni). Sie finden die Abzweigung etwa 7 km südöstlich von Perugia an der alten Landstraße nach Assisi *(verlassen Sie die vierspurige Schnellstraße nach den Tunnels bei der Abfahrt ‚Ponta S. Giovanni', dort sehen Sie bereits einen Wegweiser zum Grab; täglich 9-18 Uhr; 3 €)*. Das mit Sicherheit schönste Grab in Umbrien hebt sich von den meisten anderen ab, weil hier auf den steinernen Bänken noch mit Skulpturen reichlich verzierte Urnen stehen, von denen die mittleren, an der Stirnseite des Raums, Archäologen wie Kunstgenießer gleichermaßen begeistern. Die beiden Todesdämonen, zwei geflügelte Jünglinge am Sockel des steinernen Sarges, gehören zu den hervorragendsten Werken etruskischer Bildhauer (2. Jh. v.Chr.). Mein Blitzlicht hat die Alarmanlage ausgelöst und die Damen an der Kasse in helle Aufregung versetzt.

Wenn Sie schon mal in Perugia übernachten, möchten Sie auch dort essen, wo die Einheimischen sitzen. Diesen Wunsch dürfen Sie sich an einer Stelle erfüllen, wo Sie das nie vermuten würden. Sie wählen nämlich an der Oberseite der Piazza IV Novembre, zwischen Dom und Palazzo dei Priori, das **Ristorante *da Cesarino***, dessen schlichte und legere Eleganz Ihnen vermutlich ebenso gefallen wird wie das ordentliche Essen zu zivilen Preisen *(Tel. 0755 728974, mittwochs geschlossen, länger nicht getestet)*.

Der Vollständigkeit halber soll noch der schön gelegene und ruhige Campingplatz erwähnt werden, von dem viele Leser mit dem Bus in die Stadt pendeln:

(055) WOMO-Campingplatz: Perugia/L'Olmo *(Il Rocolo)*

GPS: N 43°06'35" E 12°19'38".**Ortszentrum**: 6 km; nach Perugia 12 km.
Zeiten: 15.4.-30.9.
Ausstattung: Pool, Restaurant, Laden, Busverbindung in die Stadt (Haltestelle etwa 500 m talwärts).
Zufahrt: Biegen Sie westlich von Perugia beim Wegweiser *,Ferro di Cavallo'* von der Schnellstraße ab; danach fahren Sie nördlich der Superstrada in den auf der Karte eingezeichneten Ortsteil *Fontana*, wo der Platz nun beschildert ist. **Preise**: 24 – 28 €.
Hinweise: Alle Terrassen sind etwas schräg; bei Regen kann man sich im Gras festfahren.

Wir sind uns sicher einig, Perugia und Assisi sind zwei der sehenswertesten Städte Mittelitaliens. Aber unsere Füße schmerzen, und leicht überdrüssig von den Wirkungs- und Grabstätten der Heiligen, von Heiligenbildern und Bildern von Malern, die wie Heilige verehrt werden, steht uns nur noch der Sinn nach heiliger Ruhe. Dafür kennen wir mehrere Möglichkeiten:

Torgiano

Wir fahren von Perugia nach Süden in das stille Städtchen **Torgiano** (5.400 Einwohner, *Uno del Borghi piu belli d'Italia*). Dort gibt es einen riesengroßen, **offiziellen Platz** mit Wasser und Entsorgungsstation und eine wesentlich schönere Alternative:

WOMO-Stellplätze: Torgiano

(056) offizieller Platz
GPS: N 43°01'44" E 12°2615"', Via Perugia. **Max. WOMOs**: 25.
Ausstattung/Lage: Ver- und Entsorgung, klappstuhlgeeignet, Gaststätte, Geschäfte (in der Nähe) / Ortsrand.
Zufahrt: Der Platz ist nördlich des Ortes beim Sportplatz beschildert.
Die **Alternative** liegt deutlich schöner und ortsnahe:

(057) Torre Baglioni
GPS: N 43°01'31" E 12°26'16"', Via della Rimenbranze.. **Max. WOMOs**: 3-4.
Ausstattung/Lage: Gaststätte, Geschäfte, schöne Sicht / im Ort.
Zufahrt: Der Platz liegt vor der Altstadt seitlich eines Turms (Torre Baglioni) und ist als ‚P' oder ‚P 2' beschildert. **Foto**: Seite 8.

Nach Torgiano reist man vor allem wegen des in seinem Reichtum einzigartigen **Weinmuseums** (Museo del Vino), das im Jahre 1974 von dem Ehepaar Lungarotti eröffnet und später einer Stiftung übergeben worden ist. Giorgio Lungarotti war Umbriens berühmtester Weinproduzent und Erfinder der Marke *Rubesco* (siehe *Wein*). Nach seinem Tod im Jahr 1999 wurde das Unternehmen von Frau und Tochter weiter geführt. Das Museum beschäftigt sich mit allen Dingen rund um den Weinbau, mit Werkzeugen, Keltern sowie Wein- und Trinkgefäßen, von der Antike bis heute. Glanzstücke sind Krüge und Kannen aus der Renaissance sowie eine schöne Majolica Büste von Della Robbia. Das international angesehene Museum lohnt sich allein schon wegen der Fayencen. Erstaunlicherweise wird man nicht zu einem Weinprobierstand der Firma *Lungarotti* gelotst, es wird vielmehr überhaupt kein Wein verkauft. Und mit Heiligen müssen Sie sich auch nicht beschäftigen, sondern allenfalls mit einem Gott; einem gewissen Bacchus, dem Gott des Weines *(10-13 und 15-18 oder 17 Uhr, montags geschlossen, Juli – September kein Ruhetag; 7 €, die sich lohnen).*

Torgiano hat mit seinem östlichen Nachbarort gemeinsam, dass beide auf der Liste der schönsten Ortschaften Italiens (*Uno del Borghi piu belli d'Italia)* stehen. **Bettona** (3.700 Einwohner) liegt auf einer Bergkuppe allerdings deutlich schöner. Der kleine Altstadtkern ist mit einer hervorragend erhaltenen Mauer umschlossen, die zum Teil noch aus der Etruskerzeit

Bettona

in Bettona

stammt. Sehenswert, wenn auch reichlich verschlafen, ist der kleine Hauptplatz mit einem Palazzo, der wegen seiner Freitreppe gefällt.

An der Nordostseite des Mauerrings hatten wir früher einen kleinen Stellplatz mit wunderbarer Sicht empfohlen. Das mussten wir streichen, weil ein Schild das Hinkommen nur bis zu einer Breite von 2,40 m und später nur bis 3 t erlaubt. Leser haben erfolgreich in der Nähe der Tennisplätze auf der Ostseite etwas unterhalb des Dorfes übernachtet, was wegen der Sicht vermutlich eine richtig gute Idee war; **(58) GPS**: N 43°00'44" E 12°29'14". Vielleicht haben sie dort in den Erinnerungen an Ihre Jugend gekramt und gespielt: nicht ‚*Stadt, Land, Fluss*', sondern ‚*Auto, Zigarettenmarke (Weinlage, Biersorte), Rockstar, Politiker, Heiliger......*'.

TOUR 6
10 km
SPOLETO
Scheggino
Ferentillo
Valnerina
Arrone
Piediluco
Lago di Piediluco
Casc. delle Marmore
Belvedere inferiore
Belvedere superiore
TERNI
1121 m
M. Torre Maggiore
Cesi
Carsulae
San Gémini
Acquasparta
Ponte di Augusto
NARNI
Amélia
Dunarobba
Avigliano
Foresta Fossile
nach Perugia (Tour 5)

Tour 6: Umbrischer Süden 135 km

Dunarobba - San Gémini - Narni - Cascata delle Marmore
See von Piediluco

Stellplätze:	in Dunarobba, in Carsulae, bei Cesi, in San Gémini, in Narni, bei der Cascata delle Marmore, bei Piediluco
Campingplätze:	bei der Cascata delle Marmore, bei Piediluco
Besichtigen:	den ‚Fossilien-Wald' bei Dunarobba, Ausgrabungsgelände von Carsulae, Cesi, San Gémini, Amélia, Narni, Wasserfälle der Cascata delle Marmore
Wandern:	auf den Monte Torre Maggiore, Spaziergang bei der Cascata delle Marmore, Spaziergang zur Burg von Piediluco
Essen:	*Taverna del Torchio* in San Gémini, Ristorante *Il Gattamelata* in Narni, Pizzeria *Giosefatta* in Piediluco

Auf dem Weg nach Narni nehmen wir meistens die Landstraße, auf der es zweifellos mehr zu sehen gibt, genauso geht aber auch die vierspurige Schnellstraße, die wesentlich weniger Zeit raubend ist. Sind Sie dort erst einmal in Fahrt geraten, werden Sie sich vermutlich nicht mehr von den kleinen Sehenswürdigkeiten am Rand der Strecke bremsen lassen. Wie wäre es daher mit einem Kompromiss? Sie brettern bis **Acquasparta** und machen sich kurz vor der entsprechenden Ausfahrt klar, dass für Geschwindigkeitsrekorde die Autobahn zwischen Bologna und Milano besser geeignet ist und dass Sie mit einem Wohnmobil verreisen, weil Sie sich doch gerade keine festen Etappenziele setzen wollten.

Sie müssen nicht über unerschöpfliche Zeitreserven verfügen, um eine naturgeschichtliche Sehenswürdigkeit zu betrachten, denn die **Foresta Fossile** (Fossilien-Wald) ist zur allgemeinen Besichtigung frei gegeben, wenn auch nur geführt *(Okt. - März: Di - Freitag 10-13 Uhr, Samstag, Sonntag, Feiertage 10-13 und 14-18 Uhr; Apr., Mai, Juni u. Sept.: 10-13 und 14-18 Uhr außer Mo; Juli, Aug.: 10-13 und 14.30-19 Uhr außer Mo; 5 €).* Sie werden 2 km östlich von **Dunarobba** (aus allen Richtungen gut beschildert) in die ehemalige Lehmgrube einer Ziegelei eingelassen, wo etwa 50 fast versteinerte Baumstümpfe von 7 bis 8 m Höhe und bis zu 2 m (!) Durchmesser zu sehen sind. Die Pflanzen-Fossilien stehen eingewurzelt und aufrecht im Boden, man schätzt ihr Alter auf 1,5 Millionen Jahre und die Höhe der ehemaligen Bäume auf bis zu 120 m (der höchste Kirchturm der Welt, der des Ulmer Münsters,

Foresta Fossile

misst 161 m). Die Forscher nehmen inzwischen nicht mehr an, dass der Wald einer Naturkatastrophe zum Opfer gefallen und abgeknickt ist. Die Stümpfe sind vielmehr genau bis zu der Höhe erhalten, bis zu der sie in Urzeiten verrottungsfest unterirdisch eingeschlossen wurden. Und die Schrägstellung liegt daran, dass sich im Verlauf der Erdgeschichte das Gelände einseitig angehoben hat. Da das Holz nicht vollständig zu Stein geworden ist, muss man befürchten, dass die frühgeschichtlichen Überreste nach dem Ausgraben aus der Lehmschicht zerfallen werden. Man hat sie nur notdürftig mit hässlichen Blechdächern geschützt und sich lange – die Entdeckung fand schon 1979 statt – nicht getraut, sie zur Schau zu stellen, weil die Wissenschaftler immer noch keine dauerhafte Konservierungsmethode gefunden haben.

Eine etwaige Wartezeit für diese in Europa einmalige Sensation kann man auf dem nicht sonderlich lauschigen Parkplatz überbrücken:

(059) WOMO-Stellplatz: Dunarobba

GPS: N 42°40'03" E 12°27'40", Via Italia. **Max. WOMOs**: 4-5.
Ausstattung/Lage: Wasser, Mülleimer / außerorts, eher einsam.
Zufahrt: Der Platz liegt südöstlich von Dunarobba neben der SP 37 bei der ‚Foresta Fossile'.
Hinweise: Ich habe hier immer noch nicht selbst übernachtet und bin nicht sicher, ob der Platz in der Nacht wirklich gut geeignet ist; eher ein Platz für die Mittagspause. Leser fanden den Platz zu laut.

Wenn Sie schon nicht bei Acquasparta Ihren Gasfuß zügeln konnten, sollten Sie dann doch etwa 7 km weiter südlich mehr Disziplin üben und beim Ausgrabungsgelände **Carsulae** nachsehen, ob die alten Lateiner Tacitus und Plinius mit Grund die landschaftlichen Reize der einstmals blühenden Römerstadt gelobt haben. Sie werden mit Staunen feststellen, dass 2.000 Jahre, zudem in der Nähe der Industrieregion von Terni, wenig Schaden angerichtet haben. Es rührt mich geradezu, wenn ich in dieser schönen Gegend über das Original-Pflaster der Via Flaminia laufe und die Reste eines Amphitheaters, eines halbkreisförmigen Theaters, eines Doppeltempels und

Carsulae

des Forums, um nur einige »Trümmer« zu nennen, betaste *(8.30-19 Uhr oder von Okt. - März bis 17 Uhr; 5 € einschließlich kleinem Museum).* Der große Parkplatz davor wurde nie ganz fertig und hat trotz seiner Schäden im Belag schnell die Herzen mobiler Kunden erobert:

(060) WOMO-Stellplatz: Carsulae

GPS: N 42°38'19" E 12°33'46", SP 22.
Max. WOMOs: 10-15.
Ausstattung/Lage: Mülleimer, klappstuhlgeeignet / außerorts, einsam, aber gut besucht.
Zufahrt: Folgen Sie dem Wegweiser nach Carsulae; der Platz ist seitlich der Straße nicht zu übersehen.
Hinweis: Der Parkscheinautomat ist seit Jahren nicht in Betrieb und inzwischen verrostet.

Der Platz ist, wie Zuschriften zeigen, einer der beliebtesten in Umbrien. Sie sollten trotzdem die Alternative mit der wunderbaren Fernsicht nicht übersehen. Sie müssen aber Ihre bessere Hälfte sehr lieb haben – oder taugliche Auffahrkeile in der Heckgarage. Der schräge Untergrund lässt Sie sonst auf eine Bettseite rollen:

(061) WOMO-Wanderparkplatz: Cesi

GPS: N 42°36'34" E 12°35'02", *SP* 22.
Max. WOMOs: 5-8.
Ausstattung/Lage: Wanderweg, abends klappstuhlgeeignet, Gaststätte, Geschäft, schöne Sicht, , / Ortsrand;
Zufahrt: Der Platz ist in Cesi als *'P'* am Hang unterhalb des Ortes beschildert.
Hinweis: Etwas abschüssig und für große Fahrzeuge ab etwa 8 m gibt es zwar zwei bis drei Plätze, aber nur einen mit Fernsicht.

Da Sie auf jeden Fall Gefallen an der heiteren Umgebung finden werden, sollten Sie sich **Cesi** näher ansehen. Das kleine Dorf schmiegt sich derart aufreizend an die Flanke des Monte Torre Maggiore, dass man unweigerlich hinfährt, um die Mauerreste aus dem 6. Jahrhundert zu sehen, ferner die Kirche mit einer schönen Altartafel sowie die Burg, in die römische Bauteile aus Carsulae eingearbeitet wurden, die von den Kunsthistorikern *Spolien* genannt und von dem größeren Rest der reisenden Welt, der Cesi noch nicht entdeckt hat, einfach nur bewundert werden.

Eine andere Minderheit schnürt auf dem Stellplatz von Cesi die Stiefel, um eine der **lohnendsten Wanderungen Umbriens** zu erleben:

Von Cesi auf den Monte Torre Maggiore

Wir wandern in **Cesi** ein kurzes Stück in nördlicher Richtung aus dem Dorf heraus, um bald auf ein bergwärts abzweigendes Sträßchen abzubiegen (Wegweiser *'Osservatore'* und *'Sant' Erasmo'*). Auf Asphalt steigen wir bei immer schöner werdender Sicht – also stetig – gut eine Stunde bis zur Kirche **Sant' Erasmo** (Stellplatz siehe unten) bergauf. Das künstlich abgeflachte Plateau, auf dem sich einst ein Benediktinerkloster befunden hat, wird durch gewaltige Polygonalmauern aus dem 5. Jahrhundert gestützt.

Nachdem wir die prachtvolle Fernsicht genossen haben, folgen wir der rot-weißen Markierung durch einen Wald weiter bergauf. Bald leitet uns ein Zeichen mit den Buchstaben MT oberhalb des Rastplatzes *Cisterne nuove* bis zu einer Viehtränke, wo wir entlang des rostigen Stacheldrahtes, meist aber eher dem Geländeverlauf folgend, im Wesentlichen kerzengerade steil bergauf klettern; in der Sicherheit, zumindest bei gutem Wetter den 1120 m hohen **Monte Torre Maggiore** nicht verfehlen zu können.

Blumenwiese vor Sant‘ Erasmo

Dort sind die Mauern eines ehemaligen **umbrischen Heiligtums** eingezäunt, das Tor steht indessen offen, womöglich soll der Zaun vor den vielen Pferden schützen, die sich hier ungeniert bespringen und uns Wandersleuten neugierig näher kommen, uns aber auch ein wenig erschrecken.

Wir gehen etwa 300 m weiter ostwärts und steigen auf dem zweiten Kamm in Richtung auf das tief unten liegende **Terni** zum Rand eines kleinen Wäldchens ab. Einen Weg finden wir zunächst nicht. Allerdings müsste man unterhalb des Gipfels am Wald auf einen Pfad stoßen, auf dem man nach rechts bis zur *Cisterne nuove* gelangt.

Bei normalen Verhältnissen können Sie sich nicht verirren, bei Nebel oder schlechtem Wetter würde ich die Wanderung, die von der phantastischen Sicht lebt, meiden. Nach 4 Stunden stehen wir wieder am WOMO - sogar ohne Wanderkarte.

Unterwegs haben Sie Gelegenheit, einen wunderbaren, aber einsamen Stellplatz zu begutachten. In früheren Auflagen habe ich Sie gebeten, mir von eigenen Aufenthalten zu berichten. Ich wollte erfahren, ob sich überhaupt Leser für derart einsame Plätze begeistern. Ich wurde nicht von E-Mails überhäuft, aber ich bin erstaunt, dass mir mehrere Kunden, in diesem Fall eher schon Fans, verzückt geschrieben haben:

(062) WOMO-Picknickplatz: Sant’ Erasmo

GPS: N 42°36’51” E 12°35’28”, Vocabolo Sant’Erasmo. **Max. WOMOs**: 4-6.
Ausstattung/Lage: Bänke und Tische, Grillplatz, Wasser (beim Observatorium), Mülleimer, klappstuhlgeeignet, Gaststätte (am Wochenende in der Nähe), Spielplatz, Wanderwege / sehr einsam.
Zufahrt: Fahren am nordwestlichen Ortseingang von Cesi links bergauf (Wegweiser *Osservatore* und *Sant’ Erasmo*; das **Verbotsschild gilt nicht für Ihre Strecke**, sondern für die Weiterfahrt ins Dorf); die Zufahrt ist nur auf den ersten 500 m schwierig. Wenn Sie an der ersten vorspringenden Hausecke – nach etwa 200 m – vorbeikommen, schaffen Sie auch den Rest (laut Verkehrsschild darf Ihr Fahrzeug 2,50 m breit sein). Danach müssen Sie bei einer Spitzkehre nochmals rangieren. Nach dieser engen Kurve wird die Straße zwar gelegentlich noch schmal, aber sie ist dann völlig unproblematisch. Unterhalb der Kirche stehen Sie unter Bäumen bei sehr schöner Sicht.
Hinweis: Vermutlich sollte das WOMO nicht deutlich länger als 7 m sein.

San Gémini

Das nahe **San Gémini**, *Uno del Borghi piu belli d'Italia,* lockt mit einem reizvollen mittelalterlichen Ortszentrum, wo Sie ein bemerkenswertes Rathaus sowie eine Kirche mit romanischem Portal bestaunen werden und, wenn Sie noch ein wenig Zeit haben, im Oratorium S. Carlo die sehenswerten Freskenreste aus dem 15. Jahrhundert. Außerdem lohnt der Blick auf die Ebene von Terni, die Sie sogar von Teilen des offiziellen Stellplatzes sehen:

(063) WOMO-Stellplatz: San Gémini

GPS: N 42° 36'43 E 12° 32'38, Via della Libertà. **Max. WOMOs**: 15.
Ausstattung/Lage: Ver- und Entsorgung (außerhalb an der Straße bergab) Toilette, Dusche, warmes Wasser, Strom, klappstuhlgeeignet, Gaststätten, Geschäfte / Ortsrand.
Zufahrt: Der Platz liegt westlich des Ortes; San Gémini auf der SS 3ter umrunden und bei der Tankstelle abwärts mit Beschilderung.
Gebühr: 10 €/ 24 Std. an der Zufahrt mit Schranke.
Hinweis: Man steht unter Schattendächern, die etwa 3,20 m hoch sind. Für vermutlich ein einziges höheres WOMO ist außerhalb der Dächer Platz.

Zum Abendessen empfehle ich Ihnen im nordöstlichen Teil der Altstadt die rustikale ***Taverna del Torchio*** *(Tel. 0744 331136)* mit offenem Holzfeuer, nicht aufregend, aber gut, länger nicht getestet.

Sie müssen sich nun entscheiden, ob Sie nach Terni oder nach Narni weiterfahren. Auf Ihrer Straßenkarte sind beide grün unterstrichen, was vermuten lässt, dass die eine Stadt so se-

henswert ist wie die andere. Bei **Terni** ist das aber übertrieben. Die Großstadt (110.000 Einwohner) ist nämlich alles andere als reizvoll, auch wenn sie bereits in der Bronzezeit besiedelt war. Schon lange vor dem Zweiten Weltkrieg, in dem Terni und vor allem seine Altstadt wegen der Fabriken schwerste Schäden erlitten haben, begann die industrielle Zerstörung. Im Jahr 1875 wurde hier Schwerindustrie angesiedelt, um das rückständige Umbrien auf Vordermann zu bringen. Man begann mit dem Bau einer Waffenfabrik, der im Jahr 1884 Stahlwerke und später Chemiebetriebe folgten. Bis zum Beginn der weltweiten Krise ab etwa 1980 war Terni *die* Stahlstadt Italiens. Heute leidet die Region unter einer hohen Arbeitslosenquote, was bekanntlich nicht die touristischen Reize, jedoch das Aufbruchrisiko Ihres geparkten WOMOs erhöht. Sie versäumen also nur wenig, wenn Sie stattdessen nach Narni fahren. Vielleicht auf einem kleinen Umweg über **Amélia**, das von Insidern hoch gehandelt wird. Zu sehen sind dort eine gewaltige Stadtmauer umbrischen Ursprungs (3. Jh. v. Chr.) und ein gut erhaltenes, touristisch nicht aufgemotztes Stadtbild mit reizvollen, steilen Gassen. Der offizielle, beschilderte **Stellplatz** hingegen ist weniger schön.

in Amélia

Das 12 km entfernte **Narni** (20.500 Einwohner) wird in der Reiseliteratur stiefmütterlich behandelt. Der Michelin-Führer

Narni

von Italien erwähnt es nicht einmal. Dabei gefällt es mit einer **Altstadt**, die vor allem wegen ihrer Lage auf einem steil abfallenden Felssporn zu den besseren Zielen in Umbrien zählt. Sehenswert sind außerdem der Dom, die von mittelalterlichen Palästen geprägte Piazza Garibaldi und die Piazza dei Priori, in römischer Zeit das Forum. Ins Reise-Programm gehört auch wenigstens ein Blick auf den **Ponte di Augusto**, die Reste einer ehemals 128 m langen und 30 m hohen Straßenbrücke (der Via Flaminia) aus der Zeit von Kaiser Augustus (27 v. Chr.). Man kommt auf dem nachfolgend beschriebenen Weg nach Terni im Tal der Nera daran vorbei.

Und den Stellplatz lernen wir an einem Ostersamstag in der Nachbarschaft italienischer Kollegen schätzen, weil er direkt unterhalb der Altstadt liegt, mit schönem Blick auf dieselbe. Die weniger ansehnliche andere Seite oberhalb von Industrieanlagen nehmen wir einfach nicht zur Kenntnis:

(064) WOMO-Stellplatz: Narni *(Parcheggio del Suffragio)*

GPS: N 42° 31'07" E 12° 31'07", *Via del Suffragio*. **Max. WOMOs**: 5.
Ausstattung/Lage: Ver- und Entsorgung, Toilette (im nahen Parkhaus), Mülleimer, Gaststätten, Geschäfte / mitten im Ort.
Zufahrt: Der Parkplatz ist unterhalb der Altstadt beschildert.
Hinweise: Samstags ist dort Markt! Auf dem großen Parkplatz findet man nicht immer eine Lücke. Der Platz ist nicht mehr als eine große Asphaltfläche, von der nur deren Rand einigermaßen akzeptabel ist.

Bequem zu Fuß (mittels Aufzug am Parkhaus) zu erreichen ist das nette **Ristorante *Il Gattamelata***, an der Piazza Garibaldi, wo wir richtig gut gegessen haben *(Tel. 0744 717245; montags geschlossen).*

in Narni

Cascata delle Marmore - vom *Belvedere Inferiore*

Hand aufs Herz! Sie stehen am nächsten Morgen mitten in unserer 6. Tour und auf der Piazza dei Priori von Narni, eher einer Straße als einem Platz, aber an einem passenden Ort für ein kurzes Resümee: Trotz Ihrer Skepsis war es ein guter Entschluss, das immer noch unbekannte Umbrien zu bereisen. Zugegeben, Ihre Kinder maulen, aber Sie haben Ihre Ohren auf Durchzug gestellt. Und ich wette, wenn Sie mir jetzt die Urlaubskarte schreiben, um die ich Sie stets bitte, werden Sie mich nicht tadeln.

Nur das Problem Ihres gelangweilten Nachwuchses haben Sie noch nicht ganz im Griff. Lösen kann ich es für Sie auch nicht – nur mildern: Sie dürfen nämlich, ohne rot zu werden, die höchsten **Wasserfälle** Europas (ob das wirklich zutrifft, muss bezweifelt werden, aber ich habe es so gelesen) ankündigen, und damit eine der touristischen Attraktionen Umbriens. Sie durchqueren Terni und folgen dem Wegweiser zur ‚***Cascata delle Marmore***', um sich dann östlich der Stahlstadt zu entscheiden, ob Sie dem Richtungszeiger zum ‚*Belvedere Superiore*' oder dem zum ‚*Belvedere Inferiore*' hinterher fahren sollen. Nehmen Sie den Weg zum ‚*Inferiore*', der unteren Aussichtsterrasse. Denn der dortige Stellplatz ist inzwischen der einzige legale: Wenn Sie artig den Schildern hinterhergefahren sind und wenn ich unterstelle, dass Sie nicht ausgerechnet einen Sonn- oder Feiertag erwischt haben, an dem Sie vor parkenden Autos kein Land mehr sehen, endet Ihr Reiseabschnitt in der Nähe erheblichen Trubels, der am Wochenende an einen Jahrmarkt erinnert. Aber der Platz ist geräumig und gut erreichbar:

(065) WOMO-Stellplatz: Cascata delle Marmore *(Inferiore - unten)*

GPS: N 42°33'23" E 12°43'10", Piazzale Felice Fatati. **Max. WOMOs**: 8-12.
Ausstattung/Lage: Toilette, Mülleimer, klappstuhlgeeignet, Gaststätte, Picknickwiese, stellenweise Blick auf den Wasserfall / Ortsrand.
Zufahrt: Folgen Sie von Terni den Wegweisern *‚Cascata delle Marmore'*, später *‚Belvedere Inferiore'*.
Hinweis: Bisweilen, vor allem an Feiertagen und Wochenenden überfüllt. Es gibt dann etwa 100 m weiter eine kostenlose Alternative.

Sie können stattdessen in der Nähe des *Belvedere Superiore* auch einen **Campingplatz** *(April-Oktober)* beehren, der mir allerdings wegen der Dauercamper nur eingeschränkt gefallen hat. Aber er bietet ein schönes Panorama. Der Parkplatz beim *‚Belvedere Inferiore'* hat jedoch den Vorteil, dass von unten der Blick auf den Wasserfall imposanter ist, ich komme darauf noch zurück.

Sie haben sich nun für eine der beiden Möglichkeiten entschieden, das Maulen der Kids ist gespannter Erwartung gewichen, Sie eilen zum Wasserfall – und es gibt ihn nicht. Dumm gelaufen! Die *Cascata* funktioniert nämlich nur auf Knopfdruck und zu festgelegten Zeiten. Die Kaskaden des Flusses Velino, die sich hier 165 m tief hinabstürzen, haben keinen natürlichen Ursprung, sondern sind das Werk altrömischer (!) Ingenieurskunst. Die Hochebene nördlich von Rieti bestand damals zum großen Teil aus Malaria verseuchtem Sumpfland, weshalb der Konsul Manlius C. Dentatus einen 2 km langen Kanal graben ließ, um damit das Wasser des Flusses Velino, der die Sümpfe gespeist hatte, nach Norden in den Fluss Nera abzuleiten. Das Ende dieses Kanals war die Bergkante, wo sich heute noch drei Wasserfälle hinunterstürzen. Die künstliche Umleitung der Wasser hatte aber zur Folge, dass häufig das Gebiet um Terni überschwemmt worden ist, weshalb man mehrfach versucht hat, durch Abflusskanäle und Seitenarme die Wassermassen zu zügeln. Da man, wie ich Ihnen oben schon berichtet habe, in der zweiten Hälfte des 19. Jahrhunderts in Terni Schwerindustrie angesiedelt hatte, lag es nahe, die Wasserkraft dafür zu nutzen. Im Jahre 1924 wurde deshalb das Elektrizitätswerk Centrale di Galletto in Betrieb genommen, das man vor den Marmore-Fällen liegen sieht und dessen klassizistische Fassade sehenswert ist. Der Fluss Velino wurde fortan nicht mehr zu der Abbruchkante bei Marmore vorgelassen, sondern erzeugte in dem damals europaweit größten Kraftwerk seiner Art Strom, was übrigens ein wesentlicher Grund dafür war, dass Mussolini die Rüstungsindustrie in Terni stark ausgebaut hat. Damit war die Gegend ihres Naturschauspiels beraubt, denn der Wasserfall verkam zu einem kläglichen Rinnsal. Der Velino musste sich dennoch wieder ab und zu ausgangs des römischen Kanals in die Tiefe ergießen – auf Knopfdruck und zu festen Uhrzeiten, die auf großen Tafeln angeschlagen sind. Was Ihnen aber nichts nutzt, wenn Sie im falschen Moment am richtigen Ort sind und Ihre Kinder quengeln. Also aufgepasst, es folgen die Uhrzeiten:

Cascata d. Marmore *Belv. Superiore*

Periode	**Mon. - Freitag**	**Samstag**	**Sonn- u. Feiertag**
März	12-13 + 16-17	11-13 + 16-21	11-13 + 16-21
April.	12-13 + 16-17	10-13 + 16-21	10-13 + 16-21
Mai	12-13 + 16-17	10-13 + 15-22	10-13 + 15-22
Juni bis August	11-13 + 16-18 + 21-22	10-13 + 15-22	10-13 + 15-22
September	12-13 + 16-17 + 20-21	10-13 + 15-21	10-13 + 15-21
Oktober	15-17	11-13 + 15-19	11-13 + 15-19

In den restlichen Monaten fällt das Wasser noch sporadischer und nur am Wochenende (Näheres unter *www.mar-*

morefalls.it). Noch Fragen? Zum Beispiel nach der Höhe des Naturschauspiels? Insgesamt sind es 165 m. Pro Sekunde rauschen 285.000 Liter in die Tiefe, die Menge, mit der man in der Minute 171.000 durchschnittliche WOMO-Wassertanks auffüllen könnte. Selbstverständlich kostet das Schauspiel Eintritt, wobei es unerheblich ist, ob Sie das Billett am oberen oder am unteren Eingang lösen. Es berechtigt Sie nämlich, innerhalb des Wasserfall-Geländes von oben nach unten zu klettern (oder umgekehrt), auf halbem Weg durch einen kleinen Tunnel hinter die (oberste) Kaskade zu glitschen und bei Sonne vor allem von der höchsten Aussichtsplattform den Dauerregenbogen zu fotografieren. Der Fußweg nach oben ist steil, steinig und mühsam und dauert mit Rückweg locker eine Stunde (an Sonn- und Feiertagen ist im Eintrittspreis sogar die Rückfahrt per Bus enthalten). Er lohnt sich hinauf zu gehen *(7 €)*.

Kenner schwärmen von der (kostenlosen) Gesamtansicht des Naturschauspiels vom gegenüberliegenden Hang. Etwa gegenüber der Kartenkontrolle beim *‚Belvedere Inferiore‘* und nördlich des Straßentunnels steigt man auf der anderen Straßenseite über 336 Stufen zum **Pennarossa-Aussichtspunkt**.

Sie tun gut daran, Ihre Fahrt hierher, die wegen der wirklich beeindruckenden *Cascata* fester Bestandteil einer jeden Umbrien-Reise sein muss, nicht nur den Öffnungszeiten, sondern auch den Wochentagen anzupassen.

Mit den Wasserfällen hängt auch der **Lago di Piediluco** zusammen, der zweitgrößte See Umbriens, der Kraftwerk und *Cascata* reguliert. Piediluco, einziger Ort am See, ist ein nettes Dorf (am Wochenende war ich noch nicht dort), zumal es über eine Umgehungsstraße verfügt, die für WOMOs Pflicht ist. Oberhalb, auf dem Monte Luco *(Fußweg auf der einfachen Strecke von Piediluco eine gute halbe Stunde)*, thront eine pittoreske Burgruine, und das blaue Wasser, auf dem häufig Ruderboote schnüren und sogar internationale Regatten veranstaltet werden, wirkt verlockend. Aber der Schein trügt: Die Misere fängt schon damit an, dass es kaum Stellen gibt, an denen man in der Nähe des Autos ins Wasser steigen kann, vom Schilf ganz zu schweigen. Auch wenn ich ins Kalkül ziehe, dass ein Reiseführer ein wenig auch von anderen abkupfert, muss man es doch ernst nehmen, dass alle *uni sono* schlechte und zudem sogar im Sommer kühle Wasserqualitäten beklagen, was zusammen dafür ausgereicht hat, meinen Körper bislang noch nicht derartigen Widrigkeiten auszusetzen. Mir fällt auch auf, dass die Gemeinde (Piediluco gehört zu Terni) in der Nähe des Sees, am östlichen Ufer und auf dem Weg zum Campingplatz, ein Hallenbad gebaut hat, das zumindest den Hauptzweck, frustrierte Badelustige am Ort zu halten, erfüllen muss. Der Stellplatz lag auch schon mal näher am Ort (der dortige Parkplatz ist verboten), aber Sie stehen immerhin noch fast in Sichtweite des Sees:

(066) WOMO-Stellplatz: Piediluco

GPS: N 42°32'29" E 12°45'25", *Vocabolo Colle dei Frati*. **Max. WOMOs**: 5-10.
Ausstattung/Lage: Zuletzt defekte Toilette, Mülleimer / außerorts, leicht einsam, das Dorf ist zu Fuß leicht erreichbar; Kein *'Camping'*
Zufahrt: Der Platz liegt am nord-westlichen Uferzipfel und ist die einzige noch legale freie Stellplatzmöglichkeit. Sie müssen, wenn Sie von Osten kommen, auf der SS 79 im großen Bogen nördlich um den See und den Ort fahren und beim Erreichen des Sees Richtung Ort abbiegen. Bis zu diesem Parkplatz dürfen WOMOs sich dem Dorf nähern.

Uns hat, von außen betrachtet, der Campingplatz auf dem Nordostufer wesentlich besser gefallen. Denn auch hier können Sie noch zu Fuß ins sehenswerte Dorf spazieren:

(067) WOMO-Campingplatz-Tipp: Piediluco *(Camping Cuore verde)*

GPS: N 42°32'06" E 12°46'19". **Ortszentrum**: 0,5 km. **Zeiten**: 1. 4. 30.9..
Ausstattung: Restaurant, direkt am See, Hallen- und Freibad in der Nähe.
Zufahrt: Der Platz liegt am nord-östlichen Seeufer. **Preise**: 19 – 25 €.

In guter, aber schon länger nicht mehr aufgefrischter Erinnerung ist uns die trüffelbestreute Pizza in der **Trattoria *Giosefatta*** zu einem Preis, zu dem Ihnen ein eingedeutschter Italiener allenfalls *Pizza Vierjahreszeiten* auftischt *(Tel. 0744 368162; an der Hauptstraße etwas höher gelegen)*.

Tour 7: Durch die Valnerina nach Spoleto 55 km

Arrone - Ferentillo - Scheggino - Spoleto

Stellplätze:	in Arrone, in Ferentillo, bei der Abtei von San Pietro in Valle, in Scheggino, in und bei Spoleto
Campingplatz:	in Spoleto
Besichtigen:	Arrone, Ferentillo, Abtei von San Pietro in Valle, Spoleto

Wandern:	bei Ferentillo und bei Spoleto
Essen:	Ristorante *Ponte* in Scheggino und Trattoria *Pecchiarda* in Spoleto

Die Strecke dieser Tour ist fester Bestandteil fast jeder Umbrienreise, ganz gleich, ob Sie östlich von Piediluco das schmale Sträßchen nach Arrone wählen oder ob Sie am Wasserfall von Marmore vorbei auf halbem Weg nach Terni auf die SS 209 nordwärts abbiegen. Letzteres scheint mir empfehlenswerter zu sein, denn die **Valnerina**, das Tal der Nera, gilt als eine der landschaftlichen Schönheiten Umbriens, und sollte vollständig durchfahren werden, zumal Sie dort, den richtigen Zeitpunkt vorausgesetzt (siehe Tour 6), die Wasserfälle noch einmal von unten bestaunen dürfen. In **Arrone** (2.700 Einwohner, *Uno del Borghi piu belli d'Italia*) blieb man wegen der malerischen Lage und der ebenso schönen Altstadt immer schon leicht hängen. Die Gefahr ist größer geworden, seit es auch den passenden Stellplatz gibt:

(068) WOMO-Stellplatz: Arrone

GPS: N 42°35'11" E 12°45'60", Via delle Palombare. **Max. WOMOs**: 10.
Ausstattung/Lage: Ver- und Entsorgung, klappstuhlgeeignet, Geschäfte, Gaststätten / Ortsrand, relativ schöne Lage in Flussnähe.
Zufahrt: Der Platz ist an der nördlichen Verbindung zwischen *Centro storico* und SS 209 nicht zu verfehlen. **Hinweis**: Störend ist ein großer Strommast.

Sie werden verstehen, weshalb man dieses reizvolle Flusstal zum Zentrum eines Naturparks, des *Parco Fluviale del Nera*, erklärt hat. Spätestens in **Ferentillo** werden Sie den nächsten

Ferentillo

Boxenstopp einlegen, zumindest um im südlichen Ortsteil zu entsorgen, um Wasser zu tanken und um das berühmte Foto zu schießen, auf das kein Umbrien-Führer verzichtet. Inzwischen kennen wir auch einen guten Stellplatz im nördlichen Teil des Dorfes:

(069) WOMO-Stellplatz: Ferentillo

GPS: N 42°37'13" E 12°47'08", Via del Piano. **Max. WOMOs**: 5.
Ausstattung/Lage: Entsorgung, Toilette, Wasser, Mülleimer (alles vier nicht beim Stellplatz, sondern im südlichen Ortsteil auf der anderen Seite der Durchgangsstraße, wo Sie ebenfalls übernachten können: GPS: N 42°37'05" E 12°47'37"), abends klappstuhlgeeignet, Freibad, Geschäft, Gaststätte (am östlichen Rand des südlichen Ortsteils, angeblich sehr gut) , Wanderweg / Ortsrand.
Zufahrt: Unser Stellplatz liegt nicht bei der Entsorgungsstation, sondern im nördlichen Ortsteil! Wählen Sie die westliche Zufahrt nach Ferentillo und fahren Sie auf den beschilderten Parkplatz vor dem Ort.
Hinweis: Zeitweise lagerte dort Baumaterial; ich vermute, dass das ein vorübergehender Zustand war; schreiben Sie mir.

Vom Parkplatz bergab gelangt man am Ende der *Via del Piano* zu einem niedlichen **Privatcampingplatz**, dem **Agriturismo *Le Due Querce***.

Es wird Ihnen unglaublich erscheinen, dass bis zum Jahre 1960 eine Straßenbahn den öffentlichen Personennahverkehr von Ferentillo bis Terni bewältigt hat. Sie werden sich fragen, wer in diesem einsamen Bergtal befördert werden musste. In früheren Zeiten gab es in Italien wesentlich weniger Autos als bei uns, und außerdem war die Valnerina, so sehr uns das heute touristisch entgegenkommt, durch die Landflucht noch nicht so ausgelaugt wie heute. Es gab auch eine schöne Eisenbahnstrecke von Spoleto nach Norcia mit bautechnisch wunderbaren Viadukten und Tunnels, die gerade mal 40 Jahre in Betrieb war und 1968 ebenfalls nicht mehr gehalten werden konnte.

Ferentillo sieht von der Ferne malerisch aus, es entpuppt sich aber bei genauerem Hinsehen als ein so verschlafenes Provinznest, dass man nach dem unvermeidlichen Foto weiter fahren würde, gäbe es nicht den nachfolgend beschriebenen Wanderweg und die einmalige Attraktion des **Mumienfriedhofes**: In der Krypta der Kirche S. Stefano (im südlichen Ortsteil) hat man vor 200 Jahren und früher Tote abgelegt, deren Körper ohne Einbalsamierung wegen einer ständigen Ventilation und einer besonders trockenen und mineralhaltigen Beschaffenheit des Kellerbodens in einen natürlichen Prozess der Mumifizierung übergegangen sind. So sieht man heute die sterblichen Überreste von Leprakranken, eines napoleonischen Soldaten, eines chinesischen Paares, das auf der Hochzeitsreise verblichen ist, von Erhängten und normalen Verstorbenen; mit Kleidern, Barthaaren und was sonst noch zu einer schaurigen Leiche gehört *(9-12.30 und 14.30-19.30 Uhr; März und Oktober bis 18.30 Uhr, im Winter bis 17 Uhr; 3 €).*

Den **wunderbaren** Wanderweg, einen Klassiker und alleine schon die Reise wert, haben wir erst im zweiten Anlauf gefunden:

Von Ferentillo zur Abtei San Pietro in Valle

Inzwischen ist im neueren, nördlichen Ortsteil von **Ferentillo** schon westlich an der Hauptstraße, der *Via della Vittoria*, gegenüber der Kirche der Wanderweg markiert; unsere Strecke trägt die Nummer 33 und beginnt in der *Via Campania*, an deren Ende Sie sich bei einer Gabelung links halten und auf einem am Anfang betonierten und mit der Markierung versehenen Fahrweg bergauf zu verlassenen und teilweise eingestürzten **Häusern** wandern.

Sie müssen nun aufpassen, dass Sie auf keinen Fall vor dem großen Berghang nach rechts gehen. Stattdessen müssen Sie den Bergrücken westlich umrunden, um auf seiner Rückseite aufzusteigen. Die Orientierung ist möglicherweise deshalb schwierig, weil der Weg in **Gabbio**, so heißt das verlassene Dorf, zeitweise an zwei Stellen gesperrt ist (oder war). Eigentlich müssten Sie durch zwei Torbögen und an der linksliegenden Dorfkirche vorbeigehen. Diese steinernen Bögen waren aber wegen Einsturzgefahr versperrt, was Sie nicht dazu verleiten darf, die Großrichtung zu ändern (sondern Sie müssen an den Bögen vorbei wandern; möglicherweise ist die Strecke hier inzwischen auch gut markiert).

Nach dem verlassenen Dorf Gabbio bleiben Sie auf einem Maultierpfad, aber Sie finden wieder die Markierung, gehen an der ersten Verzweigung links, etwa 10 Minuten später, kurz nach Beginn eines breiteren Weges, nach rechts und landen auf einer hellen Staubstraße, die im Dorf **Loreno** endet. Sie durchqueren den Weiler, bleiben auf der Schotterstraße und biegen erst an einer Schranke beim Wegweiser *'Abbazia'* in den Wald ab.

Nun wandern Sie bergab bis zur **Abtei San Pietro in Valle**, vorbei an einem Bauerngehöft, wo die Hunde aber angebunden sind. Ab der Abtei nehmen Sie die Straße nach **Macenano** (Nordwesten), steigen dort ab, überqueren die SS 209, um auf der anderen Seite, vorbei an einem Wachturm, in das Tal abzusteigen. Nach der Brücke gehen Sie ein Stück am Flussufer entlang und entscheiden sich nicht für den direkten Weg nach Ferentillo. Empfehlenswert ist vielmehr der kurze Umweg über das Ruinendorf **Umbriano**, hinter dem Sie dann doch ins Tal absteigen und entlang des Flüsschens Nera nach **Ferentillo** zurückgehen.

Die Wanderung ist im Rother Wanderführer (mit anderem Beginn) ebenso wie bei Bruckmann beschrieben, sie erfordert 5 1/4 Stunden reine Gehzeit; für heiße Hochsommertage ist sie wegen des Aufstiegs in Ferentillo an der warmen Südwestflanke des Berges weniger geeignet. Auf der Kompasskarte 2473 ist der Weg eingezeichnet.

Auch wenn Sie nicht wandern, werden Sie sich die 1000 Jahre alte Kirche des ehemaligen Klosters der **Abtei von San Pietro in Valle** nicht entgehen lassen, eine der großen umbrischen Sehenswürdigkeiten. Die Fresken an den Wänden aus dem 12. bis 15. Jahrhundert sind zwar nur noch bruchstückhaft erhalten, aber das tut der Ausdrucksstärke der bewegten Ge-

San Pietro in Valle

sichter aus einer Zeit, in der Personen sonst nur starr gemalt wurden, keinen Abbruch. Beachtenswert ist auch der Altar, der auf langobardischen Marmorplatten ruht. An der Vorderseite hat sich wahrscheinlich der Künstler das erste Selbstbildnis in nachantiker Zeit geschaffen, worauf eine lateinische Inschrift hinweist *(unterschiedliche Öffnungszeiten; der Kustode wohnt in einem Haus an der Straße im nächsten nördlichen Dorf Macenano, Sie sehen das Schild beim Vorbeifahren oberhalb der Haustüre)*. Die kunsthistorische Bedeutung der Kirche wurde übrigens erst 1922 entdeckt, als Fresken und Altar längst in Vergessenheit geraten waren. Ein Bauer, ein Analphabet wie die meisten seiner Zeitgenossen, war stutzig geworden, als er zwischen Viehzeug und Mist unter einem verfallenen Dach die Bilder genauer betrachtet hatte. Die Abtei – nicht die Kirche – befindet sich heute in Privatbesitz und beherbergt ein Hotel sowie ein verlockend aussehendes Restaurant.

Wählen Sie für die Zufahrt unbedingt den Weg, der Ferentillo am nächsten liegt (beschildert – die andere Strecke mit dem Haus des Kustoden, das aber von der Abtei gut erreichbar ist, wirkt sehr schmal). Der kleine Parkplatz der Abtei (nicht der des Hotels) eignet sich auch für die Nacht, ebenso als Ausgangspunkt für Wanderungen. Sie können von hier nach Ferentillo wandern, wenn Sie den breiten Waldweg bergauf nehmen:

bei der Abtei von San Pietro

(070) WOMO-Wanderparkplatz: Abtei von San Pietro

GPS: N 42°38'43" E 12°48'37". **Max. WOMOs**: 2-3.
Ausstattung/Lage: Mülleimer, abends klappstuhlgeeignet, Gaststätte, Wanderwege, leicht abschüssig / außerorts, einsam.
Zufahrt: Biegen Sie etwa 2,5 km nördl. von Ferentillo von der SS 209 (nicht ca. 1,5 km weiter nördlich !) ab (beschildert) und fahren Sie etwa 500 m bergauf (zuletzt nicht mehr rechts um die Ecke). **Foto**: Seite 145

Das *Ristorante del' Abbazia* habe ich bislang verschmäht, weil etwa 10 km weiter nördlich mit dem **Ristorante *Ponte*** in **Scheggino** die nächste Versuchung fast am Straßenrand lauert *(Tel. 0743 61253; montags - außer Ostern - geschlossen, gut beschildert).* Die schwarzen Trüffeln stammen von hier, die Flusskrebse vermutlich nicht. Beides sind die Spezialitäten der Küche, die Sie auch mit Forellen oder einem tadellosen Lammgericht zufrieden stellen wird (ein Leser hat mir allerdings von einem schlechten Tag des Kochs berichtet). Und da dieser Reiseführer vermutlich nicht der erste aus meinem Computer ist, mit dem Sie verreisen, wissen Sie, dass ich Ihnen in der Nähe solcher lukullischer Genüsse meist auch einen Übernachtungsplatz empfehle:

(071) WOMO-Stellplatz: Scheggino

GPS: N 42°42'49" E 12°49'56, Via San Rocco. **Max. WOMOs**: 10.
Ausstattung/Lage: Schwimmbad (300 m weiter talaufwärts), klappstuhlgeeignet, Gaststätten und Geschäfte in der Nähe / Ortsrand.
Zufahrt: Biegen Sie von der SS 209 am nördlichen Ortsrand von Scheggino nach Osten, in ein kleines Seitental ab; Sie gelangen dann schnell auf einen großen Parkplatz am Rand eines Baches.

Scheggino

Beschaulicher und einsamer wird es jenseits eines kleinen Teiches, wenn Sie in das Tal weiter hineinfahren. Nach dem Schwimmbad folgt seitlich der Straße ein Grillplatz, und in dem Gewässer unten am Anfang des Tals dürfen Sie sonntags gegen Eintritt Forellen angeln. Bei der nächsten Tour beschreibe ich eine kleine Wanderung durch dieses Tal nach Scheggino.

3 km nördlich von Scheggino wird Ihnen eine schwere Entscheidung abgerungen: Sollen Sie nach links, also nach Westen, durch den Tunnel nach Spoleto abbiegen oder geradeaus zu einer der landschaftlich schönsten Gegenden Umbriens weiterfahren? Letzteres klingt angesichts der zurückliegenden Strecke zwar übertrieben, weil es kaum noch Steigerungen gibt. Aber wahr ist es trotzdem und Ziel unserer nächsten Tour.

Erst einmal wählen wir den Weg nach links durch einen 4 km langen Tunnel, der uns ein paar Kilometer nördlich von Spoleto wieder ausspuckt.

Spoleto - Auftakt zum Festivale dei Due Mondi

Spoleto, Partnerstadt meines Wohnortes Schwetzingen, ist mit 37.000 Einwohnern – im eigentlichen Spoleto ohne Hinzurechnung der eingemeindeten Ortschaften leben sogar weniger als 20.000 Menschen – keine der großen umbrischen Städte, aber es ist sehr bekannt, wegen des Ende Juni/Anfang Juli stattfindenden **Festivale dei Due Mondi** (Festival der zwei Welten), eines renommierten Musik- und Theatertreffens, das ein Forum des Kulturaustauschs zwischen der Alten und der Neuen Welt bieten sollte. Das war jedenfalls im Jahre 1958 die Idee seines Schöpfers, eines in Amerika lebenden italienischen Komponisten. Seinem Einfall verdankt man auf den

Spoleto

Plätzen der Stadt nicht nur ein bis heute gehaltenes, hochkarätiges Programm von Konzert-, Theater- und Ballettdarbietungen, die angeblich sogar kostenlos sind, sondern er hat auch der heimischen Geschäftswelt auf die Beine geholfen. Eine besondere Spezies wohlhabender Klientel findet es dann schick in Abendgarderobe auf den Steinstufen zu hocken oder auf den Plastikstühlen vermeintlich unverdorbener Trattorien. Tagsüber vertreibt man sich die Zeit bei den Juwelieren oder man verliebt sich in eine Antiquität als Souvenir. Wenn die Schickeria nach zwei Wochen wieder abzischt, fällt die Stadt zurück in ihren provinziellen Halbschlaf. Die edlen Geschäfte wirken dann deplatziert, die Zweitwohnungen stehen leer, aber die umfassend restaurierten Altertümer und Kunstschätze bleiben. Und zwar in so großer Zahl, dass es sich lohnt, in Spoleto mehr als nur einen Tag zu verbringen.

Spoleto - Rocca Albornoziana

Dieser Reichtum geht zurück auf eine lange Geschichte: Vor etwa 3.000 Jahren siedelten hier Umbrer, von denen noch die Steinblöcke an der etwa 2 km langen Stadtmauer erhalten sind. Später kamen die Römer und befestigten die auf einem Hügel liegende Ansiedlung so sehr, dass sogar Hannibal nach der Schlacht am Trasimenischen See (Tour 1) den Widerstand nicht brechen konnte und erfolglos weiterziehen musste. Aus römischer Zeit sind noch mehrere sehenswerte Zeugnisse vorhanden. Das Wahrzeichen der Stadt, die **Rocca Albornoziana**, zu der uns ein Rundgang führen wird, ist allerdings päpstlichen Ursprungs (um 1500), nachdem Spoleto im Mittelalter als eine der ersten umbrischen Städte in den Herrschaftsbereich der Päpste gelangt war und bis zur italienischen Staatsgründung im Jahre 1860 beim Kirchenstaat geblieben ist. Zuletzt diente die Festung als Hochsicherheitsgefängnis, in dem Mitglieder der terroristischen *Brigade Rosse* einsaßen; inzwischen kann man die Festung besichtigen.

Spoleto - Arco di Druso

Unser **Rundgang** beginnt im Süden der Stadt am **römischen Theater**, dessen Zuschauerränge mit Platz für 3.000 Menschen zwar stark restauriert sind, wo man aber noch gut den alten Marmorfußboden erkennen kann. Danach wenden wir uns nach rechts durch eine Gasse bergauf, dann wieder nach links und stehen bald vor dem schönsten antiken Überbleibsel, dem **Arco di Druso** (Drususbogen), der nicht als Stadttor diente, sondern dem Gedenken an Drusus, einen Kaisersohn, und den Eingang zum römischen Forum bildete. Man kann hier deutlich erkennen, wie sehr sich im Lauf der Jahrhunderte hauptsächlich durch den Bauschutt abgerissener Häuser das Straßenniveau erhöht hat. Das Fundament des Tores gründet nämlich eine Etage tiefer. Der Platz des ehemaligen Forums ist heute der Marktplatz, dessen Bauten nicht so spektakulär sind wie in anderen umbrischen Städten, der aber voller Alltagsleben ist und von pittoresken Häusern und einem schönen Brunnen gesäumt wird. Von hier sind es nur ein paar Schritte bis zum Palazzo Comunale, wo ein sehenswertes **römisches**

Spoleto - Dom

Haus aus dem 1. Jahrhundert n. Chr. besichtigt werden kann. Der Rundgang endet danach erst einmal in einer Senke an dem im 12. Jahrhundert erbauten **Dom Santa Maria Assunta**, wo mir außer dem alten Mosaik-Fußboden die Fresken in der Apsis von Filippo Lippi besonders gefallen. Filippo Lippi ist Ihnen wahrscheinlich aus den Uffizien in Florenz und vor allem wegen der wunderbaren Fresken im Dom von Prato (jeweils im Toskana-Buch) noch in Erinnerung. Er konnte die Bilder im Dom von Spoleto nicht mehr vollenden, weil er im Jahre 1469 in Spoleto starb. Sein Grabmal befindet sich im rechten Querschiff (an der linken Wand) und stammt von seinem Sohn Filippino. Dessen Mutter war übrigens eine ehemalige Nonne, die aus Liebe zu Filippo ihren Orden verlassen hat. Sehenswert sind auch die Renaissance-Fresken in der Capella Eroli (rechts vom Eingang), wo Pinturicchio, dessen berühmtes Gemälde in Spello (Tour 4) zu den schönsten der Renaissance-Malerei gehört, eine *‚Madonna mit Kind und Heiligen'* gemalt hat *(8.30-12.30 Uhr und 15.30 -17 Uhr - Okt. bis März oder 19 Uhr – Apr. bis Sept).* Füttern Sie unbedingt den Beleuchtungsautomaten vor dem Altar. Bei unserem letzten Besuch standen wieder alle Besucher vor dunklen, kaum sichtbaren Bildern, bis ich mit einer 50-Centmünze für dankbares Raunen gesorgt habe. Falls Sie jemals am Heiligen Abend in Spoleto weilen, werden Sie die Mitternachtsmesse besuchen und große Augen machen, wenn man Ihnen die heiligste Reliquie des Doms zeigt, eine Windel Christi !

Spoleto - Fresko von Filippo Lippi

Wenn man schon mal da ist, betrachtet man auch die benachbarte romanische **Kirche Sant' Eufemia**, deren drei halbrunde Apsiden dem Domplatz zugewendet sind. Beachten Sie im Inneren die ungewöhnlichen Emporen über den Seitenschiffen, die sonst in Umbrien nicht vorkommen.

Seit dem Jahr 2011 gehört auch die **Basilika San Salvatore** ins Pflichtprogramm, auch wenn man ein Stück zu Fuß gehen muss. Die Kirche liegt nämlich nördlich der Altstadt, des Flusses, des Stadttunnels und sogar östlich der SS 3. Sie ist Teil der UNESCO-Liste des Weltkulturerbes zum Thema *‚Die Langobarden in Italien, Orte der Macht – 568 bis 774 n.Chr.' (siehe auch bei Tour 4).* Grund ist auch hier die Wiederverwendung antiker Bauteile (Spolien), hier in Form von Quadern und Säulen aus römischen Villen für eine frühchristliche Kirche, deren Bau womöglich schon um 313 begonnen worden ist *(März, April, Sept. Oktober: 9 -12 und 15 - 18 Uhr, Mai - Aug. 8 - 12 und 16 - 19 Uhr, über Winter bis 17 Uhr).*

Spoleto - Aquädukt

Von dem schlecht erhaltenen römischen Amphitheater und vielen, oft düsteren Gassen soll im Rahmen dieses Buches nicht die Rede sein. Nur noch vom Bummel hinauf zur **Rocca** und vor allem zu dem dort beginnenden 230 m langen und 80 m hohen **Aquädukt**, der zwar nicht aus römischer Zeit stammt, aber immerhin im Mittelalter an der Stelle des antiken Wasserleitungssystems als Bestandteil der Befestigung gebaut worden ist. Der Fotograf kommt hier auf seine Kosten, und auf einer Gedenktafel können Sie nachlesen, welchem Irrtum unser Dichterfürst erlegen war. Goethe schrieb in seiner *Italienischen Reise* über die mittelalterliche Wasserbrücke: *»Das ist nun das dritte Werk der Alten, das ich sehe, und immer derselbe große Sinn«.*

Jenseits der Wasserbrücke, des Ponte delle Torri, haben Sie die Wahl: Einfach umkehren als schlechteste Alternative, fast so schlecht wie nach Hause fahren. Oder Sie entschließen sich zur **Wanderung** auf Spoletos Hausberg, den **Monteluco**, die auf einfacher Strecke ab der Brücke knapp eine Stunde dauert.

Von Spoleto auf den Monteluco

Folgen Sie in **Spoleto** am Ende des **Ponte delle Torri** (siehe im vorstehenden Text) der mit Nr. 1 bezeichneten Markierung und erfreuen Sie sich unterwegs an schattigen Wegen und gelegentlicher Sicht auf Spoleto. Heimwärts stiefeln Sie entweder auf demselben Weg oder Sie lassen sich weiter von der Markierung Nr. 1 leiten, die sich auch ohne Karte von selbst erklärt und Sie nach insgesamt 3 Stunden wieder in Spoleto eintreffen lässt. Den **Monteluco** werden wir gleich auch stellplatzmäßig erschließen.

Die dritte Alternative – Kenner stellen sie an das Ende der zweiten, da der mit Nr. 1 markierte Weg hier vorbei führt, – ist ein etwa 15 Minuten langer **Fußweg** zu einer wirklich großen Sehenswürdigkeit (am Ende der Brücke rechts die Straße entlang) zur **Kirche San Pietro fuori le mura** (12. Jahrhundert), an der Sie auch vorbeikommen, falls Sie auf dem Campingplatz nächtigen. Fahren Sie auf der SS 3 durch den Tunnel in den südlichen Teil von Spoleto, bis Sie gegenüber einer Tankstelle die Wegweiser finden. Sie treffen das Gotteshaus im richtigen Licht an, wenn die Abendsonnne die renovierte Fassade in warmen Gelbtönen erstrahlen lässt. Die romanischen, naiven Tafelreliefs haben den Kampf zwischen Gut und Böse zum Thema. Dabei sind sie nicht Furcht einflößend, eher originell: Hirsche töten Schlangen, der Mensch besiegt die Löwen im Kampf, der Gerechte stirbt friedvoll im Bett, während der Sünder von Teufeln an den Haaren in ein Gefäß gezerrt wird. Falls die Kirchentür verschlossen ist, müssen Sie sich nicht grämen, denn nur die West-Außenwand gehört zu den großen Sehenswürdigkeiten Umbriens.

Spoleto - San Pietro fuori le mura

Von der Kirche sind es vielleicht noch 350 m zum Zeltplatz *Monteluco*. Bevor dort eines Tages die Festspielgäste oder der Oberbürgermeister von Schwetzingen mit dem WOMO anreisen, müsste mal jemand mit dem Verwalter Tacheles reden oder ihm einfach die vielen Dreckecken zeigen – was ziemlich lange dauern wird. Ein noch stärker verwahrloster Campingplatz kommt in meinen Büchern nicht vor. Ich empfehle ihn einstweilen trotzdem, weil er schön und günstig liegt, und weil der andere Zeltplatz, nordwestlich von Spoleto, geschlossen wurde:

(072) WOMO-Campingplatz-Tipp: Spoleto *(Monteluco)*

GPS: N 42°43'33" E 12°44'16". **Ortszentrum**: 1,7 km. **Zeiten**: 1.4. - 30.9.

Tel. 0743 220358.
Ausstattung: Pizzeria.
Zufahrt: Verlassen Sie die Umgehungsstraße SS 3 bei der Beschilderung und fahren Sie zunächst wie zur Kirche San Pietro und zum Monteluco, bevor Sie in einer scharfen Kurve zum Platz abbiegen.
Preise: Unbekannt.
Hinweis: Wir haben den Platz neu besichtigt, es ist über die Jahre nichts besser geworden, aber augenscheinlich auch nichts deutlich schlechter; man kann sich für eine Nacht hier gut aufhalten: als freier Stellplatz wäre er ein Geheimtipp und gut belegt.

Außerdem ist in Spoleto ein Wunder geschehen, wie ich es noch selten erlebt habe: Ein gesperrter Stellplatz wurde reanimiert. Genau genommen sogar erstmals offiziell geboren, nachdem wir ihn früher schon wegen seiner optimalen Lage empfohlen hatten:

(073) WOMO-Stellplatz: Spoleto

GPS: N 42° 43'40" E 12° 43'57". Viale dei Cappuccini. **Max. WOMOs**: 5-7.
Ausstattung: Offizieller Stellplatz, Gaststätten in der Nähe, Mülleimer, Wasser am Beginn des Parkplatzes, zudem Entsorgung und Wasser an der SS 418 nach Acquasparta (als P 1 und mit WOMO-Symbol beschildert und nicht mit dem Stellplatz Nr. 73 zu verwechseln - N 42° 44.802', E 12° 43.952'), leichtes Gefälle / Ortsrand.

Zufahrt: Verlassen Sie die SS 3 südlich des Tunnels (bei Spoleto und nicht nach dem Verbindungstunnel zur Valnerina!) bei einer zurückliegenden Tankstelle in Richtung Stadt. Fahren Sie sodann geradeaus bergauf und auf der Kuppe wieder links, dann noch etwa 300 m geradeaus, in die Nähe von Tennisplätzen, der Platz ist als Tiefgarage (P mit Dach auf blauem Grund) beschildert.
Gebühr: 5 €/24 Std.
Hinweise: Die Tiefgarage liegt hinter dem Platz, die Zufahrt dahin führt in der Nähe der parkenden WOMOs vorbei, was wenige Leser gestört hat.

Einen **weiteren, lauten Parkplatz** finden Sie unter der SS 3 bei N 42° 44'14" E 12° 44'32" in der Via del Tiro a Segno nahe einer Rolltreppe zum Dom und ins historische Zentrum.

Falls Sie schon auf den Monteluco gewandert sind (siehe oben), durften Sie sich überzeugen, dass es dort einen weite-

ren Stellplatz gibt, auf dem wir uns tagsüber aufhalten, wenn wir nichts besichtigen oder nicht mal wandern, was im richtigen Leben übrigens öfter vorkommt als in diesem Buch:

(074) WOMO-Picknickplatz: Monteluco

GPS: N 42°43'31" E 12° 45'12". **Max. WOMOs**: 5-8.
Ausstattung/Lage: Klappstuhlgeeignet, in der Nähe: Grillplatz, Sport- und Spielplatz, große Spielwiese, Bänke und Tische, Toilette, Mülleimer, Gaststätten, Wanderwege; die Wiesen sind inzwischen eingezäunt, Sie finden nur noch eingeschränkt Platz, auf einem großen Parkplatz oberhalb / außerorts, eher einsam. **Hinweis**: Hundekot auf den Wiesen.
Zufahrt: Biegen von der SS 3 bei Spoleto zum Monteluco ab.

Sollten Sie unten in der geschichtsträchtigen Stadt Spoleto stehen, empfehlen wir die ***Trattoria Pecchiarda***, wo seit über 100 Jahren aufgetischt wird. Das hat sich sogar über den großen Teich bis zur New York Times herumgesprochen. Eine Reise von dort ist das Essen leider nicht wert. Aber ein paar Schritte vom Camping- oder Stellplatz schon; lecker, familiär und bezahlbar *(Vicolo S. Giovanni 1; vom Stellplatz Nr. 73 ein Stück stadteinwärts, an der ersten Kreuzung links bergab, am Stadion vorbei bis ins Tal; dort rechts auf dem Viale Martiri; nach einem großen Neubau rechts bergauf – 15 Minuten seit dem Stellplatz; dienstags Ruhetag; Tel. 0743 221009).*

Spoleto

TOUR 8
MARKEN
Monti Sibillini
Piano Grande
ABRUZZEN
UMBRIEN
Valnerina
nach Ascoli
Arquata del'Tronto (Tour 9)
M. Vettore 2476 m
Forca di Presta 1540 m
Castelluccio
M. Lieto 1944 m
M. Patino 1884 m
V. Castoriana
Forca d'Ancarano 1008 m
NORCIA
Cascia
Visso
Ussita
Castelsantángelo
Abb. di Eutizio
Campi
Preci
Il Collaccio
Triponzo
Borgo Cerreto
Vallo di Nera
Castel S. Felice
Scheggino (Tour 7)
Monteluco
SPOLETO (Tour 7)
nach Terni
Tempietto di Clitunno
Trevi (Tour 4)
nach Foligno
10 km

Tour 8: Nördliche Valnerina - und Monti Sibillini 200 km

Castel San Felice - Visso - Preci - Norcia - Cascia
Castelluccio

Stellplätze:	bei Castel San Felice, in Visso, in Preci, in Norcia, in Cascia, in Castelluccio, oberhalb des Piano Grande
Campingplätze:	bei Preci, bei Castelsantángelo sul Nera
Besichtigen:	Castel San Felice, Vallo di Nera, Norcia, Cascia, den Piano Grande und Castelluccio
Wandern:	von Preci zur Abbazia di Sant'Eutizio, Von der Forca d'Ancarano auf den Monte Patino, bei Castelluccio
Essen:	Ristorante *Al Porcello Felice* in Preci, Ristorante *Granaro del Monte* in Norcia

Fanatische Wohnmobilisten empfinden es als persönliche Schwäche, wenn sie denselben Weg zweimal fahren. Die nehmen deshalb für den Rückweg von Spoleto nach Osten in die **Valnerina** nicht abermals den Tunnel, sondern quälen sich über die 734 m hohe **Forca di Cerro** und durch die Kurven der SP 465 (der ehemaligen SS 395). Dabei erfreuen sie sich an einer aufregenden Landschaft, und es beschleicht Sie eine Ahnung, wie abgelegen und schwer zugänglich der östliche Teil Umbriens bis vor gar nicht langer Zeit war. Und weshalb zwischen 1962 und 1981 ein Drittel der Bevölkerung das ohnehin schon dünn besiedelte Gebiet verlassen hat, wobei mehrere Erdbeben den armen Leuten obendrein zugesetzt haben (besonders 1979). Was für die Menschen dieser Gegend Mühsal und den Zwang zur Landflucht bedeutet hat, ist für Liebhaber des unverfälschten Italiens ein wahres Eldorado, das trotz pessimistischer Prognose weder durch den Tunnel im Westen noch durch die Röhre östlich von Norcia angekratzt werden konnte. Die Valnerina und die Monti Sibillini verkörpern weiter eine eigene, abgeschiedene Welt; auch wenn man heute von Spoleto bis zur Adria weniger als einen halben Tag benötigt. Der Massentourismus wird die Gegend sicher nie heimsuchen, und die Faszination der Landschaft wird bleiben. Aber man wird eines Tages die Ernte der Straßenbauinvestitionen einfahren, wenn sich herumgesprochen hat, dass ein landschaftliches Juwel gar nicht mehr schwer zu erreichen ist. Es lohnt sich also, wenn Sie sich in den noch einsamen Osten aufmachen.

Und wenn Sie dann gleich wieder Halt machen (nördlich der Tunnelausfahrt bzw. südlich der Bergstraße über die SP 465 – siehe auf unserer Tourenkarte). Wir haben nämlich die Stre-

San Felice di Narco

cke unserer 8. Tour nicht ausgesucht, damit Sie dort Kilometer fressen: **Castel San Felice** ist ein gut erhaltener mittelalterlicher Flecken auf einer Anhöhe, der für sich schon sehenswert ist. Die Hauptattraktion ist aber außerhalb des Dorfes die romanische **Kirche San Felice di Narco** (nehmen Sie nicht die Straße, die über eine Brücke ins Ortszentrum führt, sondern biegen Sie direkt von der S 209 ab – schlecht beschildert). Die romanische Fassade aus dem Jahr 1190 wird von einer grazilen, von Evangelistensymbolen umgebenen Fensterrose geschmückt und von einem Relief-Fries mit zwei Szenen aus dem Leben des Heiligen Felix. Der tötet dort einen Drachen und heilt den Sohn einer Witwe. Man huldigt dem Titelheiligen, weil er in der Krypta begraben ist, und hat zu seinen Ehren die Apsis mit einem schönen Fresko (15. Jahrh.) ausgemalt. Wahrscheinlich wäre der heilige Felix glücklich, wüsste er, dass neben seinem Grab ein wunderbarer WOMO Picknick-Platz angelegt worden ist. Ein Schild am Ufer der nahen Nera weist auf die gute Wasserqualität hin, so dass man bei einer alten Brücke in den klaren Bach steigen kann, der mir annähernd hüfttief schien:

(075) WOMO-Picknickplatz: Castel San Felice

GPS: N 42°44'32" E 12°50'32".
Max. WOMOs: 5.
Ausstattung/Lage: Wasser, Mülleimer, klappstuhlgeeignet, Bademöglichkeit, Wanderweg, Picknickbänke, Geschäft im Ort (vom Stellplatz über eine Treppe) / Ortsrand, weniger einsam als es zunächst scheint, das nächste Haus ist 80 m entfernt.
Zufahrt: Biegen Sie unterhalb von C. San Felice direkt (!) von der S 209 ab (nicht hoch ins Dorf); nach der schlecht beschilderten Abzweigung ca. 300 m auf gut befahrbarem Weg.

Von Castel San Felice sind wir auch schon auf einem angenehmen Weg entlang der Nera nach Scheggino **gewandert**.

Castel San Felice (Stellplatz beim Pfeil)

Den Weg zu finden ist kein Kunststück. Aber wir verzichten hier auf die Schilderung weiterer Einzelheiten, um nicht zu viel aus dem Rother Wanderführer zu übernehmen.

Auch im wenigen Kilometer nördlich von Castel San Felice gelegenen **Vallo di Nera** *(Uno del Borghi piu belli d'Italia)* sollten Sie aussteigen. Das Nest gehört nämlich wegen seiner exponierten Lage, einem Mauerring und verwinkelten Treppenwegen zu den reizvollsten Valnerina-Orten. Außerdem sind die beiden gotischen Pfarrkirchen freskiert.

Wer es ganz eilig hat, macht sich ein Stück weiter im Norden die verkehrsmäßige Erschließung zunutze und nimmt bei Cerreto den Tunnel und die Schluchtstraße auf dem kürzesten Weg nach Norcia. Wir fahren in einem nördlichen Bogen dorthin, weil zumindest Preci, so etwas wie ein WOMO-Lieblingsort, auf Ihrer Rundreise unverzichtbar sein sollte. Eigentlich müsste auch noch ein Abstecher ins nördlich und schon in der Region Marken (Marche) gelegene **Visso** (1.200 Einwohner) in Ihr Programm passen, schon weil der reizende Ort ebenfalls von sich sagen darf, zu den schönsten Dörfern Italiens zu zählen *(Uno del Borghi piu belli d'Italia)*. Sehenswert sind außer dem zentralen Platz, auf dem freitags der Wochenmarkt aufgebaut wird, die Kirche (12. Jahrh.) mit einem Fresko aus dem 14. Jahrhundert. Und Sie können in der beschaulichen Kleinstadt auch passabel übernachten:

(076) WOMO-Stellplatz: Visso

GPS: N 42°55'53" E 13°05'26", Largo Gregorio XIII. **Max. WOMOs**: 15.
Ausstattung/Lage: Ver- und Entsorgung, Strom, Mülleimer, Geschäfte und Gaststätten im nahen Dorf / Ortsrand.
Zufahrt: Der beschilderte Platz liegt östlich des Dorfes, Richtung Ussita, und ist auch als *,P 3'* bezeichnet.

Einen schönen **Campingplatz** mitten in den Sibillinischen Bergen finden Sie 13 km südöstlich von Visso auf halber Strecke nach Castelluccio östlich von **Castelsantángelo sul Nera**; **GPS**: N 42°52'59" E 13°10'52"; 15.6 - 15.9.; www.campingmonteprata.it/.

Preci

Die meisten Leser biegen aber schon 11 km weiter südlich nach **Preci** (750 Einwohner) ab, obwohl das Bergdorf von weitem malerischer scheint, als es beim Bummel durch die Gassen wirklich ist. Vom legendären Ruf, den sich im 16. Jahrhundert die Sezierkünstler und Chirurgen erworben hatten, die als Spezialisten zur Entfernung von Gallensteinen in ganz Europa gefragt waren, ist nur noch die Erinnerung geblieben. Aber weil hier so wenig los ist, hat man mit Zuschüssen der EU die **historische Wassermühle** restauriert und einen blitzsauberen, offiziellen Lieblingsstellplatz gebaut:

(077) WOMO-Wanderparkplatz: Preci

GPS: N 42°52'45" **E 13°02'28"**. **Max. WOMOs**: 15.
Ausstattung/Lage: Ver- und Entsorgung, kostenloser Strom, Toilette (häufig abgeschlossen), Mülleimer, klappstuhlgeeignet, Wanderwege, Geschäfte (an der Durchgangsstraße), Gaststätte (das beliebte **Ristorante *Agli Scacchi*** liegt an der obersten Stelle des Ortes, wohin Sie vom Stellplatz über eine kleine Brücke zu Fuß gehen können – *0743 99221).*/ Ortsrand.
Zufahrt: Der Platz ist am Fuß des Dorfes bei der Vorbeifahrt an der Straße nach Norcia nicht zu verfehlen.

Infrage kommt auch einer der schönstgelegenen Campingplätze Umbriens, der sich für eine längere Erholungsphase bestens eignet, ein richtiger Ferienplatz, mit geräumigem Schwimmbad inmitten einer grünen Liegewiese hoch über dem

Tal. Von vielen der auf Terrassen angelegten Stellplätze hat man einen prachtvollen Blick auf die Sibillinischen Berge und die weiten Wälder (aber leider auch auf ein Industrieanwesen). Die abgeschiedene Lage ist zugleich dafür Gewähr, dass dieser Zeltplatz nichts von der kleinkarierten Miefigkeit hat, die uns so oft die Campingplätze verleidet. Auch Kinder kommen in dem weitläufigen Gelände, das bis zu einem Fußballfeld reicht, voll auf ihre Kosten. Den Ort Preci sieht man pittoresk an einem Bergrücken, und es macht uns auch nichts aus, dass es für einen Fußweg dorthin zu weit ist (50 Minuten einfacher Weg, am besten entlang der Straße des Hinweges, der bessere Weg im Tal ist überwachsen). Der Campingplatz verfügt über einen kleinen Laden und das **Restaurant *Al Porcello Felice***, in dem man unter einer Loggia bei schönem Blick angenehm tafeln kann; so gut, dass das Lokal mit einem ungewöhnlichen Preis-Leistungsverhältnis auch von vielen Einheimischen angefahren wird. Auf den Tisch kommt dann, was in der Gegend so wächst, also auch Trüffeln. Die Pizzen werden die besten sein, die Sie in diesem Urlaub auf einem Campingplatz (wenn nicht überhaupt) bekommen (in der Hochsaison müssen Sie im Restaurant unbedingt schon mittags reservieren, der Campingplatz ist in den letzten Jahren in der Hochsaison bisweilen ebenfalls belegt):

Wanderparkplatz Nr. 77 bei Preci

(078) WOMO-Campingplatz-Tipp: Preci *(Il Collaccio)*

GPS: N 42°53'19" E 13°00'53".
Ortszentrum: 3,5 km.
Zeiten: 1.4. bis 30.9.
Tel. 074 3939084; www.il-collaccio.com.
Ausstattung: Schwimmbad, Laden, gutes, preiswertes Restaurant;
Zufahrt: Der Platz ist westlich von Preci an der Durchgangsstraße beschildert.
Preise: 22 – 36 €.

Der obige Stellplatz Nr. 77 ist Ausgangspunkt einer Halbtageswanderung:

Von Preci zur Abbazia di Sant'Eutizio

Wir wandern unterhalb von **Preci**, den Stellplatz im Rücken, auf der Landstraße nach rechts und biegen etwa 100 m nach der Stellplatzzufahrt geleitet von der rot-weißen Markierung auf eine bergauf führende Straße ab. Nach etwa 15 Minuten und einem Gehöft wendet sich der Weg in einer Kurve nach rechts (Wegweiser Nr. 501, *'Sant'Eutizio 50 Minuten'*). Der Belag ist fortan nur noch geschottert.

Nun folgt ein steiler Anstieg mit schönen Blicken zurück auf Preci am gegenüberliegenden Hang.

Blick auf Preci

Nach insgesamt 45 Minuten haben wir die Höhe erreicht und stoßen bei einem Haus auf eine Asphaltstraße. Auf ihr gehen wir links und nach 100 m beim Wegweiser wieder rechts durch niedrigen Wald abwärts zur Straße, dort links, an der nächsten Abzweigung scharf rechts und links vom Friedhof auf einer Treppe hinunter zum **Kloster Sant'Eutizio**.

An der Abbazia (mit Picknickbänken und Gasthaus) wandern wir auf der Zufahrtsstraße abwärts (ohne Markierung) bis wir auf die Landstraße treffen, auf der wir nach rechts, Richtung Preci, spazieren. Etwa dort, wo Preci in Sicht kommt, verlassen wir die Landstraße nach links und wandern auf einer Wiese entlang der Straße und einem rauschenden Bach auf Preci zu. Am Ende der Wiese biegen wir nach links auf die südliche Zufahrtsstraße nach **Preci** ein und benötigen bis hoch ins Dorf insgesamt etwa 2 Stunden 15 Minuten.

Die Kirche im Rücken halten wir uns dort rechts (keinesfalls links die Treppen runtergehen) und stoßen auf einen Treppenweg, der uns auf einem etwas überwachsenen Pfad seitlich eines Holzgeländers ins Tal hinunter führt. Falls Sie diesen Pfad nicht finden, wählen Sie für das letzte Stück des Heimweges die Zufahrtsstraße, die in der Nähe der Gaststätte oben im Ort ankommt. Der Pfad geht genau oberhalb des Stellplatzes ab und kommt unten bei der Bachbrücke am Stellplatz an *(Kompass-Karte Nr. 2474)*.

Auf der Weiterfahrt von Preci nach Norcia kommt man bald auch mit dem WOMO an der **Abbazia di Sant'Eutizio** vorbei, die stimmungsvoll an den Berghang gebaut, deren Inneres aber, soweit wir es besichtigen können, unspektakulär ist (kleines Museum). Die Benediktiner-Abtei war im 11. und 12. Jahrhundert eines der mächtigsten Klöster in Mittelitalien. Der abschüssige und versteckt seitlich der Straße liegende Parkplatz gegenüber der Abtei eignet sich eher nicht für die Nacht (siehe auch die vorstehende Wanderung).

Abbazia di Sant'Eutizio

Auch Straßenkartenzeichner sind nur Menschen. Sie haben vergessen, an die schmale Straße nach Norcia einen grünen Rand zu malen, die durch die **Valle Castoriana**, so heißt das harmonische Hochtal zwischen der Valnerina und Norcia, und dabei durch eine dünn besiedelte Landschaft führt. Schon oft habe ich vergeblich an der verschlossenen Tür der niedrigen romanischen **Kirche** von **Campi** gerüttelt. Vielleicht sollte ich an ihrer Seite oder gegenüber, wo es auch eine Bank-Gruppe gibt, doch mal übernachten. Wahrscheinlich sitzt dann aber bald ein Lkw-Fahrer mit am Tisch, denn die Stelle liegt dicht an der Straße. Aufregender und ruhiger ist der Picknick- und Grillplatz ein paar Kilometer weiter, ein Geheimtipp für die Anhänger einsamer Stellplätze oder für einen ruhigen Tag vor Einbruch der Nacht und in Leserbriefen immer wieder gelobt:

(079) WOMO-Picknickplatz: Forca d'Ancarano

GPS: N 42°49'03" E 13°06'40". **Max. WOMOs**: 5.
Ausstattung/Lage: Bänke und Tische, Grillstellen, Mülleimer, klappstuhlgeeignet, Wanderwege / in freier Natur, absolut einsam.
Zufahrt: Etwa 4,5 km südlich von Campi und auf der Passhöhe Forca d'Ancarano weist ein kleiner Wegweiser *'Tiro'* nach Westen; nach wenigen Metern fahren Sie erneut rechts, bevor ein geschotterter Weg ca. 300 m zwischen Feld und Wald leicht bergauf führt; am Ende des Weges laden mehrere Grillstellen und Bänke zu einem lauschigen Abend.
Hinweis: Bisweilen Schießgeräusche vom nahen Schützenhaus.

Der Stellplatz ist Ausgangspunkt für einen Rundweg um den Monte Patino, einen der höchsten Berge der Gegend:

Von der Forca d'Ancarano auf den Monte Patino

Wir parken am vorerwähnten Stellplatz oder am **Pass Forca d'Ancarano**, was der einzige Nachteil der Wanderung ist, weil das WOMO hier einsam zurück gelassen werden muss. Zumindest am Wochenende steht das Fahrzeug beim nahen Schützenhaus (siehe oben beim Stellplatz) bewacht, vielleicht verbringt hier auch ein anderer Leser den Tag. Jedenfalls beginnt der Weg am Pass, auf der Straßenseite gegenüber, wenn Sie von Norcia hochkommen, also auf der rechten Seite. Wir nehmen den Weg, der nach Osten auf den hohen Berg, den Monte Patino, führt.

Nach etwa 200 m wenden wir uns bei der ersten Gabelung nach rechts, an einem Brunnen und an einer Picknick-Bank vorbei, bei nächster Gelegenheit erneut rechts. Der Weg steigt nun langsam bergan durch Trüffelgebiet (was wir daran erkennen, dass uns auf penetrante Weise die Trüffelsuche verboten wird), immer wieder erfreuen wir uns an weiten Blicken nach Norcia. Die Steigung nimmt zu, bevor wir die Baumgrenze erreichen. Wir gehen nun in einem Wiesental bergauf bis zu einer Staumauer. Dahinter wählen wir den Pfad nach rechts durch ein weiteres, breites Bergtal, an dessen Ende wir uns in einer Serpentine links wenden, bis wir an einer **Quelle** angekommen sind.

Etwa hier haben wir die Hälfte der Wanderung bewältigt. Das ist bekanntlich der schlechteste Ort, um die Frage nach der Umkehr zu beantworten, auch wenn sich diese noch so drängend stellt. In kürzester Zeit ist nämlich das Wetter umgeschlagen. Der Sonnenschein ist einem heftigen Graupel-Schnee-Gemisch gewichen, und Wolkennebel erschwert unsere Orientierung. Zum Glück haben wir warme Sachen dabei und können weiterwandern. Der Weg wird nun sehr steil, bevor wir den **Sattel** erreichen (2 Stunden).

am Monte Patino

Hier erahnen wir an einem Holzpfahl eine Markierung. Genauso schnell wie die Wolken aufgezogen sind, haben sie sich wieder verzogen, und wir stehen in atemberaubender Landschaft neben ausgedehnten Schneefeldern. Jenseits des Sattels folgen wir der Markierung geradeaus und steigen sofort wieder ab (bei gutem Wetter nimmt man den Weg nach links, der auf den **Gipfel des Monte Patino** führt). Die Wanderzeichen geleiten uns nun bis fast zurück zum Auto, auf den letzten Metern können wir über die Felder abkürzen.

Der Wanderweg zählt wegen der wunderbaren Bergwelt zu den **schönsten**, die ich in Mittelitalien gegangen bin. Im Sommer hat er im Gegensatz zu einigen anderen Strecken in den Sibillinischen Bergen den Vorteil reichlichen Schattens. Aber man kann sich erst Mitte April auf die 4-stündige Strecke machen. Ende April gibt es noch einige Schneefelder, die wir problemlos durchqueren oder umgehen konnten (warme Kleidung mitnehmen; auf der Kompass-Karte Nr. 2474, *Monti Sibillini*, eingezeichnet, ebenso im Rother Wanderführer in umgekehrter Gehrichtung).

An der Passhöhe **Forca d'Ancarano** steigert sich der Landschaftseindruck furios, mit weitem Blick auf die kargen Gipfel der Sibillinischen Berge. Es scheint dann wie eine in der Mittagshitze flirrende Fata Morgana einer trutzigen Wüstenstadt, wenn in dieser fast menschenleeren Gegend auf einmal das von Mauern umschlossene **Norcia** unter Ihnen liegt. Obwohl wir seit Preci kaum mehr als eine halbe Stunde unterwegs sind, sehen wir uns erneut am Ziel, wenn wir in Norcia unser WOMO auf einem ruhigen Platz abstellen, den ich vor allem im Frühjahr und im Herbst für die Nacht empfehlen kann. Hier verweilt man gerne, wenn es einem am vorgenannten Pass doch noch zu einsam geworden ist:

Norcia

(080) WOMO-Stellplatz: Norcia

GPS: N 42°47'46" E 13°05'41". **Max. WOMOs**: 20-30.
Ausstattung/Lage: Mülleimer, klappstuhlgeeignet, Wasser (am Busparkplatz westlich vor der Mauer), Toilette (150 m unterhalb), Geschäfte (großer Coop auf der Südseite des Ortes), Gaststätten, Wanderwege / Ortsrand.
Zufahrt: Der Platz liegt auf der **Nordseite** der Altstadt an der nördlichen Mauerumrundung; fahren Sie oberhalb eines nur für Pkw frei gegebenen Parkplatzes schräg auf ein Naturgelände.
Hinweis: Es würde mich nicht überraschen, wenn hier irgendwann ein Neubaugebiet entsteht. Deshalb empfehle ich noch eine Alternative:

(081) Eine **weitere Möglichkeit** finden Sie gegenüber dem Stadttor auf der **Südseite** von Norcia, unterhalb des Straßenniveaus vor einer Halle; **GPS**: N 42°47'26" E 13°05'38", Via Circonvallazione.

Taucht man jenseits der Mauer wieder in die Zivilisation ein, wird schnell klar, dass die Stadt, mit 4.800 Einwohnern eher ein Dorf, touristisch gar nicht so unbeleckt ist und sich ebenfalls zu den *Borghi piu belli d'Italia* zählen darf. Was auch daran liegt, dass Norcia das Zentrum einer wirklich grandiosen Landschaft ist und sich überdies einer durch die Jahrhunderte bewahrten **kulinarischen Tradition** rühmen darf:

Ihnen ist bestimmt schon aufgefallen, dass sich Metzgerläden in der Toskana und Umbrien bisweilen *Norcineria* nennen, was bedeuten soll, dass sich die Fleischer dort althergebrachter Tricks bei der Herstellung und Trocknung von Würsten (vorwiegend aus Schweinefleisch) und Schinken verschrieben haben und für sich in Anspruch nehmen, zur Elite italienischer Metzger zu gehören. Ob es allerdings richtig ist, dass die Zunft auf die großen Weideflächen des Umlandes gründet, darf bezweifelt werden, denn ein Schwein wurde auch in früheren Zeiten wohl stets im Stall gehalten. Und ob die Ferkel, bevor sie verwurstet werden, heute noch aus heimischen Ställen kommen, ob gar die Würste tatsächlich alle in Norcia gewürzt und abgehängt sind, scheint mir auch fragwürdig. Aber sie baumeln hinter den Theken zahlreicher Geschäfte den Urlaubern appetitlich vor der Nase. Überhaupt scheint die Hauptstraße fast nur von Feinkostläden gesäumt, an deren Schaufenstern, so wenig bodenständig die Auslagen auch sein mögen, sich Nichtvegetarier mit wässrigen Mündern die Nasen breit drücken, beim Fress-Bummel, der umso kurz-

Norcia - Piazza San Benedetto

weiliger ist, je genauer man hinschaut. Zum Beispiel auf die an die Hauswände gehängten Wildschweinköpfe, die uns die bis dato unbekannte Lebenserfahrung vermitteln, dass ausgestopftes Borstenvieh individuelle Gesichtszüge erkennen lässt.

Neben den Fleischprodukten gelangen auch vielfältige Käse zum Verkauf und natürlich Trüffeln in allen Preislagen und Verarbeitungszuständen, vor allem eingelegt in Gläsern. Die Trüffel aus Norcia spielt nämlich neben der piemontesischen und der märkischen in der Champions League. Dorthin gehören auch die Castelluccio-Linsen, deren Anbaugebiet wir gleich bereisen werden und die in rustikalen Säcken feilgeboten werden. Wir nehmen das Angebot zu einem wohnmobilen Linseneintopf mit Norcia-Würsten dankend an, nachdem man uns ermahnt hat, die Hülsenfrüchte auf keinen Fall einzuweichen und damit tot zu wässern.

Norcia - Piazza San Benedetto

Verlässt man die Hauptstraße nur ein paar Schritte, wird Norcia schnell zum Kaff. Zu keinem von der typisch umbrischen Sorte, mit verschwiegenen, überwucherten Treppensteigen, sondern mit schnurgeraden Straßen und niedrigen Häusern. Alles wirkt fast schon liebenswert improvisiert, was an den vielen Erdbeben liegt, die Norcia heimgesucht haben. Und an den Bauvorschriften, die schon seit 1859 zum Schutz vor den tektonischen Widrigkeiten verstärkte Grundmauern vorsehen.

Es gibt auch bauliche Sehenswürdigkeiten: An der Piazza San Benedetto den **Palazzo Comunale** und rechts davon die **Kirche San Benedetto** mit einer wohlproportionierten, gotischen Fassade. An ihrer Stelle soll sich im Jahr 480 das Wohnhaus der Eltern des Heiligen Benedikt befunden haben, des Begründers des Mönchstums und des Schutzpatrons Europas. Gegenüber sieht man die **Castellina**, eine quadratische Burg mit stämmigen Ecktürmen, wo einst der päpstliche Statthalter wohnte. Daneben versteckt sich der wenig aufregende Dom. Nett anzusehen ist schließlich der **Tempietto**, im nördlichen Teil (an der Porta Romana rechts bis zur Porta San Giovanni gehen und dann die Via Umberti I hinein, das Gebäude steht dann bald rechts - beschildert). Das merkwürdige Kalksteingebäude wurde im Jahre 1354 von einem Privatmann zur Einlösung eines Gelübdes errichtet, sehenswert sind die auf einem Unterbau errichteten Bögen mit fein gearbeiteten Reliefs. Zum Essen entscheiden wir uns für das ***Granaro del Monte***, die erste Adresse in Norcia, mit romantischer Außenbestuhlung und überdurchschnittlicher Küche *(Tel. 0743 816513; dienstags geschlossen, maßvolle Preise, aber die Trüffelgerichte sind den unverhältnismäßig hohen Mehrpreis nicht wert).*

Trüffeln

Trüffeln sind unterirdisch wachsende Pilze, mit denen Trüffelsucher und Konsumenten unterschiedliche Probleme haben:

Der deutsche Feinschmecker stolpert zumeist schon beim Umgang mit der Sprache. Denn die Trüffel ist im italienischen männlich *(Tartufo)*, im Deutschen hingegen ist sie weiblich und wird dekliniert wie *Tafel*. Dass Sie im wirklichen Leben in die Verlegenheit kommen, den Plural zu bilden, darf bezweifelt werden. Sie werden nämlich vermutlich selten in der glücklichen Lage sein, das kräftige Aroma mehrerer Trüffeln *(Tartufi)* zu riechen. Das liegt daran, dass frische Trüffeln nur zwischen dem 1. Oktober und dem 15. März auf den Markt kommen, also zu einer Zeit, in welcher der gewöhnliche Tourist nicht in Mittelitalien weilt (im Sommer gibt es die preiswerteren, nicht ganz so aromatischen, aber dennoch sehr schmackhaften Sommertrüffeln – *Tartufi estivo*). Der muss sich dann auch nicht von den Preisen erschrecken lassen, die bei 450 Euro für das Kilo beginnen. Falls Sie doch einmal in winterlicher Kälte mit dem Trüffelbauer handeln, werden Sie allerdings erstaunt sein, wie preiswert dann doch letztlich eine Knolle ist. Für 15 Euro bekommt man schon einen ordentlichen Apparat, der für zwei Abendessen reicht und so gesehen billiger ist als Fleisch. Die Trüffel wird nämlich mit einem speziellen Trüffelhobel (den man in Mittelitalien für 15 bis 20 Euro überall kaufen kann und der unerlässlich ist, weshalb seine Anschaffung zunächst den größeren finanziellen Aderlass zur Folge hat) hauchdünn geraspelt; über Nudeln oder Spaghetti, die in Butter oder Sahnesoße geschwenkt sind oder auch einfach nur in Olivenöl. Sie glauben gar nicht, welch einen aromatischen Hochgenuss schon durch eine halbe, kleine Knolle zwei

bis drei Personen erleben dürfen. Optimal ist auch ein Trüffel-Omelett, das noch besser wird, wenn man die gehobelten Trüffelscheibchen ein paar Stunden in dem mit Sahne oder Crème-fraîche angereicherten zerschlagenen Ei wirken lässt. Man kann also mit einem Einstandspreis von 10 Euro zwei Feinschmeckern größte Glücksgefühle bescheren.

Natürlich gibt es Qualitätsunterschiede, die schon bei der Farbe der Trüffeln beginnen. Die weiße Trüffel, die aber in Umbrien und den Marken selten ist, kostet etwa doppelt so viel wie die schwarze, sie ist ohne Zweifel aromatischer. Auch bei der schwarzen Trüffel kann der Kenner differenzieren, wobei es grundliegende Unterschiede zwischen der echten Wintertrüffel und der qualitativ schlechteren Sommertrüffel gibt. Wenn Sie jemals vor Ort einkaufen, wird Ihnen die Jahreszeit schon die Wahl abnehmen, wobei Sie beim Einkauf Ihrer Nase vertrauen dürfen und die nehmen sollten, die den intensivsten Geruch hat und am wenigsten nach Petroleum, Aceton oder Ähnlichem (gegen Schimmel) riecht. Der Preis wird durch die Größe bestimmt (die auf den Geschmack wenig Einfluss hat), und die besten Stücke sind diejenigen mit einer runzligen schwarzen Rinde, winzig kleinen mehreckigen Warzen und einem von weißen Äderchen durchzogenen Fleisch.

Die bevorzugten Fundstellen liegen in der Gegend von Gubbio, Spoleto, Norcia und in den nordwestlichen Marken, weil die höhergelegenen Hügelregionen mit ihren Eichenwäldern den besten Lebensraum bieten. Trüffeln sind Parasiten, die an den Wurzeln der Bäume wachsen und den Nährstoff aus dem Boden saugen. Das unterirdische Wachstum erklärt auch den Preis, weil man nämlich nur mit viel Erfahrung von oben erkennen kann, wo unter grasfreien Ringen die Pilze zu finden sind. Die Einheimischen benutzen deshalb für die Suche Hunde, die mühevoll auf den Geruch abgerichtet werden müssen. Weil Schweine noch feinere Nasen haben, wären diese eigentlich besser, sie haben nur den Nachteil, dass sie nach erfolgreicher Ausgrabungsarbeit nicht mehr zu halten sind und den kostbaren Schatz kurzerhand verschlingen. Außerdem ist es praktischer, mit einem Hund statt mit einem Schwein durch den Wald zu streifen, ganz abgesehen von der Mühsal, das Tier dorthin zu bringen. Ein gut dressierter Trüffelhund stellt also ein Anlagevermögen dar, das einem Bauern über Jahre ein gesichertes Einkommen beschert. Ein solches Haustier wird entsprechend gehätschelt und vor allem bestens bewacht. Denn in den letzten Jahren hat die Mafia, die bekanntlich in Italien überall dort ihre Finger im Spiel hat, wo sich Geld verdienen lässt, den Trüffelmarkt im Visier. Wer nicht mit der *‚ehrenwerten Gesellschaft'* zusammenarbeitet, muss seinem Hund besondere Aufmerksamkeit schenken, um ihn vor Vergiftungen oder einem Raub zu schützen.

Der normale Tourist bekommt von alledem wenig mit, am wenigsten von der frischen Trüffel, die sich nämlich nur etwa 8 Tage hält (in Küchenpapier im Kühlschrank).

Müssen Sie in der falschen Jahreszeit auf den Genuss verzichten? Ja! Wir haben dazugelernt und raten von den eingeglasten Pilzkonserven ab. Sie sind von undefinierbarer Konsistenz, undefinierbarem Geschmack (sie haben nämlich keinen) und trotzdem teuer. Wir wundern uns nur über zwei Fakten: Dass sie in so großer Anzahl verkauft werden und dass wir selbst einmal darauf hereingefallen sind.

Was Sie in einschlägigen Geschäften unbedenklich kaufen können, ist Trüffelöl, das der Kenner sowieso auch dann unter die Spaghetti mischt, wenn er frische Trüffeln darüber streut, um damit den Geschmack zu intensivieren. Die früher gelegentlich erhältlichen preiswerten Gebinde sind aus den Regalen verschwunden, vermutlich waren sie mit Geschmacksersatzstoffen angereichert. Ein gutes Trüffelöl hat seinen Preis, vergleichen lohnt sich aber.

Kaufen Sie sich im Herbst einen Hobel, falls möglich, zwei schöne Trüffeln und zwei Flaschen *Sagrantino*. Das kostet zusammen mehr als 100 Euro. Aber wenn Sie aus Ihrem deutschen Supermarkt zweimal wässrige Steaks und vier Flaschen Allerweltswein nach Hause geschleppt haben, sind Sie auch um die Hälfte dieses Einstandspreises erleichtert. Und den Trüffelhobel, das kann ich Ihnen versprechen, werden Sie fortan ein Leben lang einsetzen. So Sie ihn nicht im nächsten Urlaub zu Hause vergessen, denn Sie werden feststellen, dass man auch zu Hause, zumindest wenn Sie in einer Großstadt wohnen, im Winter Trüffeln kaufen kann, die bezahlbar sind. Außerdem fahren Sie mit der WOMO-Reihe auch nach Alba, ins Trüffelparadies des Piemont (Band 73).

Cascia

Gute Stellplatzbedingungen finden Sie auch in **Cascia** (3.200 Einwohner), schön gelegen am Fuße eines Wallfahrtsortes:

(082) WOMO-Stellplatz: Cascia

GPS: N 42°43.159' E 13°01.009', Via della Tintarella. **Max. WOMOs**: 5-8.

Ausstattung/Lage: Wasser, Toilette, Mülleimer, Geschäfte, Gaststätten (in der Nähe) / Ortsrand.

Zufahrt: Der Teil eines Großparkplatzes liegt beschildert unterhalb des Ortes und ist nicht zu verfehlen.

Gebühr: 1 €/Stunde und 8 €/Nacht.

Der Parkplatz für Busse daneben hat etwa die Größe des restlichen Gemeindegebiets, was nicht an der touristischen, sondern der religiösen Bedeutung des Dorfes liegt. Man hat sich für Pilger gerüstet, die heutzutage, jedenfalls in Italien, auch mit dem WOMO anreisen und Devotionalien einpacken, die an Geschmacklosigkeit denen von Assisi nicht nachstehen. Das Ziel der Verehrung sind die sterblichen Überreste der **Rita**, die erst im Jahre 1900 heiliggesprochen wurde, obwohl sie schon seit dem 15. Jahrhundert verehrt worden war, weil ihr zu Lebzeiten ein Zacken aus der Dornenkrone einer Statue des Herrn auf die Stirn gefallen war und dort eine blutende Wunde hinterlassen hatte.

Ihre Zweifel, ob sich der Blick auf ihre Mumie im gläsernen Sarg lohnt, werden vielleicht weniger, wenn ich auf Rolltreppen und den Aufzug verweise, mit denen Sie bis fast vor die bombastische, aus der Zeit Mussolinis stammende **Basilika** befördert werden. Wo Sie allerdings sehr schnell den Entschluss fassen, zu testen, ob die Technik auch wieder abwärts funktioniert. Dabei übersehen Sie leicht weiter unten die **Chiesa di Sant' Antonio** mit schönen Fresken.

Höhepunkte der Heiligenverehrung sind der 21. und 22. Mai. Dann reicht nicht mal der Parkraum für eines der angeblich lebendigsten Feste Italiens. Rita ist übrigens die Schutzheilige der Hausfrauen und Dienstmädchen (falls Sie sich an dieser Stelle lauthals entrüsten, wird Ihre Frau Sie einen Heuchler nennen, sobald der nächste Abwasch ansteht).

Piano Grande

Für die Weiterfahrt an den Rand der **Monti Sibillini** braucht man gutes Wetter, denn die kargen Bergrücken sollten nicht von Wolken umhüllt sein, was nachmittags häufig der Fall ist. Das gilt besonders für den Ausflug nach Castelluccio, wenn man die Ebene des **Piano Grande** durchquert. Das ist nicht etwa ein großes Klavier, sondern Piani nennen sich die karstigen Hochebenen, und Castelluccio, jenes auf einem Kegel liegende Dorf, ist unser Ziel. Schon die kurvenreiche Fahrt durch eine wilde Gebirgslandschaft bis an den Rand des Pia-

Castelluccio und Piano Grande

no ist ein unvergleichliches Erlebnis. Plötzlich öffnet sich hinter einem schmalen Pass die Ebene. Unweigerlich hält man beim Anblick der überwältigenden Weite die Luft an: Die hohen, runden Berge scheinen bis in den Mai wie ein von Vanillesoße übergossener Pudding. Die Schneereste stehen in malerischem Kontrast zum grünen, topfebenen Sumpf zu ihren Füßen. Es überrascht uns nicht, dass man noch im letzten Jahrhundert bei Nebel diesen Landstrich nicht durchqueren durfte, und dass selbst heute im Winter Castelluccio zeitweise von der Außenwelt abgeschnitten ist. Bis wir dort auf schnurgerader, schmaler Straße angekommen sind, halten wir vielfach an, um uns an der Bergwelt zu berauschen, die uns zu allen Jahreszeiten, auch im Sommer, begeistert hat. Ein wenig trägt auch der Mensch zu unserer Begeisterung bei. Der hat nämlich das Moor beim Dorf trocken gelegt und pflanzt dort **Linsen** an, die ab Anfang Juni blühen und in der Landschaft dann wettmachen, was ihr durch den auf den Bergen fehlenden Schnee verloren geht. Aber auch schon im Frühjahr wirken die kleinen Felder pittoresk. Die Linsen kann man in Castelluccio übrigens in fast jeder Garage direkt vom Erzeuger kaufen; zu hohen Preisen, weil sie ohne Chemie kultiviert und von Hand gepflückt werden.

Castelluccio liegt auf über 1.400 m und ist ein Dorf, in dem heute niemand mehr wohnen möchte. Ganze 40 Seelen sind geblieben. Immerhin so viele, dass sie sich rühmen dürfen, im höchsten ganzjährig bewohnten Dorf Italiens zu leben; von den Linsen, der Schafzucht und von den Touristen, für die sie die merkwürdigen, mit der Hand auf die Hauswände gemalten Inschriften pflegen. Die Graffiti wurden um 1970 erfunden, um heimlich einzelne Dorfbewohner bloß zu stellen. Die Sitte hat

in Castelluccio

sich überlebt, aber sie ziert immer noch jedes Foto von Castelluccio. Und die Gedenktafel an Mussolini, seitlich der Kirche, hat man vielleicht einfach vergessen.

Wenige Wohnmobile können im Ort auch über Nacht stehen, was sich aber nur in der kühleren Jahreszeit empfiehlt, und wieder ernsthaft in Betracht kommt, nachdem der große Naturstellplatz in der Ebene nachts für Wohnmobile verboten worden ist (es gibt kein Verbotszeichen, aber man wird bisweilen von der Forstverwaltung weggeschickt; angeblich standen hier im Sommer bis zu 200 Wohnmobile – gleichzeitig; dieses Schicksal ereilt viele schönen Plätze in Italien, weil der Italiener im Reisemobil bei Überbelegung noch weniger Gnade kennt als seine europäischen Kollegen). Es gibt aber mehrere Alternativen:

WOMO-Wanderparkplätze: Castelluccio u. Piano Grande

(083) Castelluccio/Ort
GPS: N 42°49'45" E 13°12'21".
Max. WOMOs: 2-3.
Ausstattung/Lage: Geschäft, Gaststätten, Wanderwege, schöne Sicht / im Ort.
Zufahrt: Der Parkplatz liegt mitten in Castelluccio seitlich der Straße.
Hinweis: Nicht für große Wohnmobile.

Einen schönen **Campingplatz** mitten in den Sibillinischen Bergen finden Sie etwa 10 km nordwestlich von Castelluccio auf halber Strecke nach Visso östlich von **Castelsantángelo sul Nera**; **GPS**: N 42°52'59" E 13°10'52"; 15.6 - 15.9.; www.campingmonteprata.it/.

(084) Castelluccio/unterhalb
GPS: N 42°49'44" E 13°12'54". **Max. WOMOs**: 5-8.
Ausstattung/Lage: Gaststätten im Ort, klappstuhlgeeignet, Wanderwege / außerorts, einsam, häufig besucht.
Zufahrt: Der offiziell ausgewiesene Platz *(‚P Camper')* liegt an der Straße nach Castelluccio, etwa 400 m südöstlich des Dorfes.

(085) Piano Grande/oberhalb
GPS: N 42°45'58" E 13°11'25". **Max. WOMOs**: 8-10.
Ausstattung/Lage: Wanderweg, klappstuhlgeeignet, schöne Sicht / außerorts, einsam.
Zufahrt: Biegen Sie an der Straße von Norcia nach Castelluccio am Scheitelpunkt oberhalb des Piano Grande, dort, wo jeder anhält und staunt, nach Osten (aus Richtung Norcia also nach rechts) ab und fahren Sie noch etwa 450 m und dann links auf eine geräumige Freifläche.

(086) Forca di Presta
GPS: N 42°47'10" E 13°15'33". **Max. WOMOs**: 5.
Ausstattung/Lage: Wasser, Berghütte, klappstuhlgeeignet, Wanderwege, sehr schöne Naturlage / außerorts, einsam.
Zufahrt: Der Platz liegt bei einem Refugio auf 1.530 m Höhe seitlich der Passhöhe der Straße von Castelluccio nach Arquata del Tronto und ist etwas schräg.

Von Castelluccio kann man zu beliebig langen **Wanderungen** und **Spaziergängen** aufbrechen. Man muss es sogar, wenn man die Linsenfelder, deren Ausmaß größer ist als man denkt, von oben betrachten will. Alle Wege führen durch eine prachtvolle Bergwelt mit schönen Blumen:

Rundweg bei Castelluccio

Gehen Sie im Dorfzentrum von **Castelluccio** auf dem breiten Hangweg oberhalb des Piano nach Südwesten (Markierung). Sie können dann mit Hilfe der Karte – zur Not auch ohne, wenn die Sicht gut ist – die Weglänge bestimmen, abhängig davon, wann Sie nach rechts abbiegen, um dann nach einem großen oder kleinen Bogen wieder in Castelluccio einzutreffen. Die kürzeste Schleife dauert etwa 1½ Stunden, die ganz große, auf der Karte markierte, dürfte Sie 5 Stunden in Anspruch nehmen. Unterwegs läuft man auch mal durch Wälder, die Strecken sind also schattiger als es scheint. Auch der Rother-Wanderführer bietet in entgegengesetzter Gehrichtung eine Strecke an (Kompass-Karte Nr. 2474, *Monti Sibillini*).

Tour 9: Ascoli Piceno – und die südliche Küste 195 km

Ascoli Piceno - San Benedetto del Tronto - Grottamare
Porto Sant'Elpidio

Stellplätze:	in Ascoli Piceno, in Colle San Marco, in Grottamare, bei Marina Palmense, bei Porto San Giorgio, in Lido di Fermo, bei Lido San Tommaso
Campingplätze:	bei und in Porto Sant'Elpidio
Besichtigen:	Ascoli Piceno, Offida, Grottamare Alta, Fermo
Essen:	*Enoteca Kursaal* in Ascoli Piceno, *Locanda Borgo Antico* oder *Osteria dell'Arancio* in Grottamare Alta
Wandern:	zur Einsiedelei von Colle San Marco

an der Straße von Castelluccio nach Arquata del Tronto

Auf dem Weg von Norcia nach Castelluccio zweigt eine der Tunnelstrecken ab, deren Fahrbahnbelag verrät, wie schnell die Zeit vergeht. Bald erinnert sich niemand mehr daran, dass eine Fahrt an die Adria fast ein Tagwerk war. Wenn Sie nach 4,4 km das östliche Ende der Röhre unterhalb der Passstraße Forca Canapine (1.543 m) verlassen, fehlt das grüne Hinweisschild *,Marche'*, Sie bewegen sich ab hier trotzdem in den **Marken**, der Region, die Sie vor der Anschaffung dieses Buches vielleicht gar nicht kannten. Wesentlich lohnender ist der Umweg über den nördlicheren Pass **Forca di Presta** (1.530 m), zu dem Sie kurz vor Castelluccio abbiegen (siehe auch die Karte vor sowie den Stellplatz bei Tour 8). Die schmale, aber sehr gut befahrbare Bergstraße führt Sie an den Rand einer **atemberaubenden Hochgebirgswelt**.

Wenn Sie sich auf diese Weise von oben **Arquata del Tronto** (1.200 Einwohner) nähern, werden Sie nicht ganz so leicht der Illusion eines Bergdorfes erliegen, die Sie in Italien schon häufig getäuscht hat: Von der Ferne des Tales wirken die Siedlungen auf der Spitze eines Hügels malerisch und anziehend, vor Ort zwar nicht verlassen wie in anderen Teilen Europas, aber ärmlich, ohne Infrastruktur und ohne Zukunft. In Arquata del Tronto suchen Sie sogar vergeblich einen Parkplatz.

Arquata del Tronto

Es folgt **Acquasanta-Terme**, wo wir

Ascoli Piceno - Piazza Arringo

uns nur kurz aufhalten, weil wir keine Zufahrt zu den Schwefelquellen finden und weil wir unbedingt vor der Mittagszeit in **Ascoli Piceno** (50.000 Einwohner) eintreffen müssen. Denn das touristische Erleben dieser Stadt benötigt die Betriebsamkeit vor der mittäglichen Siesta. Noch geeigneter wäre der späte Nachmittag. Sie parken am besten, wo Sie auch übernachten, zentraler geht es nicht; Sie stehen dennoch gut bewacht und relativ ruhig:

(087) WOMO-Stellplatz: Ascoli Piceno

GPS: N 42°51'07" E 13°34'55", Viale Acide de Gasperi. **Max. WOMOs**: 20-30.
Ausstattung/Lage: Mülleimer, Gaststätten und Geschäfte in der Nähe / mitten im Zentrum.

Zufahrt: Wählen Sie von der 4-spurigen Schnellstraße die Abfahrt mit dem Zentrums-Symbol und fahren Sie nach Verlassen der Schnellstraße nach rechts; Sie fahren oberhalb eines Tals über die Brücke auf die andere Seite, wo Sie nun seitlich der Innenstadt entlang des Tals dem Zentrums-Symbol folgen; bis Sie nach einer Bushaltestelle nach rechts auf einen beschrankten Parkplatz *(Parcheggio Ex Seminario)* geschickt werden, der Bereiche für *Camper* bereit hält. **Gebühren**: Tagsüber zeitweise 1,20 €/Stunde, 3 €/Nacht.
Hinweis: Bisweilen, besonders an Samstagvormittagen, ist der Platz wegen zu vieler Pkw für weitere WOMOs gesperrt. Das ändert sich schon bald, meistens bereits über Mittag oder gegen Abend.

(088) Einen offiziellen, lauten (Not-) Stellplatz mit **Ver- und Entsorgung** finden Sie 3 km östlich des Zentrums an der Zufahrtsstraße.
GPS: N 42°50'50" E 13°36'33", Via Piceno Apruntina. Fahren Sie von der Abfahrt *Ascoli Piceno Est* Richtung *'Centro'*, der Platz liegt dann 600 m nach einem Kreisverkehr.

Zur Stadtbesichtigung verlassen Sie das Parkgelände nach links und wähnen sich schon nach wenigen hundert Metern auf der ersten großen Piazza am Ziel. Aber Sie irren. Die Piazza Arringo ist nur der zweitschönste Platz der Stadt, mit einer sehenswerten Kirche, dem **Duomo Sant'Emidio**. In dessen Krypta ruhen die Gebeine des Ortsheiligen Emidius vor Mosaiken, die Sie zunächst für Fresken halten. Der größte Domschatz ist die Altartafel von Carlo Crivelli (1473) im rechten Seitenschiff über einem seltenen Silberaltar *(8-12 und 15.30-19 Uhr)*.

Tafel von Carlo Crivelli

Von Carlo Crivelli stammt auch das Hauptwerk des Palazzo Comunale an der Längsseite der Piazza Arringo, *'Madonna mit Kind'*, das in der Pinakothek neben einem Tizian und einem van Dyk hängt *(10-19 Uhr, Mo. außer an Feiertagen geschlossen; 8 €)*.

Sie müssen von der Piazza Arringo nur noch um zwei Ecken biegen, und Sie werden sich beim Einbiegen auf die **Piazza Popolo** endgültig angekommen fühlen. Ich erspare es mir, diese Piazza in die Rangliste

Ascoli Piceno - Piazza Popolo

mittelalterlicher, italienischer Plätze einzustufen. Denn wer dort ist, bemerkt sofort die Einzigartigkeit der Proportionen – und vergisst vor lauter Staunen leicht einen Blick in das Innere des *Café Meletti*, bei dem man mit Wehmut an die Zeit zurück

Ascoli Piceno - *Café Meletti*

denkt, als es auf der Piazza Popolo weder Stühle noch Blumenkästen aus Plastik gab. Gerne sitzt man auf einem solchen Platzjuwel im Freien und fragt sich, was viele Passanten aus Papiertüten naschen. Es sind *Olive all'Ascolana,* dicke, grüne Oliven, paniert, frittiert und mit Hackfleisch gefüllt, die über die Straße verkauft werden, wie anderswo gebrannte Mandeln oder Würstchen – und ähnliche Suchtgefühle wecken. Sie sollten sich also zügeln, falls Sie unserer Beschreibung in ein gemütliches, bezahlbares **Ristorante**, eher in eine Weinstube, folgen: Die ***Enoteca Kursaal*** überzeugt mit ausgefallenen lokalen Gerichten und liegt in der Nähe des innerstädtischen Stellplatzes *(Via Mercantini 53, den Stellplatz Nr. 87 im Rücken wenige Meter nach rechts, links durch eine Grünanlage, auf der geraden Straße nach links und in Höhe des Endes der Grünanlage rechts bei der Beschilderung abbiegen; Tel. 0736 253140; sonntags geschlossen; Sie können zwischen einer Weinstube und einem Ristorante wählen, die Speisekarte ist dieselbe).*

Wer einen Picknickplatz im Grünen sucht oder mit Sicht auf Ascoli Piceno wandern möchte, parkt nach ungefähr 12 Kilometern auf 700 m Höhe. Die Wiesen von **Colle San Marco**, einer Ansiedlung von Ferien- und zwei Gasthäusern, sind gerade im Sommer eine willkommene Alternative zu den Stadtstellplätzen unten im Tal:

(089) WOMO-Wanderparkplatz: Colle San Marco

GPS: N 42°49'42" E 13°34'56". **Max. WOMOs**: 10.

Ausstattung/Lage: Wasser (gegenüber einem Partisanendenkmal rechts

der Straße), Mülleimer, Picknickbänke, klappstuhlgeeignet, Gaststätten (zumindest tagsüber), Wanderweg, Spielgeräte / Ortsrand.
Zufahrt: Fahren Sie von Ascoli Piceno in das südlich gelegene, beschilderte Colle San Marco; die besten Plätze finden Sie rechts am Beginn der Ansiedlung am Rand der wenig befahrenen Straße vor einer Wiese; es gibt aber mehrere Alternativen.

Hätte uns der Rother-Wanderführer hier oben nicht einen Rundweg empfohlen, hätten wir vermutlich gar nicht die (gut befahrbaren) Kurven hinauf in das Ausflugsziel der Bürger von Ascoli Piceno auf uns genommen. Stellplatzmäßig hat sich das gelohnt, nur mit der Beschreibung eines »Sonntagsausfluges« haben sich die Autoren bezüglich Anforderungen und Zeit gründlich getäuscht. Gleichwohl ist die kurze Wanderung sehr lohnend:

Zur Einsiedelei von Colle San Marco

Wir fahren 12 km hoch von Ascoli Piceno nach **Colle San Marco** und parken am Beginn der aus wenigen Häusern bestehenden Ansiedlung rechts. Die Ortschaft wird von einer Einbahnstraße umrundet. Wir stellen uns also an den Rand dieser Straße und wandern entlang derselben auf einen rot-weißen Antennenmast zu. Noch bevor wir diesen und das große Partisanendenkmal erreicht haben und vor dem Wasserhahn rechts der Straße zweigt nach rechts ein Pfad ab, der sofort steil bergab führt, mit den Resten eines Holzgeländers gesichert und nicht perfekt befestigt ist. Der Einstieg in diesen Weg war schwer zu finden, weil im Jahr 2014 ausgerechnet dort keine Markierung angebracht war.

Blick von der Einsiedelei auf Ascoli Piceno

Wir tasten uns vorsichtig auf diesem etwas glitschigen Pfad den Hang hinunter und entdecken nach wenigen Metern eine relativ neue, rot-weiße Markierung, die auf einem ebenen Teil sowohl nach rechts wie auch nach links zeigt. Wir wählen zunächst die rechte Alternative, die nach einem neuerlichen kurzen Anstieg vor einer Bergspalte endet, in der ein gewisser Corrado seinem Herrgott sehr nahe war, der sogenannten **Grotta del Beato Corrado.**

Wir kehren dort um, gehen bis zu dem steilen Treppenweg zurück, halten uns nun aber geradeaus und verlieren hinter einer säulenartigen Felsformation erneut an Höhe. Bei der verfallenen Bergstation einer ehemaligen Lastenseilbahn, die man an einem Blechdach erkennt, wenden wir uns nach links und überqueren eine **Wiesenlichtung**.

Einsiedelei von San Marco

Links hinter einem merkwürdigen Rondell entdecken wir mit Hilfe der Markierung einen weiteren Weg und etwa 10 Minuten später eine Gabelung, der wir erneut nach links zur Einsiedelei San Marco – **Eremo di San Marco** – folgen. Einige Minuten nach dieser Abzweigung kann man vor den Felsen den Stichweg zum Gebäude nicht verfehlen. Im Jahr 2014 war der Zugang zur Einsiedelei wegen Restaurierungsarbeiten gesperrt. Man konnte die Absperrung leicht umgehen – und wirklich jeder hat das getan, um sich an dem grandiosen Blick auf Ascoli Piceno zu berauschen. Uns hat der große Raum im Obergeschoss mit wild aus der Decke herauswachsenden Farnen fast ebenso beeindruckt (aber wir übernehmen natürlich keine Verantwortung für diesen möglicherweise immer noch rechtswidrigen Zugang und raten Ihnen, an dem kurzen

Treppenstück vor der Kirche auf Steinschlag von oben zu achten). Wir gehen davon aus, dass diese theoretische Gefahr durch die Restaurierungsarbeiten bald beseitigt wird und können die Einsiedelei als Ziel von reinen **Sonntagsspaziergängen** empfehlen, die allerdings dann in Colle San Marco dort starten müssten, wo wir ankommen.

Wir gehen nämlich von der Einsiedelei ein paar Meter zurück auf den Hauptweg, halten uns links und stoßen bald auf den von Ascoli Piceno heraufführenden Wanderweg, wo wir uns wiederum links halten, an einer merkwürdigen Schlucht vorbeispazieren und bald im westlichen Teil der Umrundungsstraße um **Colle San Marco** ankommen.

Hier war die rot-weiße Markierung deutlich zu sehen (für den Sonntagsspaziergang in umgekehrter Richtung). Wer mit wenig Zeit nur zur Einsiedelei gelangen möchte, sollte hier losgehen.

Der erste Teil unserer Streckenbeschreibung erfordert eindeutig Wanderschuhe und möglichst Stöcke. Wir haben insgesamt zwei Stunden benötigt; eine Karte ist mit unserer Beschreibung nicht erforderlich.

Sie sollten Ascoli Piceno nicht zu schnell in Richtung Küste verlassen, denn eine vergleichbare Innenstadt sehen Sie sobald nicht wieder. Wer ein wenig Zeit mitbringt, könnte auf halber Strecke nach Norden zum malerischen Städtchen **Offida** (5.000 Einwohner) abbiegen, um Spitzenklöpplerinnen bei der Arbeit zu bestaunen und ein intaktes Stadtbild aus Backsteinhäusern, das nicht ohne Grund zu den *Borghi piu Belli d'Italia* gehört. Sehenswert ist auch die außerhalb des Ortes liegende Kirche Santa Maria della Rocca, deren Namen zurecht vermuten lässt, dass sie auf einen steilen Felsklotz gebaut ist.

Irgendwann ist es doch soweit, zum ersten Mal auf dieser Reise stürzen Sie sich in die Adria, und Sie haben auf der 4-spurigen Schnellstraße dorthin auch nicht mehr angehalten.

Die Küste der Marken

Die Küste ist das Problem vieler WOMO-Führer und aller Reiseführer von mir, soweit sie Strände berühren. Die Küste war auch der Grund, weshalb ich mir die Beschreibung der Marken erst im zweiten Anlauf zugetraut habe. Beim ersten Versuch musste ich am Meer bei Ancona aufgeben.

Das liegt an der Erwartungshaltung. An meiner, an der des Lesers und vor allem am mutmaßlichen Verlangen des Lesers, dem ich unterstelle, er fahre nur wegen der Küste in das Zielgebiet, suche dort traumhafte Strände fernab des Alltags und erwarte, mit den Füßen im Wasser einzuschlafen – nach einem *Campari-Orange* vor im Meer versinkender Sonne. Auch wenn letzteres geografisch an Italiens Adriaküste nicht möglich ist, wird das Problem nicht kleiner. Die Erwartung besteht nämlich trotzdem, zumindest ein Gedankenbild von Sonne über dem blassblauen Meer.

Sie müssen aber alles, was Sie nach meiner Vermutung erwarten, vergessen. Nur dann werden Sie Spaß an der Märkischen Küste haben. Ich hatte für dieses Buch viele Vorbehalte im Gepäck, und ich kenne die Küste immer noch nur teilweise, aber ich habe mich mit ihr mehr und mehr angefreundet, als ich gelernt hatte, zu akzeptieren, dass ich einen der dichtest besiedelten Landstriche Italiens bereise, wo hinter den Stränden Zehntausende wohnen – und nicht urlauben. Wo die Städte von Ancona bis San Benedetto fast ineinander gewachsen sind. Und dass dort auch, wo die Menschen arbeiten und nicht in den Hügeln da-

hinter, die Autobahn, die SS 16, genannte *Adriatica*, und die Bahnlinie dicht nebeneinander gebaut werden mussten. Eine Eisenbahnstrecke, die Sie fast überall hören und die Ihnen ständig im Weg ist, wenn Sie einfach mal an den Strand fahren wollen und an einer schmalen Unterführung von nur 2,50 m Höhe umkehren müssen.

Die positive Kehrseite dieser Alltagslandschaft ist der nur eingemischte Tourismus. Nepp und Nippes bleiben örtlich begrenzt. Man konzentriert sich nicht flächendeckend auf die Urlauber, und man kann es sich gar nicht erlauben, wenn ich mal wohnmobilistisch reduziere, die meernahen Parkplätze komplett mit Barrieren, Teppichstangen oder »Pkw-Schablonen«, wie mir ein Leser schrieb, auszustatten.

Nehmen Sie die Küste, wie sie ist, winken Sie den Zügen, baden Sie mit den Einheimischen an ihren kaum endenden Stränden vor den Städten und fahren Sie nur im Sommer an das Märkische Meer. So empfehlenswert die Marken auch in allen Jahreszeiten sind, die Küste ist nur für die Badesaison geeignet, das Gebiet um den Monte Conero (Tour 10) vielleicht ausgenommen.

Bevor Sie sich an der Küste, die wir nun in nördlicher Richtung bereisen, näher umsehen, sollten Sie meine allgemeinen Ausführungen im vorstehenden Kasten lesen. Daraus wird deutlich, dass Sie an den Stränden der Marken Idylle nur vereinzelt finden, dafür unendlich viele akzeptable Badeplätze, die ich bei weitem nicht alle abfahren konnte. Daran hat mich schon die Bahnlinie gehindert. Es gibt sehr viele kleine Campingplätze, die nicht unmittelbar am Strand, sondern jenseits der Straße und leider meist diesseits der Eisenbahn eingerichtet sind, wo Sie vermutlich aber auch in der Hochsaison Platz finden. Sie dürfen sich dort nur nicht mental auf ein wochenlanges Verweilen einrichten.

Sie kommen auch immer wieder an meernahen Parkplätzen vorbei, auf denen im Sommer, besonders am Wochenende, die italienischen Kollegen übernachten. Und Sie finden überraschend viele private oder kommunale *Camper-Sosta*, mehr oder weniger campingplatzähnlich und nicht immer direkt am Strand und selten lauschig. Sie werden aber niemals am Fehlen eines Stellplatzes verzweifeln. Unsere Hinweise sind daher nur eine unvollständige Auswahl.

So beginnen wir im südlichsten Küstenort der Marken, in **San Benedetto del Tronto** (43.000 Einwohner), wo man an einem breiten Sandstrand vor Palmen klassische italienische Badekultur erleben kann: Viele Schirme, noch mehr Menschen und ähnlich viele Liegestühle. Dafür fehlen die Sehenswürdigkeiten. Der Ruf, größter italienischer Fischereihafen an der Adria zu sein, macht das nicht wett. Es fehlen nämlich auch die bunten Kutter, und moderne Fischfangschiffe sind nichts für Auge und Kamera. Den schrecklichen Stellplatz unter der Hochstraße und seitlich der Bahnstrecke erwähne ich hier wirklich nur der Vollständigkeit halber (**090** GPS: N 42°55'24" E 13°53'41"; mit Ver- und Entsorgung, Viale dello Sport, SS 16 südlich des Zentrums, 300 m hinter dem Strand). Ich wette, kein Leser wird dort jemals übernachten – und niemand wettet dagegen.

San Benedetto del Tronto

Die Bedingungen ändern sich im direkt angrenzenden **Grottamare** (14.000 Einwohner); gepriesen als *‚La Perla dell'Adriatico'*, was übertrieben klingt, im *Centro Storico* aber dem Wahrheitsbeweis standhält, wenn man das Attribut *Adriatico* nicht so eng sieht. Die Altstadt nennt sich nämlich *Grottamare Alta*, liegt jenseits der Neustadt am Hang über dem Meer und zählt zu den *Borghi piu Belli d'Italia*. Schon bei der Anreise verstehen Sie, weshalb uns diese Küste bei genauerem Hinsehen dann doch noch gefallen hat. An der Côte d'Azur würde kein Einheimischer mehr in vergleichbar malerischen, aber einfachen Häusern wohnen, es sei denn er zählte abends die Einnahmen aus seiner Galerie im Erdgeschoss. Längst würden Zweithausbesitzer an den einstmaligen Unterkünften kleinerer Leute die Fensterläden die meiste Zeit geschlossen halten.

Grottamare

Sie treten an der Piazza Peretti in eine niedrige Säulenhalle, bestaunen auf dem Fußboden unter Glas römische Fundamente und blicken vom Geländer auf's Meer und den modernen Teil der Stadt. Namensgeber des Platzes war Felice Peretti, dessen Abbild in der Nische einer Hauswand vor den Tauben geschützt wird und der als Sixtus V. von 1585 bis 1590 seine berufliche Laufbahn beendet hat. Noch weiter reicht der Blick vom höchsten Punkt des Ortes, vom Rand des Stadtparks beim Castello, von dem Sie auch Ihr WOMO tief unten erkennen:

(091) WOMO-Stellplatz: Grottamare-Alta

GPS: N 42°59'39" E 13°51'55", Via Palmaroli.
Max. WOMOs: Höchstens 5.
Ausstattung: Mülleimer, Gaststätten, teilweise abschüssig / im Ort.
Zufahrt: Folgen Sie in Grottamare dem Wegweiser *'Grottamare Alta'* bzw. *'Centro Storico'* und biegen Sie vor dem Durchfahrtsverbotsschild auf den Parkplatz ab; dessen oberen Reihen (mit Blick) für Bewohner reserviert sind.
Hinweis: Sie müssen auf jeden Fall deutlich vor 19 Uhr einen Platz gefunden haben, bevor die Gäste der Lokale alles vollparken; am späteren Abend sind Sie dann wieder alleine, ohne dass es unheimlich würde.

Hätten wir hier schon einmal selbst genächtigt, würden wir auch von den Leistungen eines der renommierten Lokale berichten, die beide wunderbar liegen: Zu der Terrasse der ***Locanda Borgo Antico*** *(dienstags geschlossen; Tel. 0735 634357)* gibt es fast keine Steigerung, wenngleich die Stühle der ***Osteria dell'Arancio*** auf der Piazza Petri dem kaum nachstehen *(mittwochs geschlossen;*

Tel. 0735 631059). Preislich gehören die Lokale nicht zu den Billiganbietern, aber sie werden in allen Publikationen gelobt.

Wer einen **Campingplatz** sucht, muss damit leben, dass die lebhafte Uferstraße ***Don Diego*** vom Strand trennt *(**092** - südlich des Ortes, GPS: N 42°58'21" E 13°52'38"; Mitte Mai bis Mitte September; zwischen Bahnlinie und Strand; Tel. 0735 581285).*

Auch der nördliche Nachbarort, **Cupra Marittima** (4.000 Einwohner), wird pittoresk vom alten Ortskern überragt, wo allerdings die Ferienhausbesitzer allmählich die Oberhand gewinnen. Die schattige Laube des dortigen *Ristorante* eignet sich eher zum Mittagessen, denn für Wohnmobile gibt es hier nicht einmal einen vernünftigen Parkplatz. Es lohnt sich dennoch, zu Fuß hinauf zu gehen. Vielleicht hat gerade das

Cupra Marittima

Museo Archeologico del Territorio geöffnet (nur im Sommer nachmittags).

Am nördlichen Rand von Cupra Marittima könnte Ihnen der Strand beim **Campingplatz *Led Zeppelin*** gefallen. *Stairway to heaven* in Zimmerlautstärke würde allerdings von den Zügen übertönt *(**093** - GPS: N 43°02'31" E 13°51'18"; Mitte Mai bis Mitte September; zwischen Bahnlinie und Strand; Tel. 0735 581285, keine Hunde, etwa zur Hälfte Dauercamper)*.

Auch **Torre di Palme** ist eines der Dörfer über dem Meer. Es unterscheidet sich von seinen südlichen Nachbarn, weil man von hier auf einen geräumigen, privaten Stellplatz schaut, nahe dem Strand und kaum näher den Gleisen:

(094) WOMO-Badeplatz: Marina Palmense

GPS: N 43°09'06" E 13°48'49", Via della Stazione. **Max. WOMOs**: 50-60.
Ausstattung: Campingplatzähnlich, Ver- und Entsorgung, teilweise Strom, Dusche, Mülleimer, am Badestrand, klappstuhlgeeignet / außerorts.
Zufahrt: Biegen Sie am besten südlich von Porto San Giorgio bei der Autobahnabfahrt zum Meer ab und fahren Sie dann beschildert nach Süden; der Platz liegt zwischen Porto San Giorgio und Marina Palmense und zwischen Bahn und Strand. **Gebühr**: 10 €/24 Std. und 2€ für Strom.
Öffnungszeit: Juni – September, Mittagspause vermutlich 13-16 Uhr.

Porto San Giorgio und Porto Sant'Elpidio sind lang gezogene Städte, in denen sich im Sommer endlose Autoschlangen vor den Ampeln stauen. Kulturliebhaber müssen die Küste landeinwärts verlassen, um sich in **Fermo** (35.000 Einwohner) an einem **Dom** aus dem 13. Jahrhundert (im 18. Jahrhundert stark umgebaut), einer Piazza Popolo (hatten wir auf dieser Tour schon mal, wir spielen aber jetzt in der zweiten Liga) und unterhalb derselben an 30 gut erhaltenen **römischen Zisternen** mit antiker Reinigungsanlage zu erfreuen *(9.30-13.30 und 15.30-19 Uhr, montags geschlossen; 5 € mit Führung)*.

Am Meer oder in seiner Nähe fand ich außer Platz 94 drei weitere, privat betriebene Stellplätze, auf denen ich mich selbst aufhalten könnte:

(095) WOMO Stellplatz: Porto S. Giorgio (*Perla Adriatico*)

GPS: N 43°09'49" E 13°48'28", Via San Martino. **Max. WOMOs**: 75.
Ausstattung: Campingplatzähnlich, Ver- und Entsorgung, Toilette, teilweise Strom, Dusche, Mülleimer, am Hafen, aber 200 m zum Badestrand, klappstuhlgeeignet, Geschäfte, Gaststätten / im Ort.
Gebühr: Zwischen 8 und 12 €). **Hinweis**: Zur Bahnlinie besteht ein Abstand.
Öffnungszeit: Vermutlich März bis Jahreswechsel.

(096) WOMO Badeplatz: Lido di Fermo (*Onda Verte*)

GPS: N 43°12'11" E 13°47'16", Via A. Usodimare. **Max. WOMOs**: 35-40.
Ausstattung: Campingplatzähnlich, Ver- und Entsorgung, Toilette, warme Dusche, Spülbecken, Strom, klappstuhlgeeignet, direkt an der Bahnlinie, schattig, vom Strand und einer großen Wasserrutsche nur durch die Straße getrennt, aber etwa 120 m Fußweg / im Ort.
Gebühr: Zwischen 10 und 18 €. **Öffnungszeit**: 15.4. bis 15.9.

Unmittelbar am Strand und ähnlich nahe der Bahnlinie, aber auch nicht direkt bei einer Ansiedlung liegt ein weiterer privater Stellplatz, der im Hochsommer öfters belegt ist:

(097) WOMO-Badeplatz: Lido San Tommaso (*Baia dei Gabbiani*)

GPS: N 43°13'18" E 13°46'53".
Max. WOMOs: 40.
Ausstattung: Campingplatz-ähnlich, Ver- und Entsorgung, Toilette, warme Dusche, Spülbecken, Strom, klappstuhlgeeignet (falls Platz ist), nahe der Bahnlinie, Getränke, direkt am Kiesstrand, nahe der Bahnlinie, kein Schatten / außerorts.
Zufahrt: Der Platz ist zwischen Porto Sant'Elpidio und Porto San Giorgio südlich der Flussbrücke, beschildert; Sie fahren südlich der Brücke auf einer Straße zwischen Bahnlinie und Meer (nicht auf der SS 16);
Gebühr: Zwischen 13 und 25 € je nach Jahreszeit;
Öffnungszeit: 1.4. bis 31.10. **Hinweis**: Im Sommer vermutlich häufig belegt; Sie können vorher anrufen: Tel. 0734 679524; angeblich strenges Reglement, die WOMOs stehen sehr dicht.

bei Camping *Le Mimose*

Im Vergleich zu allen vorgenannten Stellplätzen, halte ich im Hochsommer, jedenfalls für einen mehrtägigen Badeaufenthalt, richtige Campingplätze für konsequenter, weil sie besser liegen. Die beiden infrage kommenden haben wir getestet, wobei *Camping La Risacca* für unseren Geschmack die beste Wahl in diesem Teil der Welt ist:

WOMO-Campingplatz-Tipps: Porto Sant'Elpidio

(099) *Camping Le Mimose*
GPS: N 43°14'17" E 13°46'23". **Ortszentrum**: 0,5 km.
Zeiten: Ganzjährig. **Tel**. 0734 900604. **Preise**: 16 - 40 €.

Ausstattung: Direkt am relativ schmalen, aber schön gelegenen Kiesstrand, großer Pool, Laden, Gaststätten, Animation, Mittagsruhe von 14-16 Uhr..
Zufahrt: Südlich von Porto Sant'Elpidio (nicht sehr gut) beschildert.
Hinweise: Der Platz ist relativ klein, weil man sich die Fläche mit Steinhäusern teilt. Das wirkt nicht campingplatztypisch. Im August findet man nur schwer Einlass. Hunde sind gestattet. Die Bahn stört wenig.

(100) ***Camping La Risacca***

GPS: N 43°17'08" E 13°44'34". **Ortszentrum**: 3 km.
Zeiten: Ende April bis Anfang September; Mittagsruhe von 14-16 Uhr.
Tel. 0734 991423. **Preise**: 16 - 40 €.
Ausstattung: Direkt am relativ schmalen, aber schön gelegenen Sandstrand mit Kiesbestandteilen, Pool mit Rutsche, Laden, Gaststätte, Animation.
Zufahrt: Der Platz ist nördlich von Porto Sant'Elpidio an der SS 16 beschildert.

Hinweise: Hunde bis 15 kg sind nur auf einem Teil gestattet; die Bahn war an den meernahen Parzellen nur bei Westwind zu hören.
Für WOMOs über 8 m Länge nur bedingt geeignet Zur niedrigen Bahnunterführung (3,05 m Höhe) gibt es an der SS 16 etwa 900 m weiter im Süden eine Alternative für höhere Fahrzeuge bis 4 m.

TOUR 10

N
10 km
ANCONA
14
114
Portonovo
M. Conero
572 m
Due Sorelle
Camerano
112
Sirolo
Ancona-Sud
115
113
Numana
Osimo
Marcelli
Le Terrazze
111
110
109
100
WC 108
Loreto
Porto Recanati
107 WC
106
16
nach
Cíngoli
Karte siehe vor
Tour 11
Recanati
571
Potenza
Porto Potenza
103
14
nach
San Severino
Marche
Karte siehe vor
Tour 11
Montelupone
101
16
83
MACERATA
Morrovalle
102
Montecósaro
Civitanova Marche
485
Porto
Sant' Elpidio
77
nach
Tolentino
Corridonia
Karte siehe vor
Tour 11
Sant' Elpidio
a Mare

Tour 10: Mittlere Marken – und Riviera del Conero 155 km

Montecósaro - Montelupone - Macerata - Cíngoli - Loreto
Porto Recanati - Sirolo - Portonovo

Stellplätze:	in Montecósaro, in Morrovalle, in Montelupone, in Cíngoli, in Recanati, in Loreto, in Porto Recanati
Campingplätze:	in Porto Recanati, in Sirolo und Portonovo
Besichtigen:	Macerata, Tolentino, Recanati, Loreto, Kirche des Ex Convento Camaldolesi
Wandern:	von Sirolo zum Ex Convento Camaldolesi
Essen:	*Ristorante della Rosa* in Sirolo, Ristoranti *Marcello*, *Emilia* oder *Il Molino* in Portonovo

Am Ende der 9. Tour habe ich Ihnen Tipps zum Verweilen am Meer geliefert, weshalb Sie sich nun durch ein paar Ruhetage gestärkt wieder mit Freude dem Landesinneren Italiens und sogar dem nordöstlichen Rest von Umbrien zuwenden können. Bis zur Vorauflage durften Sie dazu ab **Civitanova Marche**, einer weniger sehenswerten Stadt mit 38.000 Einwohnern, sogar die Schnellstraße nehmen. Diese Zeiten sind vorbei, wenn Sie vom Ehrgeiz getrieben sind, möglichst viele Ortschaften kennen zu lernen, die sich als *Uno del Borghi piu Belli d'Italia (Eines der schönsten Dörfer Italiens)* bezeichnen dürfen.

Montecósaro (6.900 Einwohner, aber eine kleine Altstadt) ist die erste, in der Sie an einem schmalen, langen Marktplatz zwischen viel rotem Backstein ein kleines Café und ein niedliches **Logentheater** aus dem 18. Jahrhundert entdecken, das nur leider häufig nicht zu besichtigen ist. Der Stellplatz mit Entsorgungsstation liegt unmittelbar unterhalb des historischen Zentrums, er ist riesig, aber überwiegend leicht abfallend und bestenfalls zweitklassig (**101** – N 43°19'04" E 13°38'12").

Montecósaro

Das benachbarte **Morrovalle** (9.000 Einwohner) liegt mindestens so malerisch auf einem Hügel, die Altstadt ist ähnlich überschaubar, aber es fehlen Sehenswürdigkeiten und damit auch jenes begehrte Attribut. Dafür ist der Stellplatz unmittelbar westlich des Zentrums eben, schattig und gut beschildert, aber dennoch nur zweite Wahl (**102** – N 43°18'54" E 13°35'04").

Den besten Stellplatz finden Sie in **Montelupone** (3.700 Einwohner):

(103) WOMO-Stellplatz: Montelupone

GPS: N 43°20'35" E 13°34'15", Viale Enrico Cialdini.
Max. WOMOs: 3-4.
Ausstattung/Lage: Ver- und Entsorgung, Mülleimer, Geschäft, Gaststätte (beides an der breiten Zufahrtsstraße abwärts) / im Ort.
Zufahrt: Der Platz liegt östlich unmittelbar vor der Altstadt.

Beim Bummel durch die gepflegten Gassen könnte man etwas boshaft der Meinung sein, ein Ort werde dann als einer der schönsten gepriesen, wenn er besonders sauber und besonders verwaist ist – und Werbung besonders nötig hat. Der Besuch lohnt sich trotzdem!

Montelupone

Dagegen wirkt **Macerata** (40.000 Einwohner) wohltuend umtriebig. Sie spazieren dort durch eine typisch mittelitalienische Innenstadt und trinken auf der zentralen Piazza della Liberta, an der höchsten Stelle der Stadt, den täglichen Cappuccino, aber Sie vermissen die großen Sehenswürdigkeiten. Zumal das touristisch bedeutsamste Bauwerk nur im Juli und August besichtigt werden kann. Es ist die 90 m lange **Arena Sferisterio**, das heutige Opernhaus für 3.000 Zuschauer, mit zwei Stockwerken und 104 Logen *(Juli/August Mo. - Fr. 10-13 und 16-19 Uhr, Sa. und So. 10-13 und 14-16 Uhr; 2,50 €; ansonsten Führungen nur nach Voranmeldung unter Tel. 0733-234333).* Wir waren zur falschen Zeit am Ort jährlicher Opernfestspiele *(www.sferisterio.it – die Karten sind heiß begehrt und unter genannter Internetadresse zu beziehen, die Preise liegen zwischen 20 und 150 €).* Wir haben mit dem Wohnmobil schon viel unternommen, aber die Reise zu italienischen Opernabenden war uns stets zu mühsam, wegen der zeitlichen Vorplanung, der

Kartenbesorgung, der ungelösten Kleiderfrage – vor allem, weil wir nicht zur richtigen Zeit unterwegs waren. Das ovale Bauwerk in Macerata war im Jahr 1819 mit den Spenden reicher Bürger als Arena für ein regionales Ballspiel errichtet worden.

Wer endlich mal wieder Fresken sehen möchte, biegt nach **Tolentino** ab (18.000 Einwohner) und flucht über die Siesta, weil die **Basilica San Nicola** über Mittag geschlossen ist, weshalb vielen Reisenden der Zyklus über das Leben des Heiligen Nikolaus aus dem 14. Jahrhundert – der Maler ist unbekannt – vorenthalten wird *(7-12 und 15-20 Uhr)*. Die Wartezeit kann man nur von Mai bis September im **Karikaturenmuseum** (Museo Internazionale della Caricatura) überbrücken *(10.30 - 18.30, montags geschlossen)*, während der restlichen Jahreszeit ist das Museum außer von Fr. bis So. nur von 14 - 18 Uhr geöffnet *(auch dann montags geschlossen; 3 €)*.

Es macht wenig Sinn, eine Stadt nach der anderen abzufahren, weil das italienische Alltagsleben, jedenfalls das auf der Straße sichtbare, über Mittag drei bis vier Stunden ruht, und weil in dieser Zeit die ausgestorbenen Städte einander gleichen, weshalb ich mich in diesem Buch bei der Auswahl malerischer, typischer, aber letztlich doch wenig aufregender Städte beschränke oder mich kurz fasse.

Das gilt auch für **San Severino Marche** (13.000 Einwohner), dessen Piazza wir Ihnen wegen der schönen Arkaden ebenfalls empfehlen würden, ahnten wir nicht, dass Ihr Wunsch nach einer weiteren beschaulichen, kleinen Stadt in den Marken vorübergehend gestillt ist.

Deswegen sollte Ihnen in dieser Auflage eigentlich **Cíngoli** (10.500 Einwohner) vorgestellt werden, weil sich hier *Uno del Borghi piu Belli d'Italia* zugleich *‚Balkon der Marken'* nennt und weil man von den Rändern der 630 m hoch gelegenen Altstadt eine einmalige Aussicht über einen großen Teil des Gebietes dieser Tour genießt. Außerdem wollten wir eine im Rother-Wanderführer empfohlene Strecke an einen nahen Stausee testen und von allem viele Fotos aufnehmen. Leider wurde daraus nichts:

Dumm gelaufen

Ich hätte beim Wandern auch auf einer Asphaltstraße vor mich schauen, vielleicht sogar Stöcke benutzen, jedenfalls mich beim Laufen nicht von der Diktatfunktion des Smartphones (zur Präzisierung der Streckenbeschreibung des Rother-Führers) ablenken lassen sollen. Dann wäre ich nicht bei einer leichten Bodenwelle über meine eigenen Füße gestolpert und hätte nicht versuchen müssen, mich über die Schulter abzurollen.

Nachdem ich mich wieder aufgerappelt hatte, konnte ich den rechten Arm nicht mehr bewegen. Im Nachhinein war die Entscheidung, sofort nach Hause zu fahren – ohne Zeitverlust durch eine unverständliche ärztliche Behandlung in italienischer Sprache – die richtige Entscheidung (mein langjähriger Wanderfreund, den Sie von vielen Fotos kennen, hat das WOMO gesteuert, als habe er nie ein anderes Auto gefahren). Am nächsten Tag ist es einem international bekannten Schulterspezialisten in einer Heidelberger Klinik gelungen, den Trümmerbruch im rechten Oberarmkopf mit neun Schrauben zu richten und mich vor einer drohenden Schulterprothese zu bewahren. Trotzdem sind bei Drucklegung die körperlichen Einschränkungen immer noch nicht vollständig überwunden.

Ich berichte Ihnen davon, um zu rechtfertigen, weshalb ich Cíngoli unvollständig beschreibe, aber auch wegen der leidvollen Erfahrung, dass in Sekunden ein schöner Ferientag in einen Alptraum umschlagen kann.

Cíngoli - Balkon der Marken

Sie finden einen gut und zentral gelegenen **Stellplatz**, allerdings ohne Fernsicht und mit einer Schrankenanlage, deren Aufgabe ich vor meinem Sturz nicht klären konnte. Vermutlich kann man nicht einfach einfahren, sondern man muss sich nach einem Telefonat die Zufahrt öffnen lassen (zum Ausprobieren: **104** – N 43°22’35” E 13°12’35”). Sie entdecken aber auch weitere geeignete Parkplätze, zum Beispiel auf der östlichen Stadtseite, in der Via Balcone della Marche bei N 43°22’28” E 13°13’05,5” **(105)** und mit Fernsicht, wofür bereits der Straßenname bürgt (das ist mein unvollständig recherchierter Tipp; schreiben Sie mir).

Wir fahren nun zurück zur Küste und kurz davor nach **Recanati** (20.000 Einwohner), das jeder Italiener kennt, weil hier der Dichter Leopardi 1798 geboren wurde, der in allen italienischen Schulbüchern verankert ist und dessen Name in jedem märkischen Ort eine Straße und in Recanati den Namen des zentralen Platzes trägt. Die größte Sehenswürdigkeit der Stadt ist das Meisterwerk von **Lorenzo Lotto**, *‚Annunciazione'* von 1528, das die Ankunft des Erzengels Gabriel zeigt und im **Museo Villa Colloredo Mels** hängt *(am nordwestlichen Rand der Altstadt neben dem Dom; Di.-So. 10-13 und 16-19 Uhr; 4 €).*

Den alten, originellen Stellplatz im Zentrum gibt es nicht mehr. Aber der Betreiber, ein Campingclub, hat in der Nähe der Innenstadt Ersatz geschaffen, dem noch die Atmosphäre fehlt:

(106) WOMO-Stellplatz: Recanati

GPS: N 43°24'09" E 13°33'26", Viale Giovanni XXIII. **Max. WOMOs**: 20.
Ausstattung/Lage: Ver- und Entsorgung, Mülleimer, Strom / Stadtrand, etwa 500 m ins Zentrum mit Gaststätten und Geschäften; ein wenig störend ist der Verkehr.
Zufahrt: Der Platz liegt östlich der Altstadt von Recanati und ist deutlich beschildert.

Loreto - Basilica della Santa Casa

Reizvoller und schöner gelegen ist das Stellplatz-Pendant von **Loreto** (11.000 Einwohner), wo auf unserer von Heiligen geprägten Reise sogar die **Santa Casa** geboten wird, das Gebärhaus von Maria, die Kinderstube Jesu. Das klingt in einem Land der Heiligenverehrung, der Windel Christi und der Vogelpredigt nach einer Legende, die auch den Transportweg der Mauern nach Loreto überliefert: per Luftfracht. Wissenschaftlich erwiesen scheint aber, dass die Steine denen der Felsengrotte von Nazareth entsprechen, weshalb folgerichtig auch nur drei Wände nach Loreto gebracht worden sind (vermutlich im 13.

Jahrhundert von Kreuzfahrern). Als vierte Wandseite diente der Felsen im Heiligen Land. In Loreto hat man den Rest dazu gebaut, und kein geringerer als Bramante, der Baumeister der Peterskirche von Rom (geboren in der Nähe von Urbino), durfte die äußere Marmorverkleidung des **Heiligen Hauses** entwerfen, auf der zwischen 1507 und 1537 dargestellt wurde, wie das heilige Gemäuer nach Loreto geflogen kam – weshalb die im Innern der Santa Casa verehrte Madonna schon 1920 die Aufgabe einer Schutzheiligen der Piloten übernehmen durfte.

Bei so viel Nähe zu Maria und dem Jesuskind wundert man sich nicht, hier eines der am meisten besuchten Pilgerziele Europas anzutreffen. Jährlich reist mehr als eine Million Menschen an, und jeder wird durch den kleinen Heiligen Raum geschleust, Ein- und Ausgang sind beschildert, Kerzen streng verboten. Im Sommer kann man diesen Ort der sich drängenden Betenden wahrlich nicht als eine Stätte der Wohlgerüche lobpreisen. Wer richtig fromm ist, rutscht auf den Knien einmal um Bramantes Wände und beschließt die Pilgertour in einem der unzähligen Devotionalien-Läden der Stadt. Touristisch ist die **Basilica della Santa Casa** ein Topziel. Wegen ihrer Größe, wegen der hohen Kuppel (nur acht Monate Bauzeit unter Sagallo im Jahr 1498, aber deutlich kleiner als die der Peterskirche) und wegen der Fresken von Luca Signorelli in der Sakristei des Heiligen Johannes, links des Querschiffs der rechten Seite (zu Signorelli siehe auch bei Orvieto, Tour 2). Beachten Sie auch die Fresken von Melozzo di Forli in der Sakristei des Heiligen Marcus, auf der rechten Seite dieses Querschiffs *(6.15-19.45 Uhr)*. Loreto strotzt vor Frömmigkeit, aber eine Karfreitagsprozession erwartet man vergeblich.

Loreto - Santa Casa

Schon in Cascia hatten wir den Verdacht, man pilgere heute nicht nur unter gemeinsamem Absingen religiöser Lieder und in Reisebussen, sondern auch mit dem Wohnmobil. Der Stellplatz liegt perfekt am Hang und ist beschildert:

(107) WOMO-Stellplatz: Loreto

GPS: N 43°26'29" E 13°36'52", Via Maccari. **Max. WOMOs**: 60-65.
Ausstattung/Lage: Ver- und Entsorgung, Toilette, gute Dusche, Strom, Mülleimer, Geschäfte und Gaststätten im nahen Centro (die *Taverna del Gufo* hat uns nicht überzeugt), stellenweise Blick zum Meer und zur Kuppel der Basilika / im Ort.

Zufahrt: Der gut besuchte Stellplatz liegt östlich der Innenstadt und ist beschildert; kommt man vom Meer, muss man die Altstadt einmal umrunden, obwohl der Platz östlich des Centro liegt.
Gebühr: 12€/24 Std.
Hinweise: Der Platz kann am Wochenende, zum Beispiel an Ostern, überfüllt sein; Sie sollten vor 17 Uhr anreisen. Man steht dann trotzdem sehr eng.

(108) Als **weiterer Stellplatz** kommt der Bereich in Frage, der seitlich des großen Busparkplatzes – Pilgerziele brauchen so etwas – an einer Mauer und in der Nähe einer Toilettenanlage (auch das ist ein Muss bei Pilgerzielen) ausgewiesen ist; auch nicht schlecht, aber ebenfalls kostenpflichtig; Sie werden dorthin geleitet, wenn Sie nordwestlich des Ortes, aber nahe bei der Basilika, auf das große Parkplatzgelände fahren.
GPS: N 43°26'27" E 13°36'22", Piazzale Squarica.

In Loreto würde ich vielleicht auch nächtigen, wenn ich tagsüber in der Nähe am Strand läge, aber auf Campingplätzen unter Ausschlag leiden würde. Die so genannten »freien« Stellplätze südlich von Ancona liegen nämlich allesamt lauter:

WOMO-Badeplätze: Porto Recanati

(109) An der Brücke
GPS: N 43°26'45" E 13°39'23", SP 100. **Max. WOMOs**: 30.
Ausstattung/Lage: Ver- und Entsorgung, Dusche, Mülleimer, Feinkies-

strand jenseits der Straße, klappstuhlgeeignet / außerorts.
Zufahrt: Der Stellplatz liegt nördlich von Porto Recanati direkt an der Durchgangsstraße und seitlich unterhalb einer über die Bahn führenden Straßenbrücke. **Gebühr**: 12€/24 Std.
Hinweise: Das ist der schlechteste der drei Stellplätze, laut und wirklich nicht schön gelegen, eigentlich nur eine Empfehlung für Notfälle. Trotzdem bisweilen gut besucht. **Öffnungszeit**: Nur von Mai bis September.

(110) *Karting*
GPS: N 43°28'15" E 13°38'32", SP 100. **Max. WOMOs**: 40-50.
Ausstattung/Lage: Ver- und Entsorgung, Strom, Mülleimer, direkt am Feinkiesstrand, klappstuhlgeeignet, Laden auf dem benachbarten Campingplatz, Gaststätten / außerorts.
Zufahrt: Der Stellplatz liegt zwischen Porto Recanati und Numana zwischen der Durchgangsstraße und dem Strand. **Gebühr**: 20€/24 Std.
Hinweise: Der privat betriebene Platz liegt seitlich einer Go-Kart-Bahn und relativ nahe an der Straße, aber nicht an der Bahn und ist regelmäßig gut besucht. **Öffnungszeit**: Nur von Mai bis September.

Als **dritte Alternative** kommt ein Teil von ***Camping Bellamare*** infrage – siehe dort.

bei *Camping Bellamare* mit Blick auf Sirolo und zum Monte Conero

Der Platz an der Kartbahn grenzt an unsere Campingplatzempfehlung, die nicht schlecht ist, auch wenn die einzelnen Parzellen etwas zu akkurat und rechtwinklig angelegt sind:

(111) WOMO-Campingplatz: Porto Recanati *(Bellamare)*

GPS: N 43°28'16" E 13°38'30", Viale Scarfioti, 13. **Ortszentrum**: 2 km.
Tel. 071 976628.
Zeiten: Mitte April bis 30.9.
Ausstattung: Der Platz liegt direkt am Feinkiesstrand, teilweise schattig, großer Pool, Gaststätte, Laden.
Zufahrt: Der Platz ist zwischen Porto Recanati und Numana an der Küstenstraße nicht zu verfehlen.
Preise: 16 - 45 €.

Hinweise: Der Strand ist im Hochsommer vermutlich sehr dicht belegt. Einige Parzellen sind deutlich vom Straßenlärm betroffen.

Am Rand des Platzes – und zwar an der lauten Seite zur Straße – kann man für 16 € auf der Fläche des sogenannten ***Camper-Stop*** eine einzige Nacht verbringen und muss bis 10 Uhr wieder abreisen. Diese Lösung bietet sich im Hochsommer an, wenn man beispielsweise für den nächsten Morgen einen regulären Platz auf dem Campinggelände reservieren kann.

Ein Stück weiter im Norden, im schönsten Teil der Marken am Meer, werden Sie im Sommer leider keinen Stellplatz finden – so wenig wie an allen anderen schönsten Abschnitten rund um das nördliche Mittelmeer. Sie sollten dennoch hinfahren, wenngleich zwischen dem 15.7. und 15.8. auch die wenigen Campingplätze häufig ausgebucht sind. Es gibt am **Monte Conero** eigentlich nur zwei Plätze am Meer und drei weitere landeinwärts. Der Übersichtlichkeit halber die besten auf einen Blick:

WOMO-Campingplatz-Tipps: Sirolo

(112) *Camping Internazionale*
GPS: N 43°31'25" E 13°37'15". **Ortszentrum**: 350 m. **Tel**. 071 9330884, *www.campinginternazionale.com*. **Zeiten**: Mitte Mai bis ca. 20. September.

Ausstattung: Auf der Steilküste, Fußweg ca. 5 Minuten zu Feinkiesstränden, stellenweise sehr schöner Blick, für WOMOs über 7,50 m Länge nur bedingt geeignet; Pool, Gaststätte, Laden, zunehmend viele feste Behausungen.
Zufahrt: In Sirolo, das Sie über die Autobahnabfahrt Ancona-Süd und dann beschildert erreichen, ist der Platz fast an der höchsten Stelle des Ortes und innerhalb der Bebauung ausgeschildert; dort zweigt eine steile Straße ab zum Platz. **Preise**: 21 – 49 €.
Hinweise: Keine Hunde, Mindestverweildauer zwei Tage, nur kurzfristige Reservierungen.
Vor der steilen Abfahrt zum Campingplatz sehen Sie an der Dorfstraße eine Leuchtreklame; wenn der Platz nahezu voll ist, steht dort *completo*; dann empfiehlt es sich nicht, mit dem Wohnmobil hinunter zum Campinggelände zu fahren, jedoch zu Fuß (5 Minuten) hinzugehen und nach einem freien Platz zu fragen; trotz der entmutigenden Leuchtschrift stehen nämlich öfter Plätze zur Verfügung; außerdem kann man einen Platz für den nächsten oder übernächsten Tag reservieren.
Die Abfahrt im WOMO zum Campingplatz ist im Gegensatz zur Rückfahrt unproblematisch; sollten die Fahrbahn nass und Sie im Berganfahren mit Ihrem WOMO ungeübt sein, fährt Ihnen auf dem Heimweg ein Campingplatz-Mitarbeiter voraus und sorgt dafür, dass Sie ohne anzuhalten den Berg hochfahren können, Sie müssen dann nur die **Kurven schön ausfahren** und sollten unterwegs nicht anhalten; Besitzer von heckangetriebenen Wohnmobilen beglückwünschen sich hier zu ihrem Kaufentschluss.

(113) *Camping Reno*
GPS: N 43°31'10" E 13°37'08", Via Morione. **Ortszentrum**: 350 m.
Zeiten: 1.3.-31.10. **Preise**: 26 - 39 €.

Ausstattung: Fußweg zum Strand 1 km, alter Garten, für WOMO-Elefanten nicht geeignet, es gibt nur sehr wenige Plätze, Dauercamper.
Zufahrt: Der Platz ist in Sirolo beschildert.

(114) Portonovo ***(La Torre)***
GPS: N 43°33'48" E 13°35'43". **Ortszentrum**: 400 m. **Tel**. 071 801257, höchstens kurzfristige Reservierungen. **Zeiten**: 1.6. bis 15.9.
Ausstattung: Der Platz liegt direkt am Kiesstrand, überwiegend schattig, Gaststätte.
Zufahrt: Der Platz ist in Portonovo beschildert und nicht zu verfehlen; nach Portonovo fahren Sie am besten, wenn Sie die Autobahn A 1 bei *Ancona–Sud* verlassen und beharrlich dem Wegweiser *'Ancona–Centro'* folgen. Sie gelangen dann unproblematisch zu einem Tunnel mitten in der Stadt (es ist, wenn ich es richtig aufgeschrieben habe, der vierte Tunnel seit der Autobahn, auf jeden Fall der einzig deutliche im Zentrum); sofort nach dem Tunnel biegen Sie auf einer relativ schmalen Straße beim Wegweiser *'Portonovo'* rechts ab; Sie fahren bergauf und gelangen nun auf eine Straße hoch oben auf der Steilküste, vor der Sie beim Wegweiser *'Portonovo'* zur kleinen Ansiedlung abbiegen. Dort ist der Platz beschildert.
Preise: Unbekannt.
Hinweise: Ich habe in der Vorsaison nachrecherchiert und bin nicht ganz sicher, ob der Platz überhaupt wieder geöffnet wird (schreiben Sie mir).

Der weitere von mir früher empfohlene Campingplatz *(Il Conero)* war 2014 ebenfalls noch beschildert, aber eindeutig nicht mehr in Betrieb (zum Nachschauen: **GPS**: N 43°33'43" E 13°35'20").

Es gibt in **Sirolo** zwei zusätzliche Campingplätze, die nicht am Meer liegen, auf denen Sie aber gut ein oder zwei Nächte überbrücken können. In Sirolo konnte man in den letzten Jahren zumindest außerhalb der Saison – so auch an Ostern 2014 – auf einem kleinen Parkplatz direkt neben *Camping Reno* sogar **frei stehen**, möglicherweise in der Grauzone der Legalität, aber von der vorbeifahrenden Polizei geduldet (**115** - GPS: N 43°31'09" E 13°37'08", Via Morione; ein richtiger Stellplatz ist das jedoch nicht).

Sirolo (3.200 Einwohner) gilt als einer der angenehmsten Badeorte der Marken, wenn nicht der italienischen Adria, weil der liebe Gott dem Dorf eine Steilküste geschenkt hat, bis an deren Rand die Piazza

Sirolo

Sirolo - Spiaggia San Michele (beim Campingplatz)

Belvedere reicht, von der sich dem Auge fast alle Schönheiten erschließen: zwei blitzsaubere, im Hochsommer allerdings sehr gut besuchte Feinkiesbuchten zwischen hohen Felswänden und vor grünen Pinien, dazwischen der Campingplatz. Kenner erspähen sogar die Wanderstrecke. Sollten Sie auf einem der Campingplätze Einlass gefunden haben, werden Sie die Nähe des Dorfes genießen, wenn Ihnen der beruhigende Schlag der Turmuhr verrät, dass Sie nicht in eine isolierte Ferienkolonie ausgelagert sind oder wenn Sie zur blauen Stunde auf die Piazza gerufen werden. Deshalb kommt außerhalb der Saison anstelle von *Camping Internazionale*, wo wir einmal sogar die Gnade eines Platzes an der Balustrade hatten, auch *Camping Reno* in die engere Wahl, ein kleines Gelände in einem alten Garten mit liebenswerter Improvisation.

Verschiedene **Ristoranti** haben wir getestet, richtig zufrieden waren wir nur mit der Küche des ***Della Rosa***, mit einer ausgezeichneten Fischvorspeisenplatte, gegrillten Fischen und anderen Köstlichkeiten unter Bäumen biblischen Alters, unter denen Ihnen sogar Pizza serviert wird *(Reservierung am Nachmittag oder kurz vor Essensbeginn reicht nach unseren Erfahrungen, Tel. 071 9330689; montags geschlossen).* Enttäuschend hingegen waren die überteuerten Spatzenportionen der *Locanda Rocca*.

Die Wanderstrecke ab Sirolo ist das Sahnehäubchen:

Von Sirolo zum Ex Convento Camaldolesi

Wir verlassen **Sirolo** auf der Hauptstraße in nördlicher Richtung und biegen vor dem Hotel *Beatrice* nach rechts ab. Am **Friedhof** weicht der Asphalt einem weißen, staubigen Untergrund, auf dem wir stetig ansteigen, bis sich die Fahrstraße sternförmig verzweigt. Wir gehen hier scharf rechts, Wegweiser *‚Ex Convento Camaldolesi'*. Schon nach etwa weiteren 180 m gabelt sich der Weg erneut, links bergauf geht es zum ehemaligen Convento, geradeaus zum Passo del Lupo. Dahin ist der Weg nicht mehr beschildert und sogar verboten. An diese Beschränkung, die offenbar aus Sicherheitsgründen angeordnet worden ist, **hält sich wirklich keiner. Am Freitag vor Ostern sind zahlreiche Wandergruppen auf** dem verbotenen Pfad unterwegs, seitlich dessen man bei großer Unvorsicht tief abrutschen könnte.

am Passo del Lupo

Wir werden hier, an jener Gabelung, auf dem Rückweg abbiegen, und wählen deshalb jetzt den rechten (verbotenen) Weg, der auf gleicher Höhe bleibt und nach einiger Zeit hinter einem Haus und einer Wiese in niedrigen Wald übergeht. Nun sind es noch etwa 300 m bis zum **Passo del Lupo** (seit dem Friedhof etwa 40 Minuten). In unserem Rother-Wanderführer lesen wir, fast jeder kehre dort mit Schaudern um, oberhalb des steilen und ausgesetzten Weges, der weit unten am Strand der ***Due Sorelle*** *(Zwei Schwestern)* endet. Tatsächlich waren wir

Strand der *Due Sorelle*

aber (bei einer früheren Wanderung im Hochsommer) die Einzigen, die sich den Schwindel erregenden Abstieg (stellenweise Absicherung mit Stahlseilen) nicht zugetraut haben.

Auch wenn ich, so gesehen, nicht mitreden darf, empfehle ich Ihnen, eher auf den Strand zu verzichten und die beim Ab- und Aufstieg gesparte Energie für einen zweiten Teil der Wanderung aufzuheben. Beides an einem Tag geht jedenfalls nicht, denn hinunter an den Strand der beiden Felsen, die man *Schwestern* nennt, sind es 230 Höhenmeter – ohne jeglichen Schatten, wo man jeden Tritt kontrollieren muss. Konditionsschwächen sind nicht erlaubt. Und der Blick von oben ist sowieso das Beste! Ich vermute, dass Ihnen nach dem Abgang zu den *Schwestern* eher das sportliche Erfolgs- als das Badeerlebnis in Erinnerung bleibt. Auf jeden Fall ist der Abstieg bei feuchtem Wetter, bei Gewittergefahr oder bei Wind absolut tabu – und, ich wiederhole es nochmals, verboten!

Wir kehren also am Passo del Lupo um, wandern ein Stück auf dem Hinweg zurück und wundern uns, wie schnell wir wieder an der schon erwähnten Gabelung sind, an der uns der Wegweiser zum **Ex Convento Camaldolesi** schickt. Dorthin sind es von hier rund 260 Höhenmeter, und die 40 Minuten zum ehemaligen Kloster, ab der Abzweigung gerechnet, dauern an einem warmen Tag, auch wenn der Weg überwiegend im Schatten verläuft, eine kleine Ewigkeit. Aber der Blick vom **Belvedere Süd** auf die beiden *Schwestern*, nun mehr als 400 m unter uns, lohnt die Mühe, zumal wir die letzten 5 Minuten auf einem bequemen, ebenen Waldweg zum Hotelkomplex im ehemaligen Kloster spazieren, wo wir uns auf einer Terrasse mit wunderbarer Fernsicht erfrischen (dort sitzt man wesentlicher schöner als auf den Bänken zweier Ausflugsgaststätten).

Das Klosterhotel hat die schöne **Kirche Badia di San Pietro** noch nicht vereinnahmt, sie dient weiterhin religiösen Zwecken. In dem Bau aus dem 11. Jahrhundert (!) gefallen uns besonders die Kapitelle der Säulen. Jedes wird von einer anderen Steinmetzarbeit verziert.

Am Kloster kehren wir um und wandern auf dem Hinweg zurück nach Sirolo, was bergab nur eine knappe Stunde dauert.

Die reine Gehzeit auf der von uns beschriebenen Variante beträgt 3 ¾ Stunden, eine Karte ist nicht erforderlich.

Alternativ sind wir bei der Wanderung im Jahr 2014 am Kloster ein paar Meter die Asphaltstraße bergab gegangen (Wegweiser *‚Pian di*

Kalkbrennofen bei Fonte d'Olio

Raggetti'), ein kurzes Stück durch den Wald, haben die Straße überquert, sind dort ein kleines Stück bergauf gewandert, um erneut mit dem gleichen Wegweiser ins Gehölz abzubiegen. Nach etwa 300 m sind wir nach links auf einen Waldweg abgebogen und unterhalb eines ehemaligen Militärgeländes zur Lichtung des **Pian di Raggetti** gewandert. Das ist eine wunderbare Picknickwiese mit Fernsicht, von der ein mit Nr. 5 bezeichneter Weg abwärts zu dem ehemaligen Kalkbrennofen bei den Häusern von **Fonte d'Olio** führt. Dort haben wir uns auf der Landstraße links gehalten, ehe wir bei der letzten Linkskurve vor Sirolo nach rechts über eine Wiese (oder zuvor durch eine Straße) den Heimweg abkürzen konnten. Auf dieser Alternative dauert die Wanderung etwa 45 Minuten länger. Eine Wanderkarte ist nicht erforderlich.

Das Gegenteil von Sirolo ist der nördliche Nachbarort, **Portonovo**, wo anstelle einer geschlossenen Siedlung die Installationen den Reiz ausmachen, die zunächst für einen Sommer geplant waren und danach von Jahr zu Jahr aufgefrischt und vergrößert wurden. Zumindest sehen die Bagni, die Fischerhütten und die Ristoranti so aus (die größeren Hotels verbergen sich hinter dichtem Dauergrün). Leider wurden nacheinander zwei Campingplätze geschlossen.

Über die Zukunft von Campingplätzen am Meer

Der inzwischen wieder verschwundene Campingplatz *Il Conero* war der Ersatz für das schon früher aufgegebene Gelände eines anderen Campingplatzes ein paar hundert Meter weiter, was meine These, es werde am nördlichen Mittelmeer keine neuen Campingplätze mehr geben, nur auf den ersten Blick erschüttert hat. Es gibt keine weiteren (und der neue ist ja auch schon wieder Geschichte).

Da ich beim Verallgemeinern bin: Würden unbeeinflussbare Beamte und Gemeinderäte am nördlichen Mittelmeer nicht rigide die Bauvorschriften überwachen, gäbe es kaum noch Campingplätze am Meeresrand. Was, glauben Sie, würde der Erbe eines Campingplatzbesitzers tun, der mit Familie und Beruf in der Stadt lebt und vorhat, das weiter zu tun? Oder der Campingplatzbesitzer noch zu Lebzeiten, wenn er der nörgelnden Touristen überdrüssig geworden ist und die Makler auf der Matte stünden? Den Kaufpreis für das Baugelände, für eine Fläche von vielleicht fünf bis zehn Hektar, das sind 50.000 bis 100.000 Quadratmeter, haben sich unser Campingplatzbesitzer und sein potentieller Erbe schon öfter ausgerechnet. Die Fläche würde für mehrere Hundert neuer Ferienhäuser ausreichen. Was, ich frage Sie nochmals, würden Sie tun, wenn der Makler mit dem Vertragstext wedelt?

Meistens bleiben aber die Makler zu Hause, weil eine solche Nutzungsänderung nicht möglich ist. Sie wird verhindert von Gesetzen im Interesse des Naturschutzes, der Landschaftspflege, der Allgemeinheit und zuletzt auch im Interesse der Urlauber.

Campingplätze am Meer waren in den 50er und 60er Jahren des letzten Jahrhunderts eine Pionierleistung mutiger Wiesen- und Waldbesitzer. Sie wären heute in den meisten Fällen ein unrentables Relikt, eine betriebswirtschaftliche Himmelfahrt, zwei Monate überbelegt, drei weitere weniger als halbvoll und sieben Monate totes Kapital. Viele Plätze können deshalb nur noch von Gesellschaften betrieben werden, denen mehrere Einrichtungen gehören und für die erst die festen Behausungen, so sehr ich mich darüber stets ärgere, eine wirtschaftliche Basis bilden. Seien Sie daher nicht zu streng, wenn Sie einen solchen Platz bewohnen.

Das Großereignis von Portonovo ist der Sommerabend, wenn die Wirte in und vor ihren Bretterbuden, in denen sie längst hochgerüstete Gastronomie betreiben, auffahren, als gäbe es kein Morgen. Die Tische sind am Strand gedeckt, der *Verdicchio* steht im Eiskübel und eine Fischplatte nach der anderen wird aufgetragen. Das finden Sie in dieser Perfektion und Stimmung so schnell nicht wieder (es sei denn, Sie nehmen in Ancona die Fähre nach Griechenland). Die meisten Tische werden bei ***Marcello*** auf den weißen Kies getragen. Qualität und Preise sind auch bei ***Emilia*** und ***Il Molino*** ähnlich hoch. Reservieren Sie unbedingt schon morgens! Wenn Sie am Strand liegen, sind es nur wenige Schritte. In der Hochsaison sollten Sie möglichst schon einen Tag vorher den Platz sichern; die *Ristoranti* werden nämlich auch gerne von Einheimischen aus Ancona angefahren.

Vergessen Sie in Portonovo auch nicht einen kleinen Spaziergang durch das Unterholz zur **Chiesa di Santa Maria**, einer romanischen Kirche aus dem 11. Jahrhundert, Überbleibsel einer früheren Abtei. Ähnlich alt ist die **Klosterkirche auf dem Monte Conero**, zu der Sie – außer an Feiertagen und deren Vortagen – mit dem Wohnmobil hochfahren können (Näheres siehe bei der obigen Wanderung).

Sirolo

TOUR 11
Tour 10
Tour 11
10 km
N
ANCONA
Falconara
Osimo
nach Loreto
Recanati
Montelupone
Macerata
(Tour 10)
JESI
Cíngoli
(Tour 10)
Tolentino
(Tour 10)
S. Severino Marche
(Tour 10)
Mergo
Genga
Grotte di Frasassi
Fabriano
Matelica
Pioraco
Pontile
Camerino
Gualdo Tadino
Nocera Umbra
Isola
nach Foligno
Cagli
S. Ubaldo
Gubbio
Assisi
PERUGIA
Umbertide
Città di Castello
M A R K E N
M A R K E N
U M B R I E N
U M B R I E N
U M B R I E N
16
14
76
76
502
361
485
77
256
3
298
298
452
219
219
106
103
105
104
116
117
118
119
120
121
122
123
WC

Tour 11: Europas größte Höhle – und Umbriens Norden 275 km

Jesi - Grotte di Frasassi - Camerino - Nocera Umbra
Gubbio - Città di Castello

Stellplätze:	in Mergo, bei den Grotte di Frasassi, in Genga, in Camerino, in Pioraco, in Gubbio, in Città di Castello
Campingplätze:	in Gubbio
Besichtigen:	Grotte di Frasassi, Camerino, Gubbio, Città di Castello
Wandern:	auf den Monte Ingino bei Gubbio
Essen:	Ristorante *Bosone Garden* in Gubbio

Wir fahren nun von der Riviera del Conero zurück nach Westen, ohne uns in **Ancona** (100.000 Einwohner) näher umzusehen. Bei der größten Stadt der Marken tut es mir besonders leid, dass ich mich auf eine Auswahl märkischer Ziele beschränken musste. Wer sich die größte Sehenswürdigkeit der Stadt, den **Arco di Traiano**, einen römischen Triumphbogen aus der Zeit um 100 n.Chr., nicht entgehen lassen will, fährt einmal am Hafenbecken entlang, wo die Fähren nach Griechenland abgehen und orientiert sich meerwärts; der Bogen steht nämlich direkt an der nördlichen Ecke des Hafens.

Wenn man morgens in Portonovo oder Sirolo aufgebrochen ist, parkt man auf jeden Fall noch rechtzeitig vor der Mittagspause in **Jesi** (40.000 Einwohner), wo man nicht besichtigen

Jesi - Porta Valle

kann, was die Stadt bekannt gemacht hat: Vom Weißwein der Gegend, dem *Verdicchio dei Castelli di Jesi*, war schon die Rede. Der Name des berühmtesten Sohns der Stadt, des Opernkomponisten Pergolesi *(‚Stabat Mater')*, steht wenigstens in großen Lettern an der Fassade des *Teatro*. Aber dessen Eintritt ins Leben war nicht die geschichtlich berühmteste Geburt der Stadt. Dieses Ereignis fand schon mehr als 500 Jahre früher statt, als am 26.12.1194 Friedrich II. in aller Öffentlichkeit auf dem Marktplatz das Licht der Welt erblickt hat. Nicht etwa bei einer Sturzgeburt, so wie das heute gelegentlich im Fahrstuhl oder in Taxis geschieht, sondern geplant und mit politischem Kalkül: Heinrich VI., Sohn von Friedrich I. *(‚Barbarossa')*, musste sicherstellen, dass sein Nachkomme zugleich der Sohn seiner Frau Konstanze war. Die war aber schon 42 Jahre alt, damals nahezu eine Greisin, und musste durch eine öffentliche Niederkunft die Echtheit des Thronfolgers beweisen; *Public viewing* im Mittelalter. Friedrich II. wurde schon mit zwei Jahren König und steht als einer der größten Kaiser des römisch-deutschen Reiches sowie als Erbauer des bekannten Castel del Monte in Süditalien in den Geschichtsbüchern.

Für den Stadtrundgang durch Jesi verlassen Sie die Schnellstraße am besten bei der Ausfahrt *‚Jesi-Centro'* und fahren dann ziemlich gerade auf die Altstadt unterhalb des Kirchturms zu. Vor der alten **Stadtmauer** und der **Porta Valle** finden Sie beim Bahnhof ausreichend Parkraum. Sie steigen dann jenseits des mittelalterlichen Tores kerzengerade hoch zur Altstadt und landen auf eben diesem **Marktplatz** der bestaunten Geburt. Die Kirche rechts an der Schmalseite ist der *Duomo*. Sie gehen aber nach links durch die Via Pergolesi, vorbei am Teatro Pergolesi und dort direkt am Theater rechts zum **Palazzo Pianetti**, um vermutlich erstmals Bekanntschaft mit dem Renaissance-Maler Lorenzo Lotto (1480 - 1556) zu machen, einem begnadeten Portraitisten, von dem in Jesi die bekannte *‚Pala di Santa Lucia'*, ein Altarbild, und weitere Werke hängen *(10-19 Uhr, montags geschlossen; 6 €)*.

Wappen von Jesi

Etwa 20 km westlich von Jesi kurvt man meistens zur falschen Zeit hinauf nach **Mergo** (900 Einwohner), auf fast 400 Meter. Richtig wäre der Nachmittag, weil man nur wegen des Stellplatzes auf das kleine Plateau fährt. Es lohnt sich aber immer, früh zu kommen und an der Seite mit dem Rest von Fernsicht zu warten. Kaum ein Tipp lohnt sich mehr in diesem Buch. Insider bevorraten sich rechtzeitig mit Grillgut und kühlen den Verdicchio:

(116) WOMO-Picknickplatz: Mergo

GPS: N 43°28'27" **E 13°02**'10", Via Colli. **Max. WOMOs**: 10-15.
Ausstattung/Lage: Ver- und Entsorgung, Strom, Spülbecken, Dusche (kostenlos, aber Kreditkarte durch das Lesegerät ziehen; in der Blockhütte gibt es sogar eine Waschmaschine und Aufenthaltsräume), Bänke und Tische, klappstuhlgeeignet, Grillstelle, Pizzeria / Ortsrand;
Zufahrt: Fahren Sie nördlich der Schnellstraße Jesi-Fabriano beim Wegweiser nach Mergo bergauf; Wegweiser zur *Area Attrezzata* beim Sportplatz.
Hinweise: Am Wochenende gelegentlich Störungen durch Jugendliche. Auch wenn die Sicht allmählich zuwächst, ist der Stellplatz immer noch sehr schön. Falls davor eine Schranke geschlossen ist, kann man sie normalerweise hochheben, sie soll Autos fernhalten.

Selbst bei den **Grotte di Frasassi** nervt Sie die Mittagspause, falls Sie sich von der schönen Sicht bei Mergo nicht frühzeitig trennen konnten, es sei denn, man schriebe August. Dann nerven allerdings die anderen Touristen. Manchmal so sehr, dass Sie erst am nächsten Tag Einlass finden. Die Tropfsteinhöhle hat sich zu einem der Haupttourismusmagneten entwickelt. In 30 Jahren kamen über 10 Millionen Menschen, und man muss bedenken, dass das gigantische Parkplatzgelände, etwa 2 km östlich, erst im Jahr 2001 in Betrieb genommen worden ist. Bis dahin reichte ein dagegen lächerlich kleines Terrain, gleich westlich der *Grotta*.

Sie müssen also am großen Platz buchen und werden danach mit dem Bus zum Eingang der Höhle chauffiert, wo sie über Ihre Schusseligkeit fluchen, weil die warme Jacke noch im WOMO liegt. Sie werden noch öfters fluchen, weil die kürzeste Route immerhin über 70 Minuten dauert – bei konstanten 14 Grad. Das ist die *‚orange Route'*, genannt *‚Percorso Turistico‘* bei der 70 Personen gleichzeitig den *Abiso Ancona*, einen Saal von 180 m Länge, 120 m Breite und 200 m Höhe, den größten Europas, betrachten dürfen, 20 m hohe Stalaktiten und was einem sonst noch in einer Höhle gefällt. Es gibt Abwandlungen bis hin zur *‚roten Route'*, die drei Stunden dauert, angeblich Höhlenerfahrung voraussetzt. und das auch mit ihrer Bezeichnung *‚Percorso Speleo-Avventura‘* ausdrückt. Meiden Sie unbedingt Sommerwochenenden sowie Feiertage und seien Sie gefasst, dass Sie auch mal über Nacht warten müssen – zum Beispiel im etwa 16 km entfernten Mergo *(täglich geöffnet außer am 4. Dezember, Weihnachten, Neujahr sowie vom 10. bis 30. Januar; im August 8-18 Uhr, Einlass alle 10 Minuten, März bis Juli und September bis Oktober Einlass um 10, 11, 12, 14.30, 16 und 17 Uhr; November bis Februar Montag bis Freitag 11.30 und 15.30 Uhr, Sa. 11.30, 14.30 und 16.30 Uhr, So. wie im Sommer; die kürzeste Route kostet 15,50 €, Kinder unter 6 Jahren frei, von 6 bis 14 Jahren und Rentner über 65 Jahre 12 €; Ticketreservierung unter 0732 90090 oder 0732 90080).*

Da freut man sich über die offiziell ausgewiesene WOMO-Ecke und betrachtet – aus schierer Langeweile –, was an den zahlreichen Buden feilgeboten wird, die uns die Schöpfung an allen Natursehenswürdigkeiten Italiens beschert hat. Die Wasserfälle von Marmore fallen Ihnen ein, und Sie vermuten auch bei Frasassi, dass die Menschheit unnötigen Schrott nur kauft, um stundenlange Wartereien zu überbrücken:

(117) WOMO-Stellplatz: Grotte di Frasassi

GPS: N 43°24'14" E 12°58'35".
Max. WOMOs: 30-40.
Ausstattung/Lage: Ver- und Entsorgung, Toilette, Mülleimer, klappstuhlgeeignet, tagsüber Imbiss / außerorts, vermutlich aber stets gut besucht.
Zufahrt: Sie werden mit dem Wegweiser *'Grotte di Frasassi'* auf einen riesigen Parkplatz geleitet, auf dem Sie die Ecke für Reisemobile finden.

Wenn Sie dem Rummel entkommen und sich vorstellen möchten, wie hier die Welt ausgesehen hat, bevor (erst) im Jahr 1971 die Höhle durch einen Zufall entdeckt worden ist, fahren Sie etwa 8 km weiter ins nächste Dorf, nach **Genga**, mit nettem Platz vor der Mauer und traditionellem Ristorante:

(118) WOMO-Stellplatz: Genga

GPS: N 43°25'47" E 12°56'06".
Max. WOMOs: 3-5.
Ausstattung/Lage: Toilette, Mülleimer, Gaststätte, bis auf zwei Plätze ziemlich abschüssig, aber schön gelegen / im Ort.
Zufahrt: In Genga stößt die Straße auf den großen Platz vor der Burg.

in der Schlucht von Frasassi

Die **Schlucht von Frasassi** (Gola di Frasassi) sollten Sie auf jeden Fall einmal durchfahren. Kurz vor dem nordwestlichen Ende bei einem Wasserhahn, im WOMO-Jargon einem *Trinkwasserbrunnen*, bei dem Sie aber nur 20 l des kostbaren Nass in Ihren Tank laufen lassen dürfen, beginnt ein 700 m kurzer, jedoch steiler Weg zum **Santuario Madonna di Frasassi**, einem 8-eckigen Tempelchen aus dem Jahr 1828 unter überhängendem Fels. Auftraggeber war Leo XII. zu Ehren seiner Heimat. Der Papst war nämlich der Sohn eines Grafen von Genga. Bei unserer Tour musste ich mir keine Gedanken machen, ob ich das WOMO unbesorgt beim *Trinkwasserbrunnen* abstellen konnte. Das Thermometer zeigte 36 Grad – im Schatten (Anfang September).

in Fabriano

Südlich der Höhle kann man sich in **Fabriano** (30.000 Einwohner) mit der Papierherstellung befassen. Im **Museo** werden der gesamte Fabrikationsablauf dargestellt und die Geschichte des in Fabriano erfundenen

Wasserzeichens erklärt *(täglich außer montags 10-18 Uhr, sonn- und feiertags 10-12 und 16-19 Uhr; 5 €).* Vom weithin ausgeschilderten Stellplatz hinter dem Stadion ist nur die vorbildliche Ver- und Entsorgungsanlage erwähnenswert.

Wahrscheinlich biegen Sie gar nicht ab nach Fabriano, sondern fahren durch bis **Camerino**, einer Kleinstadt mit Universität aus dem 14. Jahrhundert, einer der ältesten Italiens. Nur 6.500 Einwohner werden hier von 10.000 Studenten aufgemischt, entsprechend reges Treiben herrscht in den engen Gassen. Dazu kann man den Duomo, leider ein Neubau nach dem Erdbeben von 1799 (auch 1997 gab es hier Schäden), den **Palazzo Ducale** an der zentralen Piazza Cavour betrachten, heute Sitz der Universität (die meisten Institute und Unterrichtsräume liegen aber außerhalb des historischen Zentrums) und eine **Rocca**, von der die Sicht auf die sibillinischen Berge noch viel schöner ist als vom Balkon des ehemaligen Herzogpalastes. Auch stellplatzmäßig hat man lobenswert aufgerüstet:

(119) WOMO-Picknickplatz: Camerino

GPS: N 43°08'12" E 13°03'59", Via Macario Muzio. **Max. WOMOs**: 8-9.
Ausstattung/Lage: Ver- und Entsorgung, Toilette, Dusche, Strom, Picknickbänke, Grillstelle, klappstuhlgeeignet, Mülleimer, Gaststätten und Geschäfte im Ort, schöne Sicht / Ortsrand – der Ort ist durch einen Aufzug seitlich des obersten Parkplatzes zu erreichen.
Zufahrt: Der Stellplatz liegt auf der Nord-Westseite des Ortes, Sie finden ihn, wenn Sie der Parkplatzmarkierung hinterher fahren; unterhalb eines für Einheimische reservierten Parkgeländes ist ein Bereich für Wohnmobile reserviert.

Hinweise: Am Stellplatz befindet sich eine Schranke, die Pkw fernhalten soll. Falls die Schranke geschlossen ist, müssen Sie diese hochheben, auf den Platz fahren und danach die Schranke wieder schließen.
Achtung: Es gibt oder gab auf der anderen, südöstlichen Stadtseite einen weiteren, uninteressanten Platz mit einer ehemaligen Entsorgungsstation. Man darf die Plätze nicht verwechseln.

Camerino - Palazzo Ducale

Das größte Problem in Camerino ist die Jahreszeit. Im Hochsommer fehlt die viel beschriebene Lebhaftigkeit, weil die Studenten Ferien haben. Wir waren in der letzten Augustwoche auch schon mal die einzigen Touristen. Im Café gähnte nur der Notar mit dem Apotheker um die Wette.

Da stört man ungern und fährt weiter. Im Sommer, bei schönem Wetter, so frühzeitig, dass man auf einem ländlichen, schattigen Stellplatz den Gasgrill in Betrieb nehmen kann:

Camerino - Picknickplatz 119

(120) WOMO-Picknickplatz: Pioraco *(Il Buchetto)*

GPS: N 43°10'47" E 12°58'26".
Max. WOMOs: 35.
Ausstattung/Lage: Ver- und Entsorgung, Toilette, Dusche, Strom, Picknickbänke, Grillstelle, klappstuhlgeeignet, Mülleimer, Gaststätte / außerorts.
Zufahrt: Der Stellplatz liegt etwa 700 m westlich von Pioraco an der SP 361, der Straße von San Severino nach Nocera Umbra und ist beschildert.
Gebühr: 13 € incl. Strom.
Hinweise: Gemeint ist nicht der Parkplatz seitlich einer Gaststätte an der SP 361, wo sich auch die Entsorgungsstation befindet, sondern der Platz unter Bäumen etwa 100 m weiter in Richtung eines flachen Flusses, der hinter einem Damm fließt.

Beim westlich gelegenen **Pontile** kann man vor der Brücke links direkt am Fluss stehen.

Auf dem weiteren Weg nach Westen überqueren wir wieder die Grenze zu Umbrien und parken in **Nocera Umbra** (5.900 Einwohner), nur wenige Kilometer vom Epizentrum des Erdbebens von 1997 entfernt, das bei dem zu 80 Prozent zerstörten Dorf **Isola** geortet wurde. Die eigentlich schöne Altstadt von Nocera ist nicht mehr die Geisterstadt, die infolge des Erdbebens über Jahre unbewohnbar war und nach 20 Uhr nicht mehr betreten werden durfte. Inzwischen sind ganze Gassenzüge gut, aber immer noch nicht vollständig restauriert, hell und freundlich, aber merklich neu. Vom wieder aufgebauten Rathaus am Platz im obersten Teil wehen die bunten Fahnen, als sei nichts geschehen, und doch ist das Erdbeben nicht nur wegen des großen Baukrans irgendwie noch gegenwärtig. Es lohnt sich, durch das wiederaufgebaute historische Zentrum hinauf zum **Dom** zu spazieren – und dann weiterzufahren. Etwas anderes bleibt Ihnen auch nicht übrig, seit die große Freifläche beim Schwimmbad bebaut worden ist.

Nocera Umbra

Auch **Gualdo Tadino** (15.400 Einwohner), die Stadt der Keramik, wurde ziemlich mitgenommen. Beim Erdbeben dürfte es in den zahlreichen Verkaufsstellen ordentlich gerappelt haben. Der Dom und andere Kuppeln im oberen Ortsteil wurden mehr als 15 Jahre von den Baukränen überragt. Wir haben deshalb in der zurückliegenden Zeit keinen rechten Spaß an der Stadt verspürt und noch nicht das berühmteste Bauwerk, die **Festung**, besichtigt. Auch der altstadtnahe **Stellplatz** mit **Camper Service** in der Via della Resistenza hat uns nicht überzeugt (**121** GPS: N 43°13'53" E 12°46'49").

Gualdo Tadino

Wir biegen deshalb auf unserer Tour nach Westen ab, in das vom Erdbeben verschonte **Gubbio,** und gehen dort an den Keramiktellern ähnlich uninteressiert vorbei wie vorher in Gualdo Tadino. Aber wenn Sie mich nach meinen umbrischen Lieblingsstädten fragen, fallen mir spontan Todi ein und, in der richtigen Zeit, Assisi. Im selben Atemzug würde ich auf Gubbio verweisen, zwar nur auf das mittelalterliche *Centro storico*, das aber in jeder Beziehung höchsten touristischen Ansprüchen gerecht wird. Schon wenn man auf die an den Hang des Monte Ingino gebaute Altstadt (14.000 Einwohner, ganz Gubbio hat 32.000 Einwohner) zufährt, kommt Freude auf; erst recht, wenn mildes Licht die Zinnen der alten Paläste von den dahinter dunkel aufragenden Berghängen trennt.

Gubbio - römisches Theater und Altstadt

Sie werden auf diese fotogene Silhouette einer alten Stadt zugehen, nachdem Sie Ihr Fahrzeug auf einem lobenswerten Stellplatz verschlossen haben, wo wir stets in Gesellschaft vieler Nachbarn schliefen:

(122) WOMO-Stellplatz: Gubbio

GPS: N 43°21'03" E 12°33'53", Via Botagnone.
Max. WOMOs: 50-60.
Ausstattung/Lage: Ver- und Entsorgung, Strom, Mülleimer, bedingt klappstuhlgeeignet, videoüberwacht / Stadtrand; vom Stellplatz ist das historische Zentrum mit Gaststätten Geschäften und Wanderwegen in etwa 15 Minuten zu Fuß zu erreichen. **Gebühr**: 5 €.
Zufahrt: Der Platz ist südwestlich der Altstadt beim Stadion beschildert.

Etwa 150 m entfernt kann man auf einem riesigen Parkplatz beim Stadion kostenlos, aber nicht lauschig stehen; **GPS**: N 43°21'05" E 12°34'02".

Die beiden nebeneinander liegenden **Campingplätze**, ein kleiner in einem Villenpark mit Tennisplätzen und, unmittelbar daneben, ein deutlich größerer, befinden sich etwa 3 km vom Zentrum entfernt an einer westlichen Parallelstraße zur SS 298 nach Perugia und sind beschildert. Der kleinere hat sogar einen Pool, und beide machen von außen keinen schlechten Eindruck, wenngleich sie in der etwas eintönigen Ebene angesiedelt sind *(beide sind vom 1.4.-30.9. geöffnet)*. Die Zeltplätze

in Gubbio

werden von uns nicht in die engere Wahl gezogen, weil man von dort nicht mehr zu Fuß in die Stadt gehen kann.

Sie machen sich also wahrscheinlich beim oben beschriebenen Stellplatz auf die Socken und erkunden zunächst das **römische Theater** aus dem 1. Jahrhundert n.Chr., in dem bis zu 6.000 Zuschauer bei Aufführungen antiker Tragödien zuschauen durften; es gibt nur wenige größere Anlagen in Italien *(kostenlos, 8:30-19:30 Uhr).* Von dort ist es nicht weit in die **Altstadt**, die ihr Aussehen über die Jahrhunderte ungewöhnlich gut bewahren konnte. Die Stadt lag nämlich einst verkehrsgünstig an der Strecke zwischen Rom und der Adria und hatte deshalb im 14. Jahrhundert 50.000 Einwohner, für damalige Verhältnisse eine Großstadt, weshalb einfach viel übrig geblieben ist. In der Neuzeit ist Gubbio dann ins verkehrsmäßige Abseits gerückt, was den alten Bauten gut bekommen ist, weil das Geld und die Notwendigkeit zu deren Abriss gefehlt haben. So atmen wir bei unserem Streifzug durch die malerischen Gassen reinstes Mittelalter. Wo in vergleichbaren Städten nur noch Souvenirs feilgeboten werden, harren hier ein paar Krämer hinter angestaubten Lebensmitteln auf einheimische Kundschaft. Sogar die deutsche Zeitung ist in den Sommerferien kaum zu kriegen.

Gubbio - Piazza della Signoria und Palazzo dei Consoli

Man wird also auf dem Weg zur **Piazza della Signoria** nicht allzu sehr abgelenkt und nimmt wohlwollend zur Kenntnis, dass auch dieser mittelalterliche Platz in der Oberstadt noch nicht durch Kitsch verunziert ist. Er unterscheidet sich von vielen anderen »schönsten Plätzen Mittelitaliens« durch die ausgesetzte, freie Lage, weshalb man an der langgestreckten, seitlichen Mauer weit in das Tal hinabblicken kann. Die Wirkung des Platzes kommt daher, dass in der Mitte der Stadt eigentlich gar kein Raum für ihn war, um ihn zentral, gleich weit von allen Stadtteilen entfernt, anzulegen. Es mussten also am Hang gewaltige Unterbauten, so genannte Substruktionen, geschaffen werden, um eine ebene Fläche zu gewinnen, wodurch ein erhabener, von der übrigen Stadt beinahe entrückter Eindruck

Gubbio - Palazzo dei Consoli

entstanden ist. Der **Palazzo dei Consoli** (14. Jh.), ein elegantes, hochaufragendes Gebäude, verstärkt dieses Gefühl, weil es von den anderen Häusern ebenso isoliert ist und trotz seiner Größe grazil und leicht wirkt. Auch wenn ich mit Superlativen verschwenderisch umgehe, darf ich es guten Gewissens als eines der schönsten Rathäuser Umbriens und der Marken bezeichnen. Zumal es auch einen bedeutenden Schatz beherbergt, das **Museum** mit den so genannten ‚Eugubinischen Tafeln'. Der Begriff ist verwirrend, wenn man nicht weiß, dass die *Eugubiner* in Gubbio diejenigen sind, die man in Hamburg *Hamburger* nennt. Die genannte Kostbarkeit besteht aus sieben im Jahr 1444 bei Gubbio aufgefundener Bronzetafeln. In umbrisch-etruskischen, aber auch lateinischen Texten sind die topographischen, politischen und religiösen Verhältnisse und Vorschriften der beiden letzten vorchristlichen Jahrhunderte dokumentiert *(Museo Civico; 10-13 und 15-18 Uhr, im Winter bis 17.30 Uhr; 5 €)*.

Nicht ganz so herausragend sind, am oberen Rand der Stadt, der **Dom** *(9-19 Uhr; Eintritt frei)* und, direkt gegenüber, der **Palazzo Ducale**, die Residenz der Herzöge von Urbino, die im 15. Jahrhundert den Auftrag zum Bau ihrer Zweitwohnung gaben. Dort kann man einige Räume und den schönen Renaissance-Innenhof besichtigen *(8.30-19.30 Uhr, montags geschlossen; 5 €)*.

Bevor wir uns beim Dom zu einer kleinen Wanderung aufmachen, wollen wir erst den Stadtrundgang beenden. Der dauert länger als erwartet, wenn Sie unterhalb des Palazzo Ducale die Gasse durch die Torbögen entdeckt haben und eine reizende kleine Gartenkneipe, wo Sie wegen des schönen Blicks unweigerlich Platz nehmen. Sie sollten sich beim anschließenden Abstieg links halten, um den Einkaufsstraßen von Gubbio einen Besuch abzustatten, was sich schon deshalb empfiehlt, weil sich auch dort noch nicht die ewig gleichen europäischen Filialisten eingenistet haben.

Wenn Sie auf diesen Teil der Stadt nicht verzichten möchten, empfiehlt es sich, danach doch wieder in die Nähe des Rathauses zurückzulaufen, um sich von dort abwärts dem WOMO zu nähern. Denn durch den nordwestlichen Teil von Gubbio fließt ein mehr oder weniger ausgetrockneter Bach, der Camignano, der bereits in einem englischen Reiseführer des Jahres 1912 Begeisterung geweckt hat. Schon damals waren die Mühlen in den kleinen Häusern am Rande des Gewässers nicht mehr in Betrieb, aber die Brücken und die Gassen mit niedrigen Brüstungen waren unverfälscht. Eine Frau Potter verkündete in jenem Reiseführer, eine der »pittoreskesten Gassen Italiens« entdeckt zu haben. Wie zeitgemäß sie auch heute noch wäre!

Damals gab es sicher auch schon den großen, ovalen Platz am Rande zur Neustadt, an dessen Rand ein lang gestrecktes Gebäude mit Arkaden steht. Wo heutzutage Gemüsehändler ihre Waren anbieten, wurden im Mittelalter die Stoffe der Wollweber zum Trocknen aufgehängt. Der Name des Platzes davor, Piazza Quaranta Martiri, erweckt bei uns Deutschen Scham, er erinnert nämlich an ein Massaker des Jahres 1944. Zwei deutsche Soldaten waren mitten im Stadtzentrum von Partisanen aus dem Hinterhalt erschossen worden, und 40 Einheimische, Männer und Frauen, mussten dafür in einer Bestrafungsaktion mit ihrem Leben bezahlen. Das Mahnmal auf dem Platz erinnert an diese Grausamkeit.

Sie sind nicht unbedingt gezwungen, die Wanderstiefel zu schnüren, normale Schuhe tun es auch, wenn Sie auf einem schönen Spaziergang, den Sie zur Wanderung ausdehnen können, Gubbios Hausberg besteigen und den Gebeinen des Ortsheiligen einen Besuch abstatten (Näheres bei der folgenden Wanderung).

Zur **Basilika Sant' Ubaldo** können Sie auch mit dem Auto fahren (Zufahrt von der SS 298; theoretisch dürfen Sie hier sogar nächtigen, aber leider ohne Blick) oder, vom östlichen Ende der Altstadt, bei der Porta Romana, mit Umbriens einziger **Seilbahn**. Das Erlebnis der weiten Sicht lässt sich dramatisch steigern, wenn man von der Basilika in knapp 10 Minuten zur **Rocca** auf 903 m aufsteigt, einer Festung, die noch im Mai 1944 umkämpft war.

Von Gubbio auf den Monte Ingino

Die einfache Wegstrecke auf den Monte Ingino beginnt gut beschildert oberhalb des Doms, wo Sie die Porta Sant' Ubaldo durchqueren und dem Wegverlauf bergauf folgen. Das Ziel ist die **Basilika Sant' Ubaldo**, eine aus dem Mittelalter stammende Kirche, die im 16. Jahrhundert umgebaut und mit einem schönen Hauptportal versehen worden ist. Im Jahre 1194 wurde hier, in aussichtsreicher Lage, der Heilige Theobald (Sant' Ubaldo) beigesetzt, sofern man das so nennen darf, wenn die Leiche heute in einem Glassarg zur Schau gestellt wird (bis zur Basilika 40 Minuten).

Von hier stiefeln Sie entweder zurück oder weiter zur **Rocca**, die Sie nicht verfehlen können. Nach dem Genuss der schönen Aussicht gehen Sie, ab hier aber nur mit Wanderstiefeln, etwa 20 m zurück, um links abbiegend nach wenigen Minuten auf dem höchsten Punkt der Wanderung, dem **Monte Ingino** (908 m), zu stehen. Betrachten Sie sich nun das Gelände und nehmen Sie das Ausflugslokal, halbrechts an einer tiefer liegenden Straße, ins Visier, denn Sie müssen nun etwas improvisieren, weil Sie keinen durchgehenden Pfad für den Abstieg auf dem Nordostrücken des Berges finden. Auf der Straße wandern Sie zu jenem Gasthaus, dem Ristorante *Parco Coppo*.

Dort spazieren Sie auf dem anfangs noch asphaltierten Sträßchen in den Wald, etwa 15 Minuten nach dem Lokal nehmen Sie den linken, nach weiteren etwa 5 Minuten den rechten Weg (lassen Sie sich vorher nicht von einem Tor verunsichern). Am frei stehenden Bauernhof entscheiden Sie sich 15 Minuten später für den ins Tal führenden Weg und können nun nichts mehr falsch machen, wenn Sie an der **Kapelle Madonna del Sasso** vorbei durch die Buca d'Ansciano, eine reizvolle Schlucht, gehen und, nachdem Sie den Friedhof von Gubbio links liegen gelassen haben, auf die SS 219 stoßen. Nach insgesamt knapp 3 Stunden stehen Sie wieder in Gubbio und erinnern sich gerne an die schöne Aussicht und eine reizvolle Bergwelt. Mit der Kompass-Karte Nr. 2465 kann nichts schief gehen, wir waren ohne Karte unterwegs, auch dabei ist nichts schief gegangen.

In der **Basilika Sant' Ubaldo** (Näheres siehe oben bei der Wanderung) sind Ihnen sicher im rechten Seitenschiff merkwürdige Holzkonstruktionen aufgefallen. Es sind die berühmten *Ceri (Kerzen)*, mehrere hundert Kilo schwere Holzgebilde (die übrigens das umbrische Wappen zieren – siehe auf dem Titel dieses Buches). Sie kommen in jedem Jahr, am Nachmittag des 15. Mai, beim berühmtesten umbrischen Volksfest, zum Einsatz.

Das Fest der Ceri

Inzwischen haben wir uns am Todestag des Heiligen Theobald auch selbst in das Gedränge gestürzt, als Außenseiter bei der Kleidung und im Geiste. Das begann schon am Vorabend, der WOMO-Stellplatz war natürlich zu klein, als wir ein *Ristorante* dem überall in Alu-Schälchen gereichten Stockfisch vorzogen. Nur Ausländer essen an diesem Abend nicht in einer Gasse stehend und aus der Hand. Man kann nicht behaupten, der *Stoccafisso*, auch *Baccalà* genannt, würde bei Eugubinern nicht schwimmen – genau gesagt, in Rotwein aus dem Plastikbecher. Aber niemand schlägt über die Stränge oder torkelt durch die Stadt.

Das kann man sich auch gar nicht erlauben, weil vermutlich jeder, der im Umkreis von Gubbio noch gehfähig ist, am nächsten Morgen schon ab 9 Uhr auf den Beinen steht. Wenn an Ihrem Wohnmobil die Dachfenster offen sind, werden Sie schon von den Fanfaren geweckt, hinter denen die Menschen den ganzen Vormittag über durch die Straßen ziehen. Jeweils in einer der drei Farben ihrer Zunft und mit Halstuch. Weiße Jeans sind Tage zuvor in Gubbio meist ausverkauft, und die Hemden aus glänzender Kunstfaser hielten wir seit Jahrzehnten für ausgestorben.

Gegen Mittag wünschen sich dann tausende Kostümierte in voller Sonne auf der Piazza della Signoria eine atmungsaktive Oberbekleidung und harren der Dinge, die sie *Ceri* nennen. Aber die Zeremonie lässt Sie lange warten, weil alle Register der Inszenierungskunst gezogen werden. Endlich treten die Herolde in Aktion, die Rathaustüren werden geöffnet – an diesem Tag eher aufgetan – und unter *Aplausi* und *Bravi* der Menge werden nacheinander die drei Holzkerzen im Laufschritt die

Treppe hinunterbefördert, aufgerichtet und mit Schutzheiligen auf der Spitze – Ubaldo für die Maurer, Georgio für Handwerker und Kaufleute und der Abt Antonio für die Bauern – auf der Piazza zur Schau getragen; als Vorgeschmack für den nachmittäglichen Wettlauf.

Spätestens jetzt löst sich auch das Rätsel der Trittleitern, die schon am Vortag mit Schlössern an die Häuser gekettet wurden. Sie sind die Podeste der Fotografen. Denn ohne diese profane Hilfe lässt sich der Kerzenlauf nicht ablichten (und konnte auch von mir nicht bildtechnisch bewältigt werden).

Am Nachmittag treten dann zur vorgegebenen Zeit (alle Zeiten sind auf Plakaten in der ganzen Stadt abzulesen) drei Mannschaften, die sich ursprünglich aus den Maurern, den Kaufleuten und den Bauern rekrutiert haben, gegeneinander an, um die riesigen Holzklötze von der Piazza della Signoria in rasendem Tempo durch die Gassen der Altstadt bis hinauf zur Basilika Sant' Ubaldo zu schleppen. 10 Männer müssen jeweils die Apparate tragen, die – wie bei einem Staffellauf – unterwegs auf andere Schultern weitergegeben werden. Dabei geht es nicht darum, wer als Erster ankommt, das ist wegen der fehlenden Überholmöglichkeiten sowieso immer die zuerst gestartete Gruppe. Das Ziel des Spiels ist dennoch die Zeit, etwa achteinhalb Minuten braucht die Siegermannschaft. Vor allem dürfen die Kerzen unterwegs nicht umfallen.

Im Anschluss an den Wettkampf werden die hölzernen Phalli wieder in der Kirche verwahrt, bis sie ein knappes Jahr später ab dem ersten Sonntag im Mai im Rathaus erneut bereitgestellt werden.

Ein WOMO-Stellplatz am Rande einer schönen Stadt verleitet uns immer zum Abendessen außer Haus. Wir entscheiden uns nach reiflichem Studium diverser Speisekarten für das **Ristorante *Bosone Garden***, südöstlich der Piazza della Signoria. Die Preise liegen unter denen der berühmten ***Taverna del Lupo*** (wo wir vor Jahren gut bekocht wurden), und mit der Terrasse kann kein anderes Lokal in Gubbio mithalten *(Tel. 075-9221246; am rechten Ende der Piazza 40 Martiri die Gasse bergauf bzw. in der Gasse unterhalb der Piazza della Signoria vorbei und bei nächster Gelegenheit rechts; außer von Juni bis September mittwochs geschlossen; nicht alle Leser waren zufrieden).* Von der viel gepriesenen ***Grotta dell'***

Angelo raten wir ab, sie tendiert zu richtig schlecht: lieblos, geschmacklos, niveaulos und keineswegs preiswert.

Wahrscheinlich werden Sie von Gubbio nur selten in die äußerste nordwestliche Ecke Umbriens weiterfahren. Sie werden sich **Città di Castello** für später aufheben, wenn es irgendwann auf der Strecke liegt. Sie sollten aber dann Ihre Route nach den Zielen wählen, denn die Stadt am Tiber (38.000 Einwohner), eine der größeren in Umbrien, lohnt sich nicht nur wegen ihres authentischen, touristisch absolut unverdorbenen Stadtinneren, sie ist für Kunstfreunde eine der ersten Adressen. Weil hier nämlich die zweitwichtigste **Pinakothek** Umbriens eingerichtet ist, mit Bildern von Signorelli, Raffael sowie Arbeiten der Della-Robbia *(Pinacoteca Comunale, 10-12.30 und 15-17.30 Uhr, montags geschlossen; 5 €)*. Genauso berühmt sind die ehemaligen **Trockenhallen** für exotischen Tabak, dessen Anbau im Tibertal in den 70er Jahren unrentabel geworden ist, die *Ex Seccatoi Tabacchi*, in denen nach einem schlimmen Hochwasser des Jahres 1966 sogar Bücher und Akten aus Florenz getrocknet wurden. Die an der Straße nach Umbertide liegenden Gebäude sind heute ein großes Ausstellungsgelände für Kunstwerke von Alberto **Burri**, einem zeitgenössischen Künstler (1915 bis 1995), dessen Werk zunächst nur im Palazzo Albizzini ausgestellt war. Die Schlichtheit der schwarzgestrichenen Funktionsgebäude passt hervorragend zu den auf wenige Formen, Farben und Materialien beschränkten Arbeiten des Künstlers und zu den auf der Wiese vor den Hallen postierten Skulpturen *(9-12.30 und 14.30-18 Uhr; Sonn- und Feiertag 10.30-12.30 und 15-18 Uhr; montags geschlossen; 7 €)*. Den Stellplatz haben wir selbst noch nicht getestet:

in Città di Castello

(123) WOMO-Stellplatz: Città di Castello

GPS: N 43°27'31" E 12°14'05", Viale Nazario Sauro. **Max. WOMOs**: 10-20.
Ausstattung/Lage: Ver- und Entsorgung, Toilette, Mülleimer / Stadtrand.
Zufahrt: Fahren Sie außerhalb der Mauer um die Stadt; Sie kommen dann westlich der Altstadt an zwei zwischen der Straße und Feldern liegenden großen Parkplätzen vorbei, die sich beide eignen und von denen einer neuerdings mit einer Entsorgungsstation aufgewertet worden ist.

TOUR 12
10 km
N
PESARO
ANCONA
EMILIA ROMAGNA
MARKEN
TOSKANA
UMBRIEN
nach Bologna
San Marino
(Tour 13)
Perticara
(Tour 13)
Nova-feltria
San Leo
Sant' Agata Feltria
Pennabilli
(Tour 13)
Montefiore Conca
(Tour 13)
Gabicce Mare
(Tour 13)
Fiorenzuola
Gradara
(Tour 13)
Fano
Torrette
Senigallia
Falconara
Urbino
Tufo
Fossombrone
Mondavio
Corinaldo
S. Lorenzo in Campo
Gola del Furlo
Furlo
Sant'Angelo in Vado
Urbania
Lámoli
Sansepolcro
Cagli
Secchiano
Pergola
Frontone
Fonte Avellana
nach Gubbio
(Tour 11)
Jesi
(Tour 11)
Mergo
Band 8
Mit dem Wohnmobil durch die Toskana und nach Elba
72
423
16
14
3
73
424
76
116
124
125
126
127
128
129
130
131
132
133
134
135
136
137
138
139
140
141
143
144
145
146
147
149
154
156
157
159
WC

Tour 12: Durch die nördlichen Marken nach Urbino 250 km

Cagli - Pergola - Mondavio - Corinaldo - Senigallia - Fano
Urbino - Urbania

Stellplätze:	in Cagli, in Pergola, in Mondavio, in Corinaldo, in und bei Fano, bei Furlo, in Urbino, bei San Cipriano, in Urbania, bei Lámoli
Campingplätze:	bei Torrette di Fano, bei Furlo
Besichtigen:	Figurengruppe *Bronzi Dorati in Pergola*, Gola del Furlo, Urbino, Urbania
Essen:	Ristorante *La Palomba* in Mondavio, Ristorante *I Tigli* in Corinaldo, *Trattoria del Leone* in Urbino
Wandern:	bei Mondavio, bei San Cipriano

Nördlich von Gubbio durchquert die SS 452 unspektakulär den Apennin, aber geschichtlich bedeutsames Terrain. Unbemerkt passieren Sie wieder die Grenze zu den Marken und stoßen dort auf die antike Via Flaminia, benannt nach Gaius Flaminius, dem Stümper vom Trasimenischen See (Tour 1). Und südlich von Cagli leitet Sie ein Wegweiser zu einer beeindruckenden römischen Brücke, die sich in einem so hervorragenden Erhaltungszustand befindet, dass ich diesen eher neuzeitlichen Restauratoren zuschreibe.

Die Kleinstadt **Cagli** (9.000 Einwohner) wird niemals unter einem Touristenansturm leiden. Wir haben auf unseren Touren durch die Marken schon eine größere Anzahl dieser Orte kennen gelernt, an die man gerne zurückdenkt, weil sie so typisch italienisch und unverdorben wirken und von denen wir an Winterabenden zu Hause erzählen. Wenn wir von den Vorzügen der Wohnmobilreise schwärmen, fallen uns gerade Orte wie Cagli ein, und wir glauben, in solchen Kleinstädten nur angehalten zu haben, weil wir mit dem Wohnmobil bewusster reisen. Bis zu jenem Winter haben wir aber schon wieder vergessen, wie wir uns doch ein wenig gelangweilt über die Piazza geschleppt, wie wir einen mitleidigen Blick auf die

Cagli - Torrione

Männer geworfen haben, die vor einer wirklich einladenden Cafébar verdrossen hinter ihren Biergläsern saßen, und dass wir schon nach weniger als einer Stunde wieder in unser WOMO eingestiegen waren. Nur ein Highlight behalten wir stärker in Erinnerung, den so genannten **Torrione**, einen ovalen Wehrturm aus dem Jahr 1481. Die Ausstellung zeitgenössischer italienischer Kunst in seinem Inneren war uns zu mühsam. Wir hätten auch in Cagli übernachten können, aber wir haben es nicht getan, weil uns einfach zu wenig los war:

(124) WOMO-Stellplatz: Cagli

GPS: N 43°32'57" E 12°39'07".
Max. WOMOs: 5-8.
Ausstattung/Lage: Geschäfte und Gaststätten im Ort / Ortsrand.
Zufahrt: Fahren Sie in Cagli direkt unterhalb der Altstadt nach Norden, kurz vor dem nordöstlichen Ortsende zweigt eine Straße hinab zum Fluss und endet bei einem kleinen Freilufttheater auf einem sehr großen Parkplatzgelände.
Hinweis: Eine **Badestelle**, bei der Sie am Straßenrand parken aber nicht übernachten können, finden Sie westlich von Cagli, an der SP 29 nach Secchiano, ungefähr 1 km westlich der Kreuzung mit der S 3; man muss dort etwa 5 Minuten zum glasklaren Fluss hinabklettern: GPS: N 43°32'40" E 12°37'39".

Auf dem Weg nach Pergola kommen Sie nach etwa 2 km an einer sprudelnden **Trinkwasserquelle** vorbei, und nach etwa 10 km zweigt nach rechts die Straße zum **Kloster Fonte Avellana** ab, wo am Fuß des 1.700 m hohen Monte Catria heute noch einige Mönche in himmlischer Ruhe und größter Abgeschiedenheit ihre Frömmigkeit ausleben, aber auch darüber wachen, dass im Klosterladen die Kasse stimmt (vornehmlich Kosmetika).

Pergola

Pergola (6.800 Einwohner) ist ebenfalls einer jener Orten für die Winterabende. Wenigstens fällt Ihnen hierzu sogleich der Name wieder ein, Sie dürfen ihn auch betonen, wie Sie das spontan schon taten (auf der ersten Silbe). Die Kleinstadt unterscheidet sich aber von allen anderen Kleinstädten der Gegend, weil es ein **Museum** gibt mit einem fantastischen Fundstück, einer römischen Reiter- und Figurengruppe. ***Bronzi Dorati*** nennt man das Ensemble aus zwei Reitern und zwei Frauen aus dem 1. Jahrhundert nach Chr., die ein Brüderpaar 1946 bei der Feldarbeit zufällig ausgebuddelt hat. Die wacke-

Pergola - *Bronzi Dorati*

ren Finder mussten danach allerdings mehrere Enttäuschungen hinnehmen: Was sie zunächst für pures Gold hielten, war lediglich vergoldete Bronze, und für ihre historische Großtat war ihnen nicht einmal Finderlohn vergönnt. Die Geschichte rächt sich und hat der Welt bis heute nicht verraten, weshalb der Schrott ausgerechnet in einem Acker bei Pergola vergraben war. Die Bronzeplastiken gehören nach meinem Geschmack zu den großen Sehenswürdigkeiten der Marken, das Museum liegt im südlichen Ortsteil an der Straße nach Fabriano *(10 - 12.30 und 15.30 - 18.30 Uhr, montags geschlossen; im Juli/ August bis 19.30 Uhr und täglich geöffnet; 6 €).*

Eine schattige Wiese bildet die Basis des örtlichen Stellplatzes:

(125) WOMO-Stellplatz: Pergola

GPS: N 43°33'56" E 12°50'12", Via San Biagio. **Max. WOMOs**: 5-7. **Ausstattung/Lage**: Ver- und Entsorgung (Wegweiser ‚*Camper Service*'), Toilette, Mülleimer, klappstuhlgeeignet, Gaststätten und Geschäfte in der Nähe / Ortsrand.
Zufahrt: Der Platz liegt im nordöstlichen Ortsteil, etwas westlich der Straßengabelung der SS 424 und nördlich des Flusses; fahren Sie nördlich um den Ort und wenn Sie keinen Wegweiser zum Stellplatz finden, an der Stelle, an der sich östlich von Pergola die nördliche und die südliche Ortsumgehung treffen, auf der Via San Biagio zurück in den Ort; vor einer Brücke zweigt dann nach links ein Sträßchen zum Fluss ab; Sie müssen dort unter der Brücke durch nach links abbiegen und gelangen in einen kleinen Park.

Im benachbarten **San Lorenzo in Campo** wurde eine **römische Villa** mit Mosaikfußboden ausgegraben, außerdem finden Sie einen beschilderten **Camper Service** beim Sportplatz (mit Stellplatz, GPS: N 43°36'22" E 12°57'04", Via Zara). Wenn Sie danach auf dem Weg nach Osten das Flusstal überquert haben und die Straße an Höhe gewinnt, werden Sie beim Blick über unzählige Hügel begeistert anhalten und mit Hilfe der Karte versuchen, wehrhafte Türme einzelnen Städtchen zuzuordnen. Das wird schwierig, weil von vielen Kuppen Festungsmauern aufragen. Besonders an einem sonnigen Spätnachmittag werden Sie die für

die Marken so typische Hügellandschaft als ein der Toskana und Umbrien ebenbürtiges Reiseziel erleben. Und Sie lesen, was Sie in fast allen meinen Büchern lesen, nämlich den wohlgemeinten Hinweis, in einer prachtvollen Gegend hinter der Küste nicht zu schnell der Versuchung des Meeres zu erliegen.

Deshalb biegen Sie nach **Mondavio** (3.800 Einwohner) ab, in ein *Schönstes Dorf Italiens (Uno del Borghi piu Belli d'Italia*) und auf einen kleinen Stellplatz nördlich des *Centro*, in dem man sich sofort angekommen fühlt, nachdem man im Innern der dicken Ziegelsteinfestung den Dorfplatz betreten hat, mit Café, Bäcker, Touristenbüro und Pizzeria, eine Ecke weiter.

In einem kleinen Museum sind alte Waffen nachgebaut, bedient von Puppen in liebevoll dilettantischen Kostümen. Wenn Sie auf der rechten Seite des Stellplatzes, den Sie sich mit den Reisebussen teilen, eine Lücke gefunden haben, werden Sie auch hier über die wunderbare Landschaft blicken:

(126) WOMO-Wanderparkplatz: Mondavio

GPS: N 43°40'29" E 12°58'02".
Max. WOMOs: 3-4.
Ausstattung/Lage: Ver- und Entsorgung, saubere Toilette, Mülleimer, Gaststätten, Geschäfte, Wanderweg / Ortsrand.
Zufahrt: Biegen Sie nordöstlich von Mondavio, kurz unterhalb des runden Turms von der SP 25 bei der Beschilderung ab.

Hinweis: Falls Sie hier keinen Platz finden oder sich die Verhältnisse verändert haben, können Sie auf die Rückseite der Stadt fahren, wohin Sie gelangen, wenn Sie auf der anderen, der südöstlichen Seite um die Mauer fahren. In der Nähe eines Spielplatzes entdecken Sie dort an der fast nicht befahrenen Straße **weitere** Parkmöglichkeiten.

Trotz des Superblicks von der Terrasse der Pizzeria *Al Giardino* haben wir lieber der Literatur vertraut und im familiären **Ristorante *La Palomba*** ordentlich gespeist, das sich genauso einladend und freundlich präsentiert hat wie der ganze Ort *(Tel. 0721 977048; in der letzten Septemberwoche und über Winter sonntags abends geschlossen)*. Wer die liebliche Hügel-

bei Mondovi - Blick auf den Wanderweg

landschaft in vollen Zügen genießen möchte, schnürt in Mondavio die Wanderstiefel und spaziert auf Sicht oder begleitet uns auf einer leichten Wanderung, die uns so ähnlich Ursula und Claus-Günter Frank im Rother-Wanderführer *Marken-Adriaküste* vorgewandert haben:

Rundweg bei Mondavio

Gehen Sie bei der Touristeninformation, seitlich des zentralen Platzes von **Mondavio** den langen *Corso Roma* abwärts. Am ehemaligen Krankenhaus wenden Sie sich nach rechts, gleich danach wieder nach links und wandern nach wenigen Metern erneut rechts auf einer Asphaltstraße steil bergab. Nach einer Rechtskurve geht der Fahrbahnbelag in Schotter über, Sie stiefeln weiter bergab bis zu einer **sternförmigen Kreuzung**. Hier werden Sie nach etwa zwei Stunden wieder ankommen.

Blick auf Mondovi

Hier ist auch eine der wenigen Stellen, an der Sie auf den richtigen Weg achten müssen. Der führt nämlich mit der Straßenbezeichnung Contrada Fontevecchia bergab ins Tal. Nun folgen Sie stur der Schotterstraße, auf der Sie einen Bach überqueren, und bei den Häusern eines kleinen Dorfes wieder auf der Höhe ankommen.

Dort gehen Sie auf Asphalt nach rechts und müssen sich entscheiden, Sie sind insgesamt rund 50 Minuten und etwa 5 Minuten, nachdem Sie auf die Asphaltstraße gestoßen sind, unterwegs, ob Sie die kürzere Variante der Wanderung wählen, auf der Sie rund 30 Minuten sparen. Wenn Sie nicht aufpassen, bleiben Sie auf Asphalt und gehen bei der Gabelung rechts. Das ist die kürzere Strecke. Entscheiden Sie sich für den längeren Weg, müssen Sie bei dem Metallkreuz auf der unbefestigten Straße, der Contrada Monterico, geradeaus gehen. Auf dem längeren Weg brauchen Sie noch 25 Minuten bis Sie östlich des Dorfes San Michele auf die SP 424 stoßen, wo Sie 40 m nach rechts gehen, eine Brücke überqueren, wieder auf einen unbefestigten Weg einbiegen und sich bei der nächsten Gabelung links halten. Nun kann nichts mehr schief gehen. Sie stoßen etwa 20 Minuten nach der SP 424 auf die von rechts kommende Abkürzung.

Bei der kürzeren Alternative gelangen Sie hierhin, wenn Sie an besagtem Metallkreuz auf Asphalt weitergehen, stur geradeaus (ein Gehöft muss umgangen werden, danach nehmen Sie den linken Weg) und zuletzt steil bergab auf San Michele zu gehen, bis Sie auf die Asphaltstraße stoßen, auf der Sie auf dem längeren Weg von San Michele heraufgekommen wären.

Beide Wege führen nun erneut bis an die SP 424, von der Sie sich an einer Bushaltestelle gleich wieder nach rechts verabschieden, um bei der nächsten Kreuzung erneut rechts zu gehen. Bald stoßen Sie auf den Hinweg und sind nach gut 2 oder 2,5 Stunden, je nach Alternative, wieder in Mondavio. Eine Karte gibt es nicht, Sie können sich aber nicht verirren. Für heiße Sommertage ist der Weg mangels Schatten nicht geeignet.

Blick auf Corinaldo

Gegenüber von Mondavio, auf der Südseite des Flusstales, können Sie in **Corinaldo** (5.200 Einwohner, *Uno del Borghi piu Belli d'Italia*) einem ähnlich schönen Hügeldorf, ebenfalls die Nacht verbringen, unterhalb einer perfekt erhaltenen Ziegelstein-Stadtmauer:

(127) WOMO-Stellplatz: Corinaldo

GPS: N 43°38'51" E 13°02'56", Via Lepri. **Max. WOMOs**: 4-6.

Ausstattung/Lage: Ver- und Entsorgung, Toilette, Mülleimer, Gaststätten, Supermarkt eine Etage über dem Platz, schöner Blick in die Landschaft / Ortsrand.

Zufahrt: Biegen Sie von der SP 17 südöstlich und unterhalb der Altstadt auf den unübersehbaren Parkplatz bei der Sporthalle und Schule ab.

Hinweis: Manchmal stören der Schulbus, der morgens den Motor laufen lässt, oder Eltern, die ihre Kinder absetzen.

Sollten Sie am Abend in der alten Stadtmauer von Corinaldo das **Ristorante *I Tigli*** betreten, werden Sie zunächst an unserer Empfehlung zweifeln: Statt eines Wohlgeruchs von Knoblauch und frischer Pizza empfängt Sie ein dezenter Mief von Feuchtigkeit und Moder, der den alten Mauern schon seit

Jahrhunderten anzuhaften scheint, und in den geräumigen Gaststuben wäre Platz für mehrere Busgruppen. Leider sind Sie die einzigen Gäste. Wie kann man Ihnen ein solches Etablissement zumuten? Warten Sie ab! Wenn nach 20 Uhr der Laden allmählich brummt, werden Sie Abbitte leisten, weil Sie in diesem Buch kaum ein *Ristorante* kennen gelernt haben, in dem das Verhältnis von Qualität, Portionsgröße und Rechnungsendbetrag günstiger war. Nehmen Sie den offenen Wein, er kostet nur wenig mehr als das Wasser *(Reservierung nicht erforderlich, im Sommer auch im Freien – Leser haben allerdings berichtet, Niveau, Preise seien gestiegen und vor allem das Outfit der Kellner habe problemlos mitgehalten)*.

Am Horizont hinter den Hügeln haben Sie das Meer gesehen, und Sie fahren trotz aller Warnungen hinunter nach **Senigallia** (40.000 Einwohner), einem der Hauptbadeorte der Marken, mit unendlich langem, überwiegend sandigem Strand – und mit Anlass für unendliche Enttäuschungen.

Wir haben Anfang September die gesamte Strecke zwischen der Raffinerie nördlich von Ancona und Senigallia abgefahren. Wir hätten nach dem 31.8. (und vor dem 25.6.) überall kostenlos parken – und vermutlich übernachten – dürfen. Wir hätten die Strände fast für uns gehabt. Selbst ohne Endzeitstimmung – die *Bagni* wurden gerade geschlossen, auf den Campingplätzen hat man die Wohnwagen in Plastik eingepackt – wäre kaum Urlaubsfreude eingetreten. Zu uniform ist dieser Teil der Küste, an dem auf der ganzen Länge der Strand unmittelbar an die Straße grenzt. In der Hochsaison herrscht großer Trubel, flächendeckendes WOMO-Übernachtungsverbot, und die Campingplätze, alle jenseits der Straße, werden von Dauercampern dominiert.

Im Negativen nicht mehr steigerungsfähig ist der offizielle Stellplatz im Süden von Senigallia, zwar nicht weit vom Meer entfernt, aber an der SS 16, schmutzig und laut (zur Entsorgung die Koordinaten: N 43°42'18" E 13°14'14"). Besser wird die Küste auf dem Weg nach Fano: Bei Torrette di Fano kommt ein Campingplatz – mit erheblichen Abstrichen – in Frage. Dazu gibt es noch eine Alternative:

(WOMO-Campingplatz-Tipps: Torrette di Fano

(128) ***Stella Maris***
GPS: N 43°47'55" E 13°05'42". **Ortszentrum**: 1 km.
Tel. 0721 884231, www.campingstellamaris.it. **Zeiten**: Mitte April bis Ende September.
Ausstattung: Pool, Gaststätte, Laden, viele feste Behausungen.
Zufahrt: Der Platz ist an der SS 16 nördlich von Torrette di Fano beschildert.
Preise: 26,50 – 42 €.
Hinweise: Keine Hunde. Alle schöneren Plätze in Strandnähe sind von Mietwohneinheiten zugebaut.

(129) *Adriatico*
GPS: N 43°48'26" E 13°04'53", SS 16. **Max. WOMOs**: 30-40.
Ausstattung/Lage: Es handelt sich um eine Mischung zwischen Stell- und Campingplatz zwischen Straße und Bahnlinie, eigentlich direkt am Stand, den Sie aber wegen des Bahndamms nicht sehen; das Gelände sieht schön aus, man leidet aber unter der Bahn, klappstuhlgeeignet / außerorts.
Zufahrt: Der Platz liegt südlich von Fano und am nördlichen Ortsanfang von Torrette di Fano an der S 16 als *,Area di Sosta'*, beschildert, in der Nähe des vorerwähnten Campingplatzes.
Preise: 13 - 20 €. **Hinweis**: Nur vom 15.4. – 15.9.

Auch wenn Sie sich in diesem Teil der Welt hauptsächlich mit dem Strand und der Frage, wo Sie dort Ihr Wohnmobil abstellen können, beschäftigen, sollten Sie ein paar Schritte durch **Fano** (57.000 Einwohner) gehen, dessen überschaubare Altstadt uns gut gefallen hat. Besonders der **Arco di Augusto** und die dazugehörige Stadtmauer aus dem Jahr 9 nach Chr., einst Ende der Via Flaminia *(zu Fuß auf dem Viale Kennedy beim nachbenannten Stellplatz nach Südwesten und bei einer sternförmigen Kreuzung in die Stadt).* Die Aufenthaltsbedingungen fassen wir zusammen:

Bade- und Stellplätze: Fano

(130) *Parcheggio Sassonia 3*
GPS: N 43°50'34" E 13°01'52", Via Ruggero Ruggeri. **Max. WOMOs**: ca. 30.
Ausstattung/Lage: Wasser, **keine Entsorgung,** Strom, nur durch eine Straße vom Feinkiesstrand getrennt, klappstuhlgeeignet (wenngleich theoretisch Klappstühle verboten sind), gute Pizzeria benachbart / Ortsrand.

Zufahrt: Verlassen Sie die SS 16, das ist die Küstenstraße, südlich der Innenstadt und südlich des Bahnhofs von Fano bei einer Trafostation; die Straße überquert dann auf einer Brücke die Bahnlinie, danach halten Sie sich links, Sie gelangen an den Strand und fahren noch ein kurzes Stück stadteinwärts (am Ende beschildert). **Gebühr**: 7 €/Nacht, 2 €/Strom.
Hinweise: Im Sommer oft schon nachmittags belegt; ausnahmsweise ohne störende Bahnlinie, aber an der lauten Straße, weshalb man möglichst weit hinten stehen sollte; im Sommer viel Trubel und etwas ungepflegt.

(131) Innenstadt
GPS: N 43°50'45" E 13°00'39", Viale John F. Kennedy. **Max. WOMOs**: ca. 20.
Ausstattung/Lage: Sehr gut und ruhig gelegener Stadtplatz, Ver- und

Entsorgung, klappstuhlgeeignet, Gaststätte und Geschäfte in der Nähe, zu Fuß ca. 800 m bis zum Meer / Innenstadtrand.
Zufahrt: A 14 bis Ausfahrt *'Fano'*; zunächst Richtung *'Centro'*, am ersten Kreisel halblinks Richtung *'Rosciano'*, 2. Kreisel geradeaus, 3. Kreisel rechts in die *Via Roma* Richtung *'Centro'* (bei Backsteinkirche); nach 600 m Kreisel halblinks und links eines Flüsschens *(Via Kennedy)* nach weiteren 500 m links zum Stellplatz:

Die Plätze von Fano eignen sich vor allem, wenn man ab Ancona die Fähre nach Griechenland gebucht hat. Sonst wird man sich nach der zweiten oder dritten Nacht schnell wieder ins Landesinnere zurückziehen. Zuerst nach **Fossombrone** (9.800 Einwohner) und sich wiederholen: parken, einmal die Hauptstraße hoch, wieder zurück, einsteigen – und am deutschen Winterabend milde über die Strandurlauber lächeln.

Erlaubt wäre auch: gar nicht hinfahren und zur **Gola del Furlo** durchstarten. Dazu flitzen Sie am besten auf der vierspurigen SS 3 durch den großen Tunnel, um nördlich von Acqualagna auf einer schmalen Landstraße nach Norden zurückzufahren. Sie kommen dann bald an einer Mischung von Picknick-Park und **Campingplatz** vorbei (siehe bei der folgenden Stellplatzbeschreibung) und gegenüber davon an einer romanischen Kirche aus dem 10. Jahrhundert. Kurz danach treffen Sie in **Furlo** am Anfang der Schlucht, an einem lang gestreckten Parkplatz oberhalb einer einladenden Picknick-Wiese, auf eine Gaststätte mit großer Tradition: Der *Duce* höchstselbst hat hier schon verkehrt, wie man mit einem Foto neben dem Eingang stolz beweist. Ich hoffe, Sie nehmen deshalb Ihren Kaffee lieber im WOMO, das Sie an den oberen Rand der Picknick-Wiese stellen können, ein in der Nebensaison lauschiges Plätzchen. Nur baden werden Sie nicht. Zu schmutzig und zu schaumig rauscht der Bach vorbei:

WOMO-Camping- und Wanderplätze: Gola del Furlo

(132) Camping *Parco le Querce*
GPS: N 43°38'14" E 12°42'00". **Öffnungszeiten**: Ostern bis Ende September und während des Trüffel-Festes Anfang November.
Ausstattung: Eher ein Campingplatz als ein Stellplatz, viele Leute kommen aber auch nur zum Picknick hierher, Ver- und Entsorgung, Toiletten, Duschen, klappstuhlgeeignet, Gaststätte in der Nähe.
Zufahrt: Der Platz liegt an der Straße zwischen der SS 3 Abfahrt *'Furlo'* und der Schlucht, also südlich der Schlucht.
Preise: Übernachtung 13 €, Tagesaufenthalt 10 €, Ver- und Entsorgung 5 €.
Hinweis: Im Frühjahr 2014 waren deutlich die Spuren eines Hochwassers zu sehen.

(133) Parkplatz
GPS: N 43°38'19" E 12°42'50".
Max. WOMOs: 4-5.
Ausstattung/Lage: Gaststätten, Picknick-Wiese, Spielplatz, Mülleimer; die Verbotslage ist unklar, weil die Gaststätten Schilder aufgestellt haben, die den Eindruck erwecken, als sei das gesamte Parkplatzgelände Gästen vorbehalten; gegen Abend ist hier alles frei; man kann sich meist auch eine Etage tiefer an den oberen Rand der Wiese stellen (hier nachts unerlaubt, aber geduldet) / Ortsrand. **Wanderweg**: Der Rother-Wanderführer weist Ihnen einen interessanten Weg auf die Höhe.
Zufahrt: Der Platz ist südlich der Schlucht beim Weiler Furlo an der Straße nicht zu verfehlen. **Hinweis**: Im Frühjahr 2014 waren deutlich die Spuren eines Hochwassers zu sehen.

Das eigentliche Naturschauspiel, die **Schlucht**, liegt nördlich des Weilers Furlo, zwischen 900 m hohen Bergen und mit dem Nachteil, dass man an den schönsten Stellen kaum parken kann. Allerdings haben neuzeitliche Verkehrsplaner eine Ampel aufgestellt, ohne die Ihr WOMO bei Gegenverkehr in einem echt antiken Tunnel stecken bliebe. Man glaubt es kaum, dass schon unter Kaiser Vespasian 76 n.Chr. auf der Via Flavivia ein Straßentunnel Militärbewegungen dienlich war. Im Frühjahr 2014 waren vom Hochwasser ein 10 m breites Straßenstück weggespült und die Schluchtstrecke gesperrt. Sie können problemlos nachsehen und, falls die Sperrung fortdauert, auf die parallel verlaufende Schnellstraße ausweichen – und mir schreiben.

Von hier ist es ein Katzensprung nach **Urbino** (15.000 Einwohner), einer Kleinstadt mit Universität und einer der großen Sehenswürdigkeiten Mittelitaliens, dem **Palazzo Ducale** (Herzogspalast), der zur selben Zeit (um 1470) auf Geheiß desselben Herzogs (Federico da Montefeltro) und möglicherweise auch vom selben Baumeister (Laurano) errichtet wurde wie das kleine Gegenstück in Gubbio (Tour 11). Das Bauwerk ist von außen imposant – wegen der schlanken, runden Türme und der Loggia, besonders von der Talseite, dort wo unser Stellplatz liegt –, und es beherbergt auch einige Kunstschätze: Eine Predella (Teil einer Altartafel) von Uccello *(‚Raub einer Hostie')*, ein Bild von Piero della Francesca *(‚Die Geißelung'*- Seite 274) und die berühmte *‚Stumme'* von Raffael; zudem das *‚Studiolo'*, das prächtig vertäfelte Arbeitszimmer des Herzogs Federico *(8.30-18 Uhr, sonntags nur bis 12.30, montags geschlossen; Uhr; 5 €).*

Wenigstens so sehenswert wie dieser Palast ist das historische Zentrum von Urbino, seit 1998 nicht ohne Grund in der UNESCO-Liste für das erhaltenswerte Weltkultur-Erbe. Außer-

dem wurde in Urbino im Jahre 1483 **Raffael**, ein Schüler Peruginos, geboren (gestorben 1520). Sein **Geburtshaus**, an dem Sie auf der ansteigenden Hauptstraße unweigerlich vorbeikommen, kann besichtigt werden *(9-13 und 15-19 Uhr, So. und feiertags 10-13 Uhr; 3,50 €).*

Die meisten Touristen vergessen, das **Oratorio di S. Giovanni** zu besuchen. Dabei gehören die farbenfrohen **Fresken** der Brüder Salimbeni aus dem Jahr 1416 zu den großen Sehenswürdigkeiten der Marken *(gehen Sie am zen-*

Urbino

tralen Platz beim Ristorante S. Giovanni rechts bergauf in die Via Posta und dann gleich links in die Via Barocci; 10-12.30 und 15-17.30 Uhr, So. und feiertags 10-12.30 Uhr; 2,50 €).

Sie finden in Urbino drei Sorten von Stellplätzen: einen offiziellen Stellplatz, einen Notstellplatz im Zentrum und einen tagsüber leider häufig zugeparkten Lieblingsstellplatz an der Festung, unweit der Stätte, von der alle Ansichtskarten aufgenommen sind:

WOMO-Stellplätze: Urbino

(134) Lieblingsstellplatz an der Festung

GPS: N 43°43'34" E 12°37'57", Viale Bruno Buozzi. **Max. WOMOs**: höchstens 5.

Ausstattung/Lage: Toilette, Mülleimer, Geschäfte (Supermarkt unterhalb des Geburtshauses, Bäcker schräg gegenüber desselben), Gaststätten, stellenweise und gegen Abend sogar klappstuhlgeeignet / im Ort.

Zufahrt: Sie fahren von Osten auf Urbino zu, beim 2. Kreisverkehr und Auftreffen auf die Mauer zunächst links; sodann umkurven Sie die Stadt unterhalb der Mauer im Uhrzeigersinn, vorbei am großen (Bus-) Parkplatz; danach macht die Straße einen Linksbogen; nach diesem fahren Sie rechts hoch beim Wegweiser *'Fortezza'*; danach ca. 200 m, bis Sie der Wegweiser *'Fortezza'* bergauf schickt; am Ende der Auffahrt ein kurzes Stück links und erneut rechts bis zum Stellplatz außerhalb der Festung (manche Navis schicken Sie auf Umwege).

Hinweise: Für **große Wohnmobile** nicht oder nur bedingt geeignet. Der Platz ist tagsüber, besonders am Vormittag, **oft besetzt**; über Mittag und am Abend sind aber meistens Plätze frei. In der Nacht von Freitag auf Samstag wird unter den Pinien der **Markt** aufgebaut! Leser berichten, sie seien auch an anderen Tagen fast zugeparkt worden; stellen Sie sich so, dass Sie nicht eingekeilt werden können!

Am besten stehen Sie wie auf unserem Foto oder direkt an der Mauer der Fortezza.

Wenn Sie durch die Einbahnstraße am eigentlichen Parkplatz vorbei fahren (links der Superblick auf den Palazzo) kommt rechter Hand eine **weitere lange Parkbucht für große Wohnmobile**.

(135) Notstellplatz unterhalb des Zentrums

GPS: N 43°43'25" E 12°38'04", Borgo Mercatale. **Max. WOMOs**: etwa 5.

Ausstattung/Lage: Mülleimer, Geschäfte (Supermarkt unterhalb des Geburtshauses, Bäcker schräg gegenüber desselben), Gaststätten / im Ort.

Zufahrt: Wie zum vorigen Platz, Sie kommen am hiesigen Platz vorbei.

Gebühr: 1.20 €/Std.

Hinweis: Parkplatz mit Schranke, die von 20 bis 7.30 Uhr geschlossen ist; man kann in dieser Zeit nicht anreisen oder wegfahren.

(136) offizieller Stellplatz

GPS: N 43°44'01" E 12°37'37", Viale Pablo Neruda. **Max. WOMOs**: 10-15.

Ausstattung/Lage: Entsorgung, Mülleimer, klappstuhlgeeignet, aber nur bedingt lauschig / Ortsrand, ins Zentrum etwa 2,5 km; es fährt alle 30 Mi-

nuten ein Bus ins Zentrum, Fahrschein im Bus am Automaten, Haltestelle direkt am Platz.
Zufahrt: Der Platz liegt nordwestlich der Altstadt bei einem Sportgelände, Wegweiser *‚Bus Turistici'*.
Hinweis: Der Platz ist schräg, daneben gibt es aber eine waagerechte weitere Fläche.

Sie werden von unserem Lieblingsplatz am Abend ihren Rotwein zu einer Bank am nahen Hang tragen und den Herrschaften von der UNESCO danken, dass Ihnen diese schöne Stadtansicht erhalten bleibt (Foto Seite 236).

Der **Campingplatz**, 2,5 km östlich von Urbino *(Ende März bis Ende September)*, hat neben diesem Übernachtungsplatz schlechte Karten, er liegt auf einem Berg, ist also nicht fahrradgeeignet, und der Betreiber erlaubte uns – angeblich aus Zeitgründen – keine Besichtigung.

Eine Reise nach Urbino ist besonders schön, wenn keine Ferien sind, weil man sich dann zu einem Café oder zu einem Bittergetränk am zentralen Platz unter den Arkaden zwischen die Studenten setzt und gar nicht mehr aufstehen möchte. Und wer auf unserem Lieblingsstellplatz eine Lücke gefunden hat, und nicht so unverfroren ist, Klappstuhl und Tisch an eine der schönsten Aussichtsstellen der Marken zu schleppen (was man hier unseres Erachtens durchaus tun kann, solange man den Grill und seine Großfamilie nicht mitnimmt – Foto Seite 236), wird ein preiswertes, urwüchsiges **Ristorante** im Zentrum suchen und in der ***Trattoria del Leone*** landen, die nur zwei Nachteile hat: Man kann nicht im Freien speisen, und man muss nachsalzen. Hat man letzteres erledigt, weiß man die schlichte, typisch italienische und preiswerte Küche zu schätzen *(Tel. 0722 329894, abends kein Ruhetag; an der Ecke des zentralen Platzes, der Piazza della Repubblica).*

Wer lieber die freie Natur sucht, fährt raus aus Urbino und findet hinter dem Friedhof von **San Cipriano**, das nur aus einer Kirche und wenigen Häusern besteht, einen Stellplatz mit Fernsicht:

(137) WOMO-Wanderparkplatz: San Cipriano

GPS: N 43°42'00" E 12°36'01". **Max. WOMOs**: 2-3.
Ausstattung/Lage: Wasser (im Friedhof rechts), klappstuhlgeeignet, Wanderweg / außerorts.
Zufahrt: Fahrten Sie in **Urbino** auf der kurvigen Straße Richtung Urbania; Sie kommen dann durch die Ansiedlung von **Tufo**, die Sie westwärts durchfahren. Etwa 300 m westlich des letzten Hauses zweigt links ein Wegweiser ab nach ‚*S. Cipriano*' ab; Sie fahren ein paar Hundert Meter auf Asphalt bergauf, kommen auf eine Art Sattel und halten sich dort scharf rechts, erneut Richtung ‚*S. Cipriano*'; es geht wieder ein Stück bergauf, bis Sie auf Häuser stoßen, vor denen Sie links fahren; linkerhand liegt nun der ehemalige Sportplatz, auf dem Sie vermutlich auch stehen könnten; wenn Sie aber noch etwa 200 m bergauf fahren, gelangen Sie zum Friedhof, den Sie links umrunden, um sich dahinter an der weiten Sicht nach Westen über die Hügel der Marken zu erfreuen.

Den Stellplatz habe ich nur entdeckt, weil ich Ihnen bei Urbino eine Wanderung anbieten wollte und ich trotz einiger Versuche nichts Besseres gefunden habe, als die im Rother-Wanderführer beschriebene Strecke, die an diesem Stellplatz nicht vorbeifährt, an dem man aber die Wanderung beginnen kann, und wo ich derweil mein Wohnmobil auch unbesorgt stehen lassen würde:

Rundwanderung ab San Cipriano

Wir suchen uns den Weg zum vorgenannten Stellplatz (siehe die dortige Zufahrtsbeschreibung). Statt hinter dem Friedhof kann man sein Fahrzeug auch ein kleines Stück weiter unten auf dem ehemaligen Sportplatz abstellen. Jedenfalls wandern wir von hier zu den wenigen Häusern von

San Cipriano, wenden uns dort rechts auf die Zufahrtsstraße, um bei der sternförmigen Wegkreuzung auf dem Sattel den rechten Weg entlang des Hangs, aber leicht bergab, zu wählen. Bald kommen wir an einem rechts gelegenen Haus mit einem auffallenden Tor vorbei, wo wir den rechten von drei Wegen wählen, der weiter ins Tal abfällt, sich nach rechts wendet und ein großes Feld umrundet.

Etwa 20 Minuten danach überqueren wir geradeaus auf der *Via San Cristoforo* eine Zufahrtsstraße, gehen an einem Bach oberhalb der Furt geradeaus, stiefeln mitten durch einen Bauernhof und halten uns an der Abzweigung zu einem weiteren Gehöft an dessen Zufahrtsstraße links. Bald gelangen wir auf eine weitere Straße, der wir erst geradeaus und an einem deutlichen Linksknick nach links folgen, bis wir nach einer Häusergruppe zu einer auffallend beschilderten Wegkreuzung gelangen. Dort zweigt ein mit Nr. 5 beschilderter Weg nach rechts ab, den wir wählen könnten, wenn wir die Wanderung um mindestens eine Stunde erweitern wollten. Wir müssten dann allerdings am Ende ein Stück entlang der Straße von Urbino nach Tufo spazieren (das haben wir aber nicht getestet).

Wir wandern stattdessen auf dem mit **Nr. 4** bezeichneten Weg weiter geradeaus und kommen wieder an der Wegspinne unterhalb von San Cipriano an.

Man wandert überwiegend auf Sicht und sieht jedenfalls auf dem zweiten Teil der Strecke, nachdem man das erste Gehöft durchquert hat, genau wie man wieder zum Ausgangspunkt zurückfindet; man sieht auch das WOMO.

Alternativ kann man die Wanderung in Tufo beginnen, wo es aber rechts der Straße im Grunde nur eine geeignete Möglichkeit gibt, das Wohnmobil abzustellen. Man wandert von dort noch ein Stück auf der Straße nach Urbania, bis man die Häuser von Tufo hinter sich gelassen hat und biegt dann auf der Straße nach San Cipriano ab (siehe die obige Zufahrtsbeschreibung zum Stellplatz). Unterhalb des Sattels, von dem man nach San Cipriano abbiegt, hat man einen schönen Blick zurück auf Urbino.

Die Wanderung dauert auf der von uns beschriebenen Strecke ungefähr 2,5 Stunden; man kann sich vermutlich auch ohne die Kompass-Karte Nr. 2455 nicht verlaufen.

Urbania

In Tufo hat man schon fast die Hälfte der kurvigen Strecke nach **Urbania** (6.800 Einwohner) bewältigt, wo man sich einen weiteren **Palazzo Ducale** *(täglich außer montags von 10-12.30 und 15-18 Uhr; 4 €)* anschauen kann, ebenfalls eine Residenz der Montefeltro, die kleiner ist als die von Urbino, was genauso für die Pinacoteca zutrifft. Kein Abklatsch von Urbino sind hingegen die schöne Lage von Urbania an einer Biegung des Flusses Metauro und die **Mumien- und Skelettsammlung** in der **Chiesa dei Morti**. Die 18 mumifizierten Leichen, die ein Schimmelpilz auf natürliche Weise konserviert hat, wurden 1833 auf dem Friedhof ausgegraben und werden seitdem in einer Kirche halbkreisförmig in Nischen stehend zur Schau gestellt *(Cimitero delle Mummie – leider ist die Besichtigung nur noch nach Anruf möglich; Tel.349 8195469).*

Sie finden einen Stellplatz, der sich eher nur zum Parken eignet, und einen zum Verweilen:

WOMO-Stellplätze: Urbania

(138) **Piazzale delle Poste**

GPS: N 43°39'55" E 12°31'20", Viale Michelangelo. **Max. WOMOs**: 5.

Ausstattung/Lage: Ver- und Entsorgung (häufig zugeparkt), Geschäfte und Gaststätten in der Nähe, etwas laut, eher ein Parkplatz / Ortsrand.

Zufahrt: Südlich des *Centro storico* überquert die E 78 (SP 4, das ist die Hauptdurchgangsstraße) den Fluss und knickt dann ab; kurz danach kommt

man an einem großen Platz vorbei (beschildert).
Hinweis: Wegen des Marktes nicht in der Nacht auf Donnerstag.

(139) Parco Ducale
GPS: N 43°40'47" E 12°30'48", *SS 73.*
Max. WOMOs: 30.
Ausstattung/Lage: Ver- und Entsorgung, Strom, Mülleimer, klappstuhlgeeignet, sehr schön im Grünen und in der Nähe des Flusses gelegenes, offizielles Gelände / außerorts, einsam.
Zufahrt: Biegen Sie nordwestlich von Urbania von der SS 73/E 78 nach dem Ende der Bebauung in einer westlichen Kurve nach Norden zum Fluss hin ab, der Stellplatz liegt beschildert hinter einer großen Kirche.

Etwa 26 km westlich von Urbania finden Naturliebhaber am Fuß der alten Passstraße nach Sansepolcro und Umbrien in **Lámoli** einen offiziellen, wunderbaren Naturstellplatz auf einer Wiese, der auffallend vielen Lesern gefallen hat:

(140) WOMO-Stellplatz: Lámoli

GPS: N 43°37'32" E 12°15'33", SS 73 bis. **Max. WOMOs**: 10.
Ausstattung/Lage: Ver- und Entsorgung, Mülleimer, klappstuhlgeeignet, Laden und Gaststätten in etwa 350 m Entfernung / außerorts, etwas einsam, gerne besucht.
Zufahrt: Der Platz ist als Wohnmobilstellplatz an der SS 73 bis, ca. 300 m vor Lámoli (also östlich) und seitlich der Straße ausgewiesen.
Hinweis: Zwischen Urbania und der Schnellstraße im Tiber-Tal ist oder war eine vierspurige Straße geplant, mit welcher die schöne, aber kurvenreiche Passstrecke umfahren werden soll; wenn jene fertig gestellt ist (womit ich nicht rechne), müssen Sie westlich von Sant'Angelo in Vado auf die alte Passstraße nach Lámoli abbiegen.

Literarisch treten wir nun den Rückweg an die Küste an, wo unsere letzte Tour beginnt.

Tour 13: Nördliche Küste, San Marino und Montefeltro 190 km

Monte San Bartolo - Gradara - San Marino - Verucchio
San Leo - Pennabilli - Perticara - Sant'Agata Feltria

Stellplätze:	bei Gabicce Mare, in Gradara, in Montefiore Conca, in San Marino, in Verucchio, in Torriana, in Montebello, in San Leo, in Perticara, in Sant'Agata Feltria
Campingplätze:	bei Fiorenzuola di Focara oder Casteldimezzo, in San Marino, bei Perticara
Besichtigen:	Gradara, San Marino, San Leo, Pennabilli
Essen:	*Osteria Belvedere* in San Leo, Restaurant von *Camping Perticara*
Wandern:	bei San Leo

Bevor Sie im Norden den Gebirgszug des sogenannten Montefeltro kennen lernen und dabei sogar ein wenig aus den Marken heraus in das Grenzgebiet zur Emilia-Romagna eindringen, ist erst noch ein Stück Küste angesagt:

In der Fastgroßstadt **Pésaro** (90.000 Einwohner) haben wir uns wegen fehlender Übernachtungsmöglichkeiten nicht weiter umgesehen. Jedoch der riesige Mittwochsmarkt in der Altstadt ist uns nicht entgangen.

Dafür tuckern wir nördlich von Pésaro auf dem Sträßchen oberhalb der Steilküste durch den **Regionalpark Monte San Bartolo**. Etwa 3 km südlich Fiorenzuola di Focara kommen wir dabei an *Camping Panorama* vorbei, dessen Name nicht ganz ehrlich ist: Dem Panoramablick stehen nämlich nicht nur die Bäume im Weg, man sieht vor allem nicht aufs Wasser. Trotzdem hat dieser Platz nur den Nachteil, dass er nicht am Meer liegt:

(141) WOMO-Campingplatz-Tipp: Fiorenzuola di Focara *(Panorama)*

GPS: N 43°56'30" E 12°50'47".
Ortszentrum: 3 km.
Zeiten: 15.4.- 30.9.
Tel: 0721 208145.
Ausstattung: Schön gelegener Pool, kleines Restaurant, kleiner Laden, keine Dauercamper, nur wenige Mietbehausungen.

Zufahrt: Der Platz ist ab Fiorenzuola di Focara beschildert.
Preise: 24 – 34 €.
Hinweis: Den steilen, mit Seilen gesicherten Pfad hinunter zum Strand, der etwa nach 100 m seitlich der Straße nach Pesaro abzweigt, haben wir nicht getestet; angeblich benötigt man 20 Minuten (schreiben Sie mir gerne dazu).

(142) Ähnlich liegt ***Camping Paradiso***, 1 km nördlich von **Casteldimezzo** *(März bis Dezember)*. Auch dort gibt es einen Pool und einen gut begehbaren Fußweg runter ans Meer.
GPS: N 43°57'35" E 12°48'08". **Tel**. 0721 208579. **Zeiten**: 1.3. – 31.10.

In der nördlichen Nachbarbucht finden Sie einen Großparkplatz mit Bereichen für Wohnmobile, der allerdings bei unserer Recherche Mitte Juni (noch?) geschlossen war:

(143) WOMO-Badeplatz: Gabicce Mare *(Baia Vallugola)*

GPS: N 43°57'45" E 12°47'13", Strada della Vallugola. **Max. WOMOs**: ca. 30.
Ausstattung/Lage: Ver- und Entsorgung, Mülleimer, Badestrand, klappstuhlgeeignet, Gaststätte / außerorts, gut besucht.
Zufahrt: Biegen Sie südlich von Gabicce Mare von der S 16 zur Baia Vallugola ab, an einer Gabelung fahren Sie rechts abwärts. Wenn Sie von den vorherigen Campingplätzen auf der Panoramastraße kommen, biegen Sie beim Wegweiser zur Vallugola-Bucht rechts ab.
Gebühren: 7,50 €/12 Stunden, 13,50 €/24 Std.; es gibt auch Zwischentarife.
Hinweise: Der Parkplatz liegt etwa 300 m oberhalb des Meeres und ei-

nes kostenpflichtigen *Bagno*. Zum sehr schmalen freien Strand muss man noch etwas weiter gehen. Im Juni 2014 war der Platz vollständig vorhanden, aber – vermutlich vorübergehend – geschlossen (schreiben Sie mir über die Entwicklung und sehen Sie nach unter *www.vallugolaparking.it/*).

Hier darf man an der Küste wirklich nicht weiter nach Norden fahren. Es droht nämlich Rimini. Vielleicht haben Sie schon von der **Festung Gradara** gelesen und dem Attribut, es handele sich um eine der schönsten Ortschaften Italiens *(Uno del Borghi piu Belli d'Italia)*, mit geschlossenem Mauerring und 16 Türmen. Im Prinzip ist das richtig. Wenn aber eine Festung von zackigen Zinnen ummauert auf einer Anhöhe in unmittelbarer Küstennähe thront, gar in Sichtweite von Rimini und anderen stark besuchten Adria-Badeorten, deren Kundschaft schon seit Jahrzehnten keine Bildungsreise gebucht hat, kann man sich ausmalen, wie es an einem trüben Ferientag in der Hauptgasse von Gradara zugeht, wenn man am Strand mal nicht die Haut

Gradara

Gradara - Festung

schädigt, und welches Kitsch-Sortiment in den Ladengeschäften vorgehalten wird.

Jenseits der Kasse am Tor der **Festung** grenzt der Eintrittspreis aber die Interessierten von den Knackwurstbraunen ab, weil in der Folterkammer keine Werkzeuge zu sehen sind. Der Rundgang durch die Gemächer der Malatesta aus dem 15. Jahrhundert führt Sie deshalb in erstaunlicher Ruhe an sehenswerten Gemälden vorbei, von denen mir in der **Sala di Putti** die Fresken am besten gefallen. Selbstverständlich kommen Sie auch in die **Camera di Francesca**, in der das Drama um einen der bekanntesten Seitensprünge der Literaturgeschichte sein blutiges Ende gefunden hat: Dante berichtet, wie Gianciotto Malatesta seine Frau Francesca, die den Gatten auf Dienstreisen wähnte, in den Armen seines Bruders Paolo ertappt und nicht lange gefackelt hat. Gianciotto trieb das Schwert mit der Spitze voran durch die beiden Liebenden. Und es heißt, er habe so die beiden Ertappten auch im Tod vereint. Wobei das Wörtchen *'auch'* auf eine klassische *In-Flagranti-Situation* schließen lässt.

Das ist die Gelegenheit, einmal darauf hinzuweisen, dass der Wohnmobil-Urlaub neben zahlreichen anderen Vorzügen einen weiteren großen Vorteil hat, weil meist Paare zusammen verreisen und sich demnach selten, um nicht zu sagen niemals, Gelegenheit zu einem Urlaubsflirt oder Schlimmerem ergibt. Zumindest solange man den Austausch von Spülmittel und Scheuerschwamm am Campingplatzbecken noch nicht zu den Gefahren des Lebens zählt.

Wenn Sie sich ausreichend und bildlich die Folgen der literarischen Untreue vorgestellt haben, werden Sie von den obersten Bastionen der Festung die Küste unter sich sehen und sich danach blickmäßig sowie gedanklich landeinwärts orientieren *(trotz nervender Hauptstraße lohnt sich der Besuch der Festung von Gradara sehr; 8.30-18.30 Uhr, montags nur bis 13 Uhr; 4 €).*

In Gradara finden Sie einen nicht schlechten Stellplatz, in der Saison vermutlich erst am späten Nachmittag, wenn die Tagestouristen wieder auf dem Rückweg zum Strand im Stau stehen:

(144) WOMO-Stellplatz: Gradara

GPS: N 43°56'28" E 12°46'16", Piaz. Paolo e Francesca. **Max. WOMOs**: 8-10.
Ausstattung/Lage: Ver- und Entsorgung, Toilette, Mülleimer, Laden, Gaststätten / im Ort.
Zufahrt: Der Platz ist in Gradara als *'P 1'* und *'Bus'* beschildert; bei sehr großem Betrieb wird zumindest für Pkw oberhalb ein weiterer großräumiger Parkplatz geöffnet.
Gebühr: 5 €/zwei Stunden, von 8-23 Uhr und über Nacht 10 €.
Hinweis: Leicht schräg.

Gradara war aber erst die Übung für San Marino, das wir durch die anmutigen Hügel der nördlichen Marken erreichen. Wer Spaß an kleinen, befestigten Orten hat, fährt hinauf nach **Montefiore Conca** und betrachtet die dicken Mauern, die einst den Ort und die Burg geschützt haben – und vielleicht auch das großzügige Parkplatzangebot:

(145) WOMO-Stellplatz: Montefiore Conca

GPS: N 43°53'28" E 12°36'34". **Max. WOMOs**: 5-8.
Ausstattung/Lage: Mülleimer, klappstuhlgeeignet, im Ort gibt es einen anfahrbaren Brunnen, eine Gaststätte und einen Laden / Ortsrand.
Zufahrt: Das beschilderte Parkplatzareal liegt nördlich des Dorfes.

San Marino - Festung *La Guaita* auf dem Monte Titano

Auf dieser Strecke nähern wir uns **San Marino** durch zahlreiche Kurven von Süden, was deutlich reizvoller ist als die vierspurige Schnellstraße (SS 72), auf welcher der Durchschnittstourist von Rimini und Riccione heranbraust. Der macht das in der Regel auch nur an einem trüben Nachmittag, um keinen Strandtag zu versäumen, aber er tut es dennoch in Massen. Früher hat er vielleicht Briefmarken gesammelt, heute sind es eher Waffen oder vermeintlich billige Markenparfüms, Markentaschen oder andere Markenartikel, bei denen man nie weiß, ob sie echt sind oder nur preisgünstig – oder nichts von beidem. Auf jeden Fall wird jener Massentourist keine Umsatzsteuer bezahlen.

San Marino

Der Steinmetz Marinus aus Brindisi war einer der ersten, die im 4. Jahrhundert vor der Christenverfolgung des römischen Kaisers Diokletian in die Felseinsamkeit geflüchtet sind. Weitere Christen folgten ihm, und allmählich entstand so eine größere Gemeinde. Bald darauf zog sich auch der Kollege Leo auf einen benachbarten Berg zurück (das heu-

San Marino - Blick vom Monte Titano

tigen San Leo), während Marinus am Monte Titano Anhänger um sich scharte. Es entwickelte sich dort so etwas wie eine politische Ordnung mit demokratischen Grundsätzen, und bereits 1244 wurden die ersten Volksvertreter gewählt, die sich im Jahr 1250 eine demokratische Verfassung gaben – die älteste Demokratie der Welt.

San Marino gehört heute mit 61 Quadratkilometern und ca. 28.000 Einwohnern zu den kleinsten Staaten der Erde. Kleiner sind noch zwei außereuropäische Inselstaaten, außerdem der Vatikan und Monaco. Letzteres hat allerdings mehr Einwohner.

Im Fußball verliert San Marino häufig zweistellig. Aber nach 61 Niederlagen haben die tapferen Kicker im November 2014 den Esten ein torloses Remis abgerungen. Davor hatte man ein einziges Mal gepunktet – im Jahr 1993 beim 0:0 gegen die Türkei.

Bei unserem ersten Besuch hatten wir einen tristen Regentag erwischt und nicht das Bedürfnis, die Visite bei schönem Wetter zu wiederholen. Sehr viel gibt es auch nicht zu sehen, obgleich das **historische Zentrum** und der **Monte Titano** seit dem Jahr 2008 in der UNESCO-Liste des Weltkulturerbes stehen. Seriöse Hauptattraktion ist die neoklassizistische **Basilica di San Marino**, in der die Gebeine des Heiligen Marinus aufbewahrt werden. In der benachbarten **Kapelle San Pietro** kann man die ersten Lagerstätten des Missionars und seines Gefährten Leo betrachten. Die meisten Besucher begnügen sich mit einem Foto der inszenierten Wachablösung am **Palazzo Pubblico**, dem Regierungspalast von 1894 im neugotischen Stil, und vielleicht noch mit einem weiteren von den **drei Türmen** auf dem Monte Titano, dem Wahrzeichen der Stadt, von denen der Blick wirklich lohnend ist (Foto siehe oben).

Wir hätten das Foltermuseum, das Kuriositätenmuseum und das Wachsfigurenmuseum besichtigen können. Wer schon länger mit uns verreist, weiß, dass wir es nicht getan haben. Wir hätten uns auch mit Waffen eindecken können, mit Dolchen, so lang wie Schwerter, und allerlei Faust- und Jagdwaffen. Aber wir haben nicht erkundet, ob diese in den schätzungsweise 50 Waffengeschäften Attrappen sind. Wir hatten nicht diesen Eindruck, und wir gestatten uns die Warnung, dass Sie bei der Einfuhr einer Pumpgun nach Deutschland am Zoll freiwillig die Umsatzsteuer deklarieren müssen.

Wir hatten in San Marino auch nicht das Bedürfnis nach einem Stellplatz, wir haben uns trotzdem umgesehen und ein erstaunliches Angebot entdeckt, was vermutlich an der hohen Besucherdichte liegt (ca. 3 Millionen pro Jahr):

WOMO-Stellplätze: San Marino

(146) Parkplatz *'P 12'*
GPS: N 43°55'33" E 12°26'52", Viale Campo dei Giudei. **Max. WOMOs**: 5-8.
Ausstattung/Lage: Ver- und Entsorgung, Picknick-Areal in der Nähe, meistens klappstuhlgeeignet, teilweise schöner Blick / außerorts.
Zufahrt: Der Stellplatz liegt deutlich unterhalb der Stadt am Westhang an einer Art Umgehungsstraße, auf deren Seiten allerdings Parkplätze eingezeichnet sind, die also im Sommer vollgeparkt sein dürften.
Wenn Sie sich von Süden dem Stadtberg nähern, gelangen Sie in der Nähe einer Tankstelle an einen zentralen Kreisverkehr; dort fahren Sie links, leicht bergab.

(147) Parkplatz *,P 10'* - stadtnah
GPS: N 43°56'06" E 12°26'39", Via Napoleone Bonap. **Max. WOMOs**: 10-15.
Ausstattung/Lage: Strom, Gaststätten in der Nähe, direkt gegenüber dem Personenaufzug ins Zentrum, / Innenstadt;
Zufahrt: Der Platz liegt auf der Rückseite (Westseite) des Stadtberges; Sie umrunden den Stadtberg von Süden, fahren an einem großen Kreisverkehr auf den Berg zu und folgen dann dem Wegweiser *,Camper'*, der Parkplatz liegt an der Talseite der Straße und ist als *,P 10'* bezeichnet; Sie kommen bei der Umrundung der Stadt unweigerlich daran vorbei, wenn Sie die für Wohnmobile verbotenen Strecken meiden;
Gebühr: Parkscheinautomat 8 €/24 Stunden.
Hinweise: Zeitweise laut, leicht abschüssig; der beste Platz für die Besichtigung.

(148) Parkplatz *,P 13'*
GPS: N 43°56'28" E 12°26'33", Via Bigelli. **Max. WOMOs**: 80.
Ausstattung/Lage:, Ver- und Entsorgung, Toilette, Gaststätten in der Nähe; 300 m von der Talstation der Seilbahn entfernt / Stadtrand.
Zufahrt:. Der Platz liegt auf der Westseite des Stadtberges, relativ nahe an der nördlich der Stadt vorbeiführenden Umgehungsstraße.
Wenn Sie von der Küste kommen, schwenken Sie nach den ersten Serpentinen noch deutlich unterhalb des Burgberges nach rechts zum Parkplatz *,P 13'*, dem ersten Parkplatz der ausgeschildert ist; die Zufahrt zu *P 13* ist eine Einbahnstraße; folglich müssen Sie Terrasse für Terrasse hinabkurven, wobei Sie die Entsorgungsstation entdecken. **Hinweise**: Der eindeutig schönste Stellplatz in San Marino. Auf den tiefer gelegenen Terrassen ist es ruhiger als weiter oben.
An der Zufahrt erkennen Sie auch einen waghalsigen Klettersteig mit 157 Stufen zum **Sacello del Santo Marino**, einer Grotte in der Felswand, die dem Heiligen Marinus als Unterschlupf gedient haben soll.

(149) Via del Serrone *(Camper Stop)*
GPS: N 43°55'22" E 12°27'07", Via del Serrone. **Max. WOMOs**: 10-15.
Ausstattung/Lage: Offizieller Stellplatz, Wasser, Strom, klappstuhlgeeignet, Gaststätten in der Nähe, innerhalb einer Baumgruppe / Stadtrand.

Zufahrt: Fahren Sie am bei P 10 erwähnten Kreisverkehr Richtung *,Centro Storico'*; 1,4 km vor P 10, auf dem Weg zum dortigen Stellplatz (siehe oben) kommen Sie kurz nach der Tankstelle an einem kleinen, oberhalb der Straße gelegenen Wäldchen vorbei, in dem der beschilderte Stellplatz liegt.
Hinweise: Relativ laut; höchstens 48 Stunden, enge Zufahrt.

In Frage kommt schließlich der Campingplatz, der auf der Küstenseite des Berges liegt, ein gutes Stück von der Innenstadt entfernt, der aber einen angenehmen Eindruck macht:

(150) WOMO-Campingplatz-Tipp: San Marino
(Centro Vacanze)

GPS: N 43°57'33" E 12°27'43", Strada San Michele. **Ortszentrum**:5 km.
Zeiten: ganzjährig. **Tel**: 00378 (0)549 903964.
Ausstattung: Pool, geräumiges Restaurant, Buslinie Nr. 7 nach San Marino.
Zufahrt: Der Platz liegt östlich von San Marino an der S 72, der Straße nach Rimini, und ist beschildert. **Preise**: 22 – 42 €.

Verucchio

Der Blick von den Zinnen in San Marino weckt die Neugier auf die anderen Bastionen, die im Grenzgebiet zur Emilia-Romagna aus der lieblichen Landschaft heraus ragen. Zunächst auf **Verucchio** (der ganze Ort hat 9.000 Einwohner, während das *Centro storico* sehr überschaubar ist), in dessen Burg der Begründer des Geschlechts der Malatesta geboren worden ist (siehe bei Gradara). Die **Rocca** ist daher auch die Hauptsehenswürdigkeit außer der romanisch-gotischen Pfarrkirche, dem Franziskanerkloster von 1215 (im Innern beachtliche *,Kreuzigung'* aus dem 13. Jahrhundert) und der Zypresse vor letzterem, die angeblich schon Franz von Assisi gepflanzt haben soll. Ein Kleinod ist der Schildkrötenbrunnen auf dem Dorfplatz. Der Stellplatz mit ein wenig Sicht bis zum Meer gehört in die Gattung derer, die man gerne an Ostern besucht, im Sommer aber weniger reizvoll findet:

(151) WOMO-Stellplatz: Verucchio

GPS: N 43°58'55" E 12°25'31".
Max. WOMOs: höchstens 5.
Ausstattung/Lage: Entsorgung, kein Trinkwasser, klappstuhlgeeignet, im Ort gibt es Gaststätten und einen Laden / Ortsrand.
Zufahrt: Der Platz ist als ‚P 7' auf der Ostseite der Altstadt beschildert; Sie können mit dem WOMO durch das historische Zentrum fahren.

Wer nach Aussichtsplätzen süchtig ist, fährt auf die nördliche Talseite des Flusses Marecchia und schaut oberhalb von **Torriana** vom *Punto Panoramico* zurück auf Verucchio, San Marino und das Meer:

(152) WOMO-Stellplatz: Torriana *(Punto Panoramico)*

Blick nach San Marino

GPS: N 43°59'04" E 12°22'58".
Max. WOMOs: 3-4.
Ausstattung/Lage: Klappstuhlgeeignet, Gaststätte in der Burg mit guter Pizza / außerorts, einsam.
Zufahrt: Fahren Sie in Torriana hinauf zur Burg, dem Borgo di Scorticata, und parken Sie vor der Burg in der Ausbuchtung rechts der Straße.

Deutlich weniger ausgesetzt steht man auf dem offiziellen Stellplatz des benachbarten und ebenfalls hoch gelegenen **Montebello**:

(153) WOMO-Stellplatz: Montebello

GPS: N 43°58'18" E 12°22'06". **Max. WOMOs**: 6.
Ausstattung/Lage: Ver- und Entsorgung, klappstuhlgeeignet, Gaststätte im Ort / außerorts.
Zufahrt: Fahren Sie von Torriana nach Montebello, der Stellplatz liegt etwa 400 m vor dem Dorf. **Gebühr**: 1,50 €.

Zurück zu den frühchristlichen Missionaren: Marinus' Berufskollege Leo hatte sich einen schrofferen, strategisch aber günstigeren Felsen ausgesucht, den der Massentourismus heute schon deshalb verschont, weil der Berg nur von einer Seite zugänglich ist: nämlich von der flacheren Westseite, auf

in San Leo

der auch Platz für das Dorf **San Leo** (2.700 Einwohner) war, das mir, obgleich *Uno del Borghi piu Belli d'Italia*, in dieser Auflage Kummer bereitet. Am ehesten ist noch die Gebietsreform zu verschmerzen, die den Ort (und sechs weitere) seit August 2009 der Emilia-Romagna angegliedert (und den Marken weggenommen) hat. Schlimmer ist die Straßensperrung, die seit dem Jahr 2014 die Zufahrt zum (unteren) ortsnahen Stellplatz unmöglich macht. Sie müssen deshalb Ihr Fahrzeug auf dem Parkplatz außerhalb der Häuser abstellen und etwa 400 m zu Fuß ins Zentrum spazieren – und nachsehen, ob die Sperrung, die vorübergehend wirkte, noch existiert. Dadurch hat San Leo auf der Wohnmobilreise an Reiz verloren, wenngleich es in der Nebensaison immer noch eines der schönsten Ziele in diesem Buch ist, in der Hochsaison möglicherweise aber nur mit Vorsicht bereist werden sollte (das haben wir noch nicht selbst getestet). Auf dem großen Parkplatz kann und darf man auch übernachten, aber leider ohne Flair:

(154) WOMO-Wanderparkplatz: San Leo

GPS: N 43°53'46" E 12°21'00", SP 22. **Max. WOMOs**: 10-15.

Ausstattung/Lage: Toilette, Wasser, abends klappstuhlgeeignet, etwa 400 m in den Ort mit Gaststätten und Bäcker, Wanderwege / außerorts, etwas einsam.

Zufahrt: Sie kommen auf der Strecke nach San Marino, das ist die SP 22, östlich des Ortes an dem großen Parkplatz vorbei.

(155) Sie sollten unbedingt nachsehen, ob der **Stellplatz unterhalb des Ortes** wieder benutzbar ist. Dazu müsste das mobile Wohnmobilverbots-

zeichen an der Zufahrt nach San Leo verschwunden sein. Gehen Sie dann zu Fuß durch den Ort, wie es bei der folgenden Zufahrt beschrieben ist:
GPS: N 43°53'55" E 12°20'36".
Zufahrt: Fahren Sie von der SP 22/SP 137 auf der einzigen, schmalen Zufahrt Richtung Stadttor (für den Begegnungsverkehr gibt es Ausweichbuchten) und durch das Stadttor hindurch, danach halbrechts bergauf in den Ortskern hinein (das sieht enger aus als es in Wirklichkeit ist, sogar ein Linienbus passt hindurch); Sie fahren ein kurzes Stück aufwärts, danach überqueren Sie leicht talwärts den zentralen Ortsplatz, an dessen Ende Sie bei einem Brunnen nach rechts abwärts abbiegen; bald kommen erst auf der linken Seite ein größerer Parkplatz, dann rechts die *Carabinieri* und kurz danach auf der linken Seite ein wunderschön gelegener Naturstellplatz.
Diese (2014 gesperrte) Alternative ist für Wohnmobile über 2,35 m Breite oder deutlich mehr als 3 m Höhe nicht geeignet.
Für den Rückweg nehmen Sie dieselbe Route in umgekehrter Richtung, fahren Sie nach dem Verlassen des Stellplatzes nicht links, weil Sie dann beim Stadttor um die Ecke biegen müssten, was größere Wohnmobile unter Umständen nicht schadensfrei schaffen; siehe auch die Anmerkungen im vorstehenden Text.

Für eine Nacht in San Leo spricht, dass sich gegen Abend die Tagestouristen zurückziehen und es eine der schönsten Urlaubstätigkeiten ist, bei klarem Wetter hoch zur **Burg** zu spazieren *(Blick nach San Marino, Waffenausstellung; 9.30-18.15 Uhr, im Winter Mittagspause von 12.45-14.30 Uhr; 8 €)* oder zum **Belvedere** direkt über dem ehemaligen Stellplatz, wo Ihr Blick über bizarre Hügel zu den dicht besiedelten Adriaständen reicht. An der Fußstrecke liegen der schlichte **Duomo** und gegenüber die kleine Kirche, an deren Stelle im 4. Jahrhundert schon der Heilige Leo gesiedelt haben soll. Sehenswert ist

San Leo

dort der Aufbau über dem Altar aus dem 9. Jahrhundert. Wer im Dom nach dem Leichnam von Leo sucht, wird enttäuscht. Die Reliquien ruhen heute in Ferrara, zurückgeblieben ist lediglich der Sargdeckel.

Sie können sich denken, dass wir an einem derart liebenswerten Reiseziel auch ein **Ristorante** gefunden haben. Entscheiden Sie sich für die ***Osteria Belvedere***, wo die Einheimischen einkehren und köstliche Pizza bestellen *(Tel. 0541 916361, rechtzeitiges Erscheinen erspart die Reservierung; dienstags geschlossen)*. In San Leo wird selbstverständlich auch gewandert:

Von San Leo ins Tal des Marecchia

Verlassen Sie **San Leo** auf der einzig möglichen Zufahrtsstraße und wenden Sie sich an deren Ende sofort nach links bergab (Wegweiser *‚San Igne'*). Nach einer lang gezogenen Linkskurve zweigt von der nun geradeaus abwärts führenden Landstraße schräg rechts ein Weg ab, auf dem Sie über eine Stunde lang bleiben werden. Mit Glück finden Sie auch eine verblasste rot-weiße Markierung an der Stelle, wo in einer scharfen Linkskurve nach rechts ein Zuweg zum **Kloster San Igne** abgeht (falls Sie zum Kloster möchten, müssen Sie von dort zurück auf unsere Strecke).

Sie schlendern auf einem geschotterten Weg bei wunderbarer Rundumsicht gemütlich bergab und kommen an verschiedenen Bauernhäusern vorbei, deren Hunde allesamt angeleint sind. Auch die Dobermänner eines neueren orangefarbenen Hauses auf der rechten Seite sind eingesperrt.

Schließlich wandern Sie im Tal des Marecchia, der bei Rimini in die Adria mündet, auf einem ebenen Weg, bis noch vor **Ponte S. Maria Maddalena** nach rechts eine Asphaltstraße abzweigt (Wegweiser *‚Legnanone'*). Die Markierung und die Wanderroute von Ursula und Claus-Günter Frank (Rother-Wanderführer) schicken Sie an dieser Stelle noch weiter bis zum Beginn der Landstraße, um dort nach rechts über Montefotogno wieder den Rückweg anzutreten. Auf diese Weise würde die Wanderung schätzungsweise eine Stunde länger dauern.

Wir wählen also die Strecke vorbei an den wenigen Häusern von **Legnanone**, wo der breite Weg von Asphalt in Schotter übergeht. Sie müssen einfach immer geradeaus und stetig bergan gehen. Etwa 45 Minuten nach dem Tal stoßen Sie auf ein Bauerngehöft (Hund wedelt mit dem Schwanz), an dem Sie links vorbei wandern und dahinter nach rechts auf einen noch breiteren Fahrweg einbiegen. Bis hierhin war die Orientierung extrem einfach, man konnte praktisch gar nicht anders gehen. Nun wird es etwas schwieriger:

bei San Leo

Etwa 5 Minuten nach dem letzten Bauernhaus, an der Stelle, wo eine Tafel auf das Naturschutzgebiet des Monte Tausano hinweist, verlassen Sie den breiten Schotterweg nach rechts und gelangen nach weiteren knapp 10 Minuten zu einer Wegspinne, wo Sie scharf links bergauf abzweigen müssen (Strada Privata, Markierung Nr. 95). Auf dieser Privatstraße klettern Sie bergauf, Sie überqueren eine Wiese und gelangen danach auf einen Kamm. Ziemlich genau an der Stelle, an der Sie zum ersten Mal **San Marino sehen**, biegen Sie nach rechts auf einen Pfad ab, der an den beiden Gipfelkreuzen des Monte San Severino vorbei führt und beim Friedhof von San Leo auf die Landstraße stößt. Dort halten Sie sich rechts.

Die gesamte Wanderung dauert auf dieser kürzeren Alternative 3:45 Stunden, es gibt höchstens zur Hälfte Schatten, eine Karte ist nicht unbedingt erforderlich, aber der Weg ist auf der relativ neuen Kompass-Karte Nr. 2455 eingezeichnet, die Sie beruhigt.

Pennabilli

Unser Werk ist noch nicht vollendet, weil der äußerste nordwestliche Zipfel der Marken (bzw. der südliche der Emilia-Romagna), das sogenannte **Montefeltro**, fehlt.

Dort ist **Pennabilli** (3.000 Einwohner) in den Blick gebildeter Touristen geraten, weil hier der im Jahr 2012 verstorbene Lyriker und Drehbuchautor Tonio Guerra gelebt hat (Drehbücher für Filme von Fellini und Antonioni – u.a. *‚Blow up‘*, die Älteren unter uns erinnern sich mit Wehmut und Ehrfurcht, *‚Carmen‘* oder *‚Ginger und Fred‘*). Schlendern Sie durch die Gassen hinauf zum sogenannten ***Roccione***, den Resten des Castello von Penna, und genießen Sie den Blick zum gegenüberliegenden Kloster, das auf den Ruinen des Castello di Billi steht. Pennabilli gehört ins Programm einer Reise durch das Montefeltro, auch wenn man nicht auf dem Stellplatz der Lage 1b hinter dem Rathaus nächtigt (**156** - GPS: N 43°49’04” E 12°15’55”, rechts hinter dem Rathaus und hinter der Schule kann man vermutlich an einer Grünfläche stehen). Beachten Sie links vor dem Rathaus den Mineralwasserautomaten!

Einen gepflegten und empfehlenswerten Eindruck macht der von uns nicht getestete kleine Campingplatz ***Camping Marecchia*** im benachbarten **Ponte Messa** *(mit großem Pool, www.campingmarecchia.it)*.

Vielleicht möchten Sie sich zu guter Letzt noch ein paar Tage entspannen. Kein Ort wäre dafür 700 Meter über dem Meeresspiegel geeigneter als **Perticara**, dessen wunderbar gelegener Campingplatz – einer der schönsten im italienischen Landesinnern, die wir kennen – sich allmählich herumspricht und nicht mehr ausschließlich von Holländern aufgesucht wird. Der Blick von der Terrasse des preiswerten Campingplatzrestaurants ist sensationell:

(157) WOMO-Campingplatz-Tipp: Perticara

GPS: N 43°53'43" E 12°14'32", Via Serra Masini 10. **Ortszentrum**: 1,1 km. **Zeiten**: 15.5. - 20.9. **Tel**: 0335 7062260, www.campingperticara.com.
Ausstattung: Pool, kleiner Laden, sehr schöne Lage, Restaurant, in dem Sie nach guter holländischer Sitte einfach nur ein Hauptgericht bestellen können, die Beilagen gehören dazu (ein weiteres *Ristorante – Pian del Bosco –* liegt außerhalb, die Straße 350 m abwärts, dort gibt es Riesenpizzas mit hauchdünnem Teig, der mit der Schere geschnitten wird).
Zufahrt: Fahren Sie in Novafeltria Richtung Perticara, der Platz liegt südlich von Perticara und ist zuletzt beschildert. **Preise**: 24-39 €.
Hinweise: Unter holländischer Leitung; der Platz ist wegen seiner Traumlage inzwischen auch außerhalb der Hochsaison an seltenen Tagen besetzt; rufen Sie sicherheitshalber vorher an, die Besitzer sprechen perfekt deutsch; decken Sie sich mit Proviant ein, es gibt nur wenig zu kaufen.

Wer nur einen Stellplatz sucht, findet in dem stillen **Perticara** (1.000 Einwohner), das ebenfalls schon nördlich der Marken in der Emilia Romagna liegt, eine Lösung, die mehr dem Zweck dient, eine Wartenacht vor dem Campingplatzbesuch zu überbrücken:

(157) WOMO-Stellplatz: Perticara

GPS: N 43°54'17" E 12°14'27", Via Circonvallazione. **Max. WOMOs**: 4-5.
Ausstattung/Lage: Ver- und Entsorgung, klappstuhlgeeignet, Gaststätte und Geschäfte im Ort / Ortsrand.
Zufahrt: Fahren Sie von Novafeltria kommend vor den Häusern links bergab, Wegweiser *,Stadio'*, bis nach etwa 800 m rechts ein Sträßchen bergauf abzweigt mit einem Wegweiser zum *,Camper Service'*.
Hinweise: Der Platz ist leider zugewachsen, weshalb die Sicht fehlt, außerdem ist er etwas verunkrautet. Schöner und mit Blick stehen Sie auf einem Wiesenstück 50 m davor, oberhalb der Straße.

Auch in **Sant'Agata Feltria** (2.300 Einwohner) wird man fündig und fragt sich, zu welchem Zweck das geräumige Übernachtungsgelände geschaffen wurde. Das Rätsel wird gelöst, wenn man sich im Ort näher umsieht und dort kleine Poster entdeckt, Fotos von einem jährlichen Großereignis, während dem

Sant'Agata Feltria - Schloss

man auf dem Stellplatz kaum noch die Tür öffnen kann. Es ist die Trüffelmesse, und wir erfahren, dass Italiener nicht nur am Strand und bei Wallfahrten, sondern auch bei Trüffelmessen im WOMO-Konvoi aufkreuzen. Bei der *Fiera Nazionale del Tartufo Bianco Pregiato* werden an sämtlichen Oktobersonntagen neben den teuren weißen auch schwarze Trüffeln, Steinpilze und Käse angeboten *(www.santagatainfiera.com)*:

(159) WOMO-Stellplatz Sant'Agata Feltria

GPS: N 43°51'50" E 12°12'20", Via Casotti Tosi. **Max. WOMOs**: 40.
Ausstattung/Lage: Ver- und Entsorgung, Mülleimer, klappstuhlgeeignet, Gaststätten und Geschäfte in der Nähe / Ortsrand.
Zufahrt: Östlich des Ortes und seitlich der SP 8 können Sie das großräumige Gelände nicht verfehlen, man verwechselt es allenfalls mit dem Bereich daneben, wo offenbar die Trüffelpost abgeht.

Wenn Sie von hier den Heimweg antreten, wählen Sie die E 45, die Schnellstraße nach Cesena sowie zur Autobahn nach Bologna. Und ein Urlaubsende an einem Sonntag Anfang Oktober, mit zwei, drei weißen Trüffeln im Gepäck, würde Ihnen olfaktorisch ewig in Erinnerung bleiben. Außerdem müssten Sie nicht schon am Montag übel gelaunt wieder an Ihrem Arbeitsplatz erscheinen.

Zumindest nicht am sofort folgenden Montag.

Die Tipps und Infos

Ich bitte vorab um Nachsicht, dass sich hier viele Informationen aus Band 8 (Toskana und Elba) wiederholen. Aber ich kann weder identische Sachverhalte unterschiedlich darstellen, noch wichtige Hinweise in einem der beiden Bücher einfach weglassen. Vieles kann man auch nicht oft genug lesen.

Campingplätze

In Umbrien und in den Marken sind die Campingplätze genauso teuer wie überall in Mittelitalien. Dafür bekommt man, von den Plätzen an den Badestellen abgesehen, mit hoher Wahrscheinlichkeit auch noch einen Platz, wenn man erst am Nachmittag anreist. Obwohl die Anzahl der Plätze so gering ist, dass ich fast alle im Landesinnern zumindest erwähnt und viele von ihnen auch in Augenschein genommen habe. Die meisten Plätze sind verhältnismäßig gut ausgestattet.

Camping Internazionale - Sirolo (Tour 10)

Die Plätze am Meer und an den Seen leiden zwischen Mitte Juli und etwa dem 20. August unter dem Ansturm der Sonnenhungrigen und Wasserfixierten. Sie können nur auf manchen Campingplätzen vorbuchen und sollten, wenn Sie auf gut Glück anreisen, morgens schon vor 12 Uhr am Schlagbaum stehen. Am besten montags, wenn viele Italiener gerade abgereist sind. Ab September wird es leer, teilweise schon öde, und Mitte September schließen häufig bereits die Plätze am Meer.

Auf den meisten Campingplätzen an der märkischen Küste stehen saisonale Dauercamper, die aber bei Weitem nicht an ihre Artgenossen heranreichen, die an deutschen Binnengewässern Jägerzaun und Rollrasen im Gepäck haben. Diverse (in diesem Buch nicht erwähnte) Plätze an der Küste sind fast völlig von solchen Dauer-Wochenend-Campern besetzt, die schon in der ersten Septemberwoche den Wohnwagen für den Winter in Plastik einwickeln.

Auf fast allen Plätze im Landesinnern, die wir uns für diese Auflage angesehen haben, war ein deutlicher **Instandhaltungsstau** zu erkennen, für den wir den Besucherrückgang infolge der italienischen Wirtschaftskrise verantwortlich machen.

Auf vielen italienischen Campingplätzen pflegt man eine ausgedehnte **Mittagspause** (häufig zwischen 13.30 und 16 Uhr), in der Sie sich oftmals nicht anmelden können. Meistens darf man auch nicht auf den Platz fahren. Für die Anreise kommt dieser Zeitraum also nicht in Frage.

Hunde sind meistens erlaubt, ich weise auf Verbote hin, die auf manchen Plätzen nur im Juli/August angeordnet werden. Insoweit sind meine Angaben nicht ganz verlässlich, weil die Platzbetreiber öfters die Regeln ändern. Ein Blick auf die Internetseite des Platzes (Ort und Platznamen in Google) verschafft Klarheit. Manche Campingplätze haben immer noch keinen Internetauftritt. Dort gilt aber auch kein Hundeverbot.

Diebstahl

Es häufen sich wieder, wenn auch verhalten, Leserbriefe, in denen von in Mittelitalien – tagsüber und in Abwesenheit – aufgebrochenen Wohnmobilen berichtet wird (schreiben Sie mir auch, für meine Tipps sind die Vorgehensweise, Ihre Absicherungen, Ort und Zeit von erheblicher Bedeutung). Bei mir wurde ebenfalls vor Jahren tagsüber auf einem belebten Parkplatz in einem kleinen Ort in Umbrien das Schloss einer Außenklappe geknackt, aber der Dieb hat schnell die Flucht ergriffen, als er statt der erhofften Handtasche nur meinen Gasgrill zu Gesicht bekam und als ihm meine Alarmanlage gehörig den Marsch geblasen hat (die an eine richtige, laute Hupe angeschlossen ist und nicht an eine jämmerliche Sirene). Aber das Schloss, das europäische Wohnmobileinheitsschloss, war mit einer einzigen Schraubenzieherumdrehung aufgebrochen. Seither kann man es vereinfacht öffnen und verschließen, statt eines Schlüssels braucht man nur einen Schraubendreher. Mit solchen Schlössern sind mehr als 90 Prozent aller Wohnmobile gesichert. Das heißt, sie sind nicht gesichert. Dabei wäre es ein lächerlicher Kostenaufwand, jede Wohnmobiltür mit einem kräftigen Aufsatzzylinderschloss auszurüsten (das in meinen Fahrzeugen stets nachgerüstet wird, weshalb bei mir auch noch nie eine Tür aufgebrochen wurde). Aber der Kunde verlangt statt ordentlicher Schlösser lieber Schnickschnack (und längst ist die Bildschirmhalterung Bestandteil der Serienausstattung vieler Reisemobile, wodurch der Anreiz zum Einsatz des Schraubenziehers begreiflicherweise wieder vergrößert worden ist).

Es gilt eine **Grundregel**, die Sie eisern befolgen müssen: **Verlasse nie dein WOMO mit nichts als dem Autoschlüssel in der Hand**. Denn die Diebe lauern womöglich hinter den Büschen und wissen, dass Sie mehr als diesen Autoschlüssel dabei haben: Geld, eine Fotoausrüstung, ein Notebook und die Damen eine Handtasche. Tragen Sie nichts unterm Arm, müssen diese Dinge zwangsläufig im WOMO zurückgeblieben sein. Eine Auto- oder Reisemobiltür ist aber für den Profi ein Klacks. Er öffnet sie in Sekunden (siehe oben).

Das betrifft besonders die Leser, die ein Wohnmobil gemietet haben, weil diese Fahrzeuge gegen Autoknacker schlecht gesichert sind. Die Besatzung solcher Mietmobile muss immer damit rechnen, das schwächste Glied in der Kette zu sein. Den Fahrzeugen, durchweg neueste Modelle mit wenig individuellen Innereien oder sogar Aufklebern, sieht der erfahrene Gauner schon von weitem an, dass die Mieter unkundiger und sorgloser sind als alte Hasen. **Das dürfen Sie in keiner Minute vergessen**, schon gar nicht auf dem Autobahnrastplatz oder an anderen Stellen, an denen Sie nur kurz Ihr Fahrzeug verlassen. Die wenige Minuten dauernde Einkehr ist oft die beste Gelegenheit, im Auto herumliegende Wertgegenstände einzusammeln. Wenn es irgendwie geht, sollte auf Rastplätzen immer ein Familienmitglied im Auto bleiben, und wenn das nicht geht, müssen die Wertsachen zur kurzen Erfrischung (und Entleerung) mitgenommen werden!

Das gilt auch für die kurze Besichtigung, wenn Sie gerade mal ein paar Schritte um die Ecke gehen.

Lassen Sie nie – auch nicht für einen kurzen Moment – einen **Rucksack** oder eine **Handtasche** sichtbar liegen, und schon gar nicht mit Ihrem Geldbeutel, den Papieren… Das ist die zweite **Grundregel**!

Ihr Wohnmobil sollte über geeignete Sicherungsvorkehrungen verfügen. Diese sind zwar für einen brutalen Einbrecher nur eine Hemmschwelle, denn wer ein derart leicht gebautes Fahrzeug aufbrechen will, über erforderliches Werkzeug und einen entsprechenden Zerstörungswillen verfügt, kriegt jedes Reisemobil auf. Aber der Bösewicht zaudert eher, wenn er sieht, dass ihm sein Handwerk nicht leicht gemacht wird. Immer wieder wird uns in Leserbriefen von aufgebrochenen Wohnmobilen berichtet, aber noch nie, dass die **Alarmanlage** scharf geschaltet war. Abgesehen davon, dass eine solche Vorrichtung Lärm macht, den Sie in der benachbarten Kneipe oder am nahen Strand möglicherweise selbst hören, dürften schon entsprechende Aufkleber an den Seitenscheiben oder ein blinkendes Lichtchen eine gewisse Warnfunktion haben. Der Einbau ist leider teuer und kostet gut und gerne 500 Euro, aber er belohnt Sie mit einem deutlich sorgenfreieren Urlaubserleben (Sie sollten ab und zu an entlegener Stelle die Funktion testen).

Es gibt auch wirksame **mechanische Hürden**: Der WOMO-Verlag verkauft Ihnen den *WOMO-Knacker-Schreck*, den Sie auch in Mietmobilen einsetzen können und der die Vordertüren wirksam verriegelt (funktioniert nicht bei Ford-Modellen). Außerdem vertreibt in Deutschland die Firma Oelmühle (*Tel. 02174/2223* oder *www.quick-safe.de*) leicht zu montierende Ketten, mit denen Sie die Fahrzeugtüren verrammeln können, und zwar so gut, dass jeder Dieb sie von außen erkennt und (wie auch beim Produkt des WOMO-Verlages) ahnen kann, dass die Ketten nicht einmal nach dem Einschlagen der Scheibe problemlos auszuklinken sind. Wer über handwerkliche Grundkenntnisse verfügt, ist in der Lage, die Schlösser zu montieren, die Oelmühle ebenfalls für die Aufbautüren anbietet, und deren Riegel auch nachts einen optimalen Einbruchschutz bieten. Pfiffig sind die Schlösser von *Heosafe (www.heosolution.de)* und die Produkte der Firma *Fiamma (www.fiamma.it* mit Preisen und Bezugsquellen – ein Blick in den Online-Katalog lohnt sich auch wegen anderer Produkte). Gerade *Heosafe* hat viele neue Produkte – sogar für Kastenwagen – im Angebot und entwickelt sich zum Marktführer. Dabei wundert uns nur, dass derlei Zubehör nachgerüstet werden muss, wo doch der Käufer eines Wohnmobils, der durchschnittlich über 60.000 Euro hinblättert, zu seiner Sicherheit gerne ein paar Euro mehr ausgeben würde (löblich ist das ab Werk lieferbare Zusatzschloss, das beispielsweise *Hymer* (auch zum Nachrüsten) für die Aufbautüren anbietet – das aber bei vielen teuren Hymermobilen nicht eingebaut wird, weil erstaunlicherweise sogar deren Käufer am falschen Fleck sparen). Aber da Sie, liebe Leser, schon erfahrene Wohnmobil-Reisende sind oder sich zumindest auf dem Weg dorthin befinden, werden Sie der Industrie ihre an Äußerlichkeiten orientierte Verkaufspolitik lassen, die Ihnen einen gewissen Einbruchsschutz bietet. Denn neben Ihrem WOMO steht zumeist ein schlechter gesichertes, das von den Dieben bevorzugt wird.

Ein ganz wichtiger Tipp, sozusagen die Grundregel Nummer drei: Bewahren Sie wertvolle Dinge und wichtige Utensilien (täglich benötigte Medikamente) nicht in Aktentaschen oder kleinen Koffern auf. Alles, was ein Schloss hat, wird als erstes geklaut. Besonders der Schminkkoffer, der, wie uns die Leserbriefe zeigen, nicht nur zum festen Repertoire eines deutschen Mietmobils, sondern auch zur Lieblingsbeute eines eiligen Womo-Knackers gehört.

Das alles hat mit der **Übernachtungssicherheit** auf freien Stellplätzen nichts zu tun. Nur drei oder vier Südfrankreichurlauber haben mir im Verlauf von über 20 Jahren von einem nächtlichen Überfall berichtet. Und die standen alle auf einem Autobahnrastplatz, wo ich **niemals** übernachten würde. Es gibt nichts Gefährlicheres, auch wenn Sie mobile Nachbarn haben !!!

Falls Ihr Auto einmal aufgebrochen wird oder Sie bestohlen werden, sollten Sie als erstes bei der nächsten Polizeidienststelle eine Verlust- bzw. Diebstahlanzeige (*denuncia di smarrimento / denuncia di furto*) aufgeben. Sie erhalten hierüber eine gesiegelte Ausfertigung, die Sie gut aufbewahren müssen, damit Sie an der Grenze keine Schwierigkeiten bekommen und Ihre Kaskoversicherung sowie fallweise auch Ihre Reisegepäckversicherung bezahlen. Ich habe übrigens die Versicherungsbedingungen beider Sparten stets bei mir, um ab und zu nachzulesen, was nicht versichert ist. Ist der Schaden erst einmal eingetreten und hat man die polizeiliche Anzeige aufgegeben oder gar die Meldung an die Versicherung abgeschickt (!), nutzt Ihnen die nachträgliche Lektüre der Versicherungsbedingungen nichts mehr.

Zur etwaigen notwendigen Kartensperrung lesen Sie Näheres beim Stichwort *Geld*.

Freies Camping/Stellplätze

Wer an freies Camping denkt, also an eine Übernachtung außerhalb der Zeltplätze, hat oft zwiespältige Gefühle. Einerseits will man beim freien Camping alles das erleben, was man sich vorgestellt hat, als man ein Wohnmobil gemietet oder gekauft hat. Man erwartet das leichte, ungeregelte Leben und möchte an den Stellen bleiben, die einem gerade gefallen oder die einem vom WOMO-Führer vorgeschlagen werden. Befragungen haben ergeben, dass erstaunlich viele Wohnmobilfahrer fast ausschließlich Zeltplätze besuchen, obgleich ihnen freie Plätze zumindest zeitweise lieber wären. Viele Leser haben also Angst. Insbesondere die Deutschen, die in Betracht ziehen, etwas Verbotenes zu tun. Und genauso vielen ist deshalb bange, weil sie einen nächtlichen Überfall befürchten.

In Nord- und Mittelitalien ist aber die Wahrscheinlichkeit einer nächtlichen Attacke nahe Null, soviel ist sicher. Kein Leser hat uns aus dieser Region je von einem Überfall berichtet. Und der WOMO-Verlag hat, bei aller Bescheidenheit, allein Italien betreffend eine Leserschaft im sechsstelligen Bereich. Die Angst spielt sich also nur in Ihrem Kopf ab, sie ist dort am größten, wo sie am unberechtigtsten ist. Ein einsames WOMO mutterseelenallein im stockdunklen Wald ist gleichbedeutend mit der Garantie für eine unbehelligte Nacht, und doch werden Sie dort von jedem Knacken erschreckt. Der umtriebige Autobahnrastplatz hingegen wiegt Sie weit mehr in Sicherheit, obwohl gerade hier die gelegentlich in der Presse veröffentlichen Überfälle stattfinden (Bösewichte sprühen angeblich Narkosegas ins Auto und knacken dann die schlecht gesicherten Türen; dagegen helfen sowohl die oben schon erwähnten Zusatzschlösser und -Ketten wie auch ein elektronisches Gerät, das Sie vor Narkosegas warnt und das Sie im Fachhandel kaufen können).

Die Angst vor der Nacht auf den von uns erwähnten Stellplätzen ist objektiv also unbegründet, zumal die Existenz dieses Reiseführers neben dem Nachteil, dass die Stellplätze überbelegt sein könnten, auch den Vorteil hat, dass Sie in der Ferienzeit häufig neben einem gleichgesinnten Nachbarn stehen.

Genauso unbegründet ist die Angst vor dem Gesetzesverstoß. Wir möchten Sie nicht animieren, sich auf Plätze zu stellen, die als Verbotszone gekennzeichnet sind, obgleich sich italienische Freunde, die ihre Polizei besser kennen, davon wenig beeindrucken lassen. Zumal es in Italien kein generelles WOMO-Übernachtungsverbot gibt und angeblich auch einzelne Gemeinden nicht die Befugnis besitzen, ein solches für ihr Gebiet anzuordnen. Gehen Sie davon aus, dass Sie auf öffentlichem Gelände (!) überall dort stehen, also parken dürfen, wo kein spezielles Schild angebracht ist, beispielsweise ein Durchfahrt- oder Nachtparkverbot (was Sie sonst beim »Parken« in Ihrem Auto tun, geht niemanden etwas an), und verfallen Sie nicht dem Irrglauben, dass ein symbolisch durchgestrichener Wohnwagen/Zelt/Wohnmobil die Übernachtung verbietet. Untersagt ist nicht das *Parken*, nur das *Campen*. Das gilt auch für das verbale Verbot *'No camping'*, das wir immer wieder an öffentlich beschilderten Stellplätzen feststellen. Damit meint man einen Aufenthalt mit Wäscheleine, Klappstühlen und/oder ausgefahrener Markise, schlimmstenfalls auch geöffnetem Fenster oder sogar Unterlegkeilen. Wir haben mehrfach bei den Touristeninformationen nach Stellplätzen gefragt, woraufhin uns gerade solche genannt wurden, an denen das Zelten verboten war. Ernst nehmen müssen Sie aber das amtliche, runde Verbotsschild mit rotem Rand und Wohnmobilsymbol.

Italien ist **das** Land der Wohnmobile, entsprechend großzügig ist die Obrigkeit. Und wenn Sie wirklich einmal von der Polizei weggeschickt werden, bricht die Welt auch nicht zusammen, allenfalls wird Ihr deutscher Gehorsam angekratzt (von Strafen haben Leser uns nicht berichtet). Obwohl in fast ganz Italien das freie Übernachten unproblematisch ist, wollen wir an dieser Stelle erneut darauf hinweisen, dass weder Verlag noch Autor die Gewähr dafür übernehmen, dass Sie auf den in diesem Buch empfohlenen Stellplätzen legal die Nacht verbringen dürfen.

Das freie Übernachten ist sehr viel einfacher als Sie es sich vielleicht vorstellen und ist zumindest in touristisch weniger berühmten Gebieten eine Freude, von der Sie reichlich Gebrauch machen sollten, nicht nur auf den von uns empfohlenen Stellplätzen. Schwieriger ist es freilich an der Küste, wo Sie aber mit hoher Sicherheit bemerken werden, auf welchen Plätzen Sie tatsächlich nicht geduldet werden.

Erfreulicherweise erkennen zunehmend mehr Gemeindeverwaltungen die touristische Bedeutung der Wohnmobile und führen Sie mit den Wegweisern ***Sosta Camper*** oder ***Area di Sosta*** zu Stellplätzen, die ganz unterschiedlich ausgestattet sind. Vor allem an der Küste geht der Trend zum ebenso bezeichneten, **privat betriebenen** und kostenpflichtigen Stellplatz, weil sich damit eine schlichte Wiese oder auch nur ein Asphaltplatz gut vermarkten lassen. Manchmal sieht man auch dort das Schild mit *‚No Camping'* (Markisen, sowie Klappstühle sind verboten), weil der Wiesenbesitzer keine Campingplatz-Lizenz bekommen hat und man bei ihm nur Tag und Nacht – auch mehrere Nächte hintereinander – »parken« darf. Längst nicht alle dieser privaten Plätze sind von ihrer Lage empfehlenswert, und ich habe mir eine vollständige Auflistung in diesem Buch nicht zur Aufgabe gemacht.

In diesem Zusammenhang interessiert Sie vielleicht ein kurzes Glossar:

Area Attrezzata	speziell hergerichteter Platz
Camper	Wohnmobil
Camper Service	Ver-und Entsorgung
Camper Sosta	Wohnmobilparkplatz
Punto Sosta	Parkplatz.

Ein Problem nimmt in den letzten Jahren gerade auf schön gelegenen Stellplätzen zu, wir führen es darauf zurück, dass junge Italiener immer länger zu Hause wohnen bleiben. Und dass sie fast alle ein Auto besitzen, in dem sie mit der Partnerin einer Tätigkeit nachgehen, für die ein Autositz nicht geschaffen, wenngleich dafür schon millionenfach zweckentfremdet worden ist. Man erkennt diese Plätze bisweilen daran, dass sie von Papiertaschentüchern (und anderem) verunziert werden. Zumeist erkennt man sie aber nicht. Die Störung tritt daher überraschend ein, in der Regel aber nur in der Nacht von Samstag auf Sonntag, mit Abstrichen auch in der Nacht davor. Lästig daran ist das ständige An- und Abfahren, weil die Verweildauer unerwartet kurz ist. Und das ist eigentlich nur deshalb lästig, weil die Liebenden erstaunlich wenig Schamgefühl besitzen und demgemäß beim Einparken kaum Abstand zu einem Wohnmobil einhalten. Entweder hat Sie der liebe Gott mit einem festen Schlaf gesegnet oder Sie stellen sich in eine andere Ecke des Parkplatzes, wo sich Ihnen die fahrbaren Liebeslauben wenigstens nur von einer Seite nähern können. Am besten stellt man sich zwischen zwei schon vorhandene Wohnmobile, und zwar so, dass kein Pkw mehr dazwischen passt.

Ich rate Ihnen, in Ihrem Fahrzeug ein **Depot von Ein- und Zwei-Euro Münzen** anzulegen, vielleicht noch von ein paar Fünfzigern, und dafür zu sorgen, dass dieses stets gut gefüllt bleibt. Viele Stellplätze müssen nämlich mittels Münzeinwurf in **Parkscheinautomaten** bezahlt werden. Polizeikontrollen sind erstaunlich häufig.

Gas

Das Stichwort hat an Aktualität verloren, nachdem fast alle Wohnmobile über zwei 11 kg **Flaschen** verfügen, mit denen eine durchschnittliche Leserfamilie ohne zu heizen einen ganzen Sommer lang verreisen kann.

Wer zur Vorratswirtschaft nicht fähig ist, kann sich in Italien auf vielen Campingplätzen, und in Eisenwaren- /Freizeitgeschäften *(Ferramenta)* eine teure, blaue *Camping-Gaz* Flasche kaufen. Für den Einsatz im WOMO braucht man aber auch ein spezielles Anschlussstück (möglichst schon zu Hause kaufen und ausprobieren, ob es an Ihren Regler passt). Man kann auch die kleine, blaue italienische Gasflasche (5 kg) leihen, die billiger ist als die *Camping-Gaz* Flasche und in den deutschen Flaschenkasten passt. Das Pfand wird bei der Rückgabe ersetzt. Sie brauche auch dazu einen Adapter oder einen anderen Regler (siehe unten).

Langzeiturlauber benötigen ein Füll- und Anschluss-Set, mit dem sie in Italien an wenigen Stationen die eigene Flasche füllen lassen können. Zuständig ist hier die *Ferramenta* oder der *Distributore-Gas*, die meistens daran zu erkennen sind, dass sich am Haus oder im Schaufenster ein kleines Dreieck mit Flamme befindet. Eine Liste von toskanischen Gasverkäufern finden Sie unter *http://umbria.paginegialle.it/umbria/gas.html*, wenn Sie nach dem Öffnen der Seite in das Suchfeld *bombole gas* eingeben (dass an jeder genannten Adresse Flaschen befüllt werden, ist unwahrscheinlich; in den Marken geben Sie statt *‚umbria‘ ‚marche‘* ein). Nach einer Füllstation fragt man bei den zahlreichen Gastankstellen, die nur eingebaute Tanks befüllen, oder auf Campingplätzen, die bisweilen sogar von mobilen Abfüllern besucht werden (*füllen* heißt *riempire* und *Gasflasche* heißt *Bombola di gas).* **Ohne Adapter aus dem Flaschenfüll-Set** (kostet ca. 30 €) **geht in der Regel nichts**, weil es das passende Teil, mit dem man eine deutsche Flasche auffüllen kann, in Italien nicht gibt.

Mit den genannten Überbrückungsteilen lässt sich der eigene Regler auch an eine italienische Gasflasche schrauben. Hat man das Set nicht zur Hand, ist Vorsicht geboten, denn ein italienischer Regler eignet sich nicht immer für Ihre Gasanlage. Die Wohnmobile schreiben nämlich einen unterschiedlichen Gasdruck vor, der auf dem in Ihrem WOMO eingebauten Regler, dem runden Ding an der Gasflasche, aufgedruckt ist, und der **unbedingt** beibehalten werden muss (30 oder früher 50 mbar).

Wohnmobilbesitzer mit fest eingebautem **Gastank** oder einer **Tankflasche** sind in Italien gut dran, dort ist das Gastankstellennetz so dicht wie sonst nirgends in Europa. Man kommt ständig an den Schildern *‚Gasauto‘* oder *‚G.P.L.‘* (das heißt *Gas Propano Liquido*) vorbei. Notfalls kann man auch an einer normalen Benzintankstelle nach der nächsten Gastankstelle fragen. Dort braucht man einen speziellen Adapter für die deutschen Tankstutzen, der jedoch an den Gastankstellen vorrätig ist. Achtung: Gelegentlich sieht man auch Tankstellen mit dem Schild *‚Gas Metano‘*. Dort bekommt man Methangas, das auf keinen Fall für Ihre Campinggasanlage geeignet ist.

G.P.L. darf aus steuerrechtlichen Gründen nur für den Betrieb von Kraftfahrzeugen, nicht aber zum Heizen, Kochen und Kühlen verkauft werden. Bedienungstankstellen – die in Italien ja sehr verbreitet sind – sollten Sie demnach meiden und stattdessen Selbstbedienungstankstellen (die man als solche aber nicht immer von außen erkennt) aufsuchen, bei denen, nachdem man Gas getankt hat, ein Eingreifen des Tankwarts zu spät käme. Oder aber man lässt sich einen Außen-Tankstutzen von Wynen einbauen, der eindeutig den Anschein erweckt, also ob das Fahrzeug mit Gas betrieben wird. Ansonsten gilt vielleicht auch hier die Regel : Wer gut schmeert, der gut fährt.

Nach dem 1.1.2007 erstmals (!!) zugelassene Fahrzeuge müssen in der EU mit einer Schlauchbruchsicherung oder dem Strömungswächter ***Monocontrol CS*** (oder *Duocontrol CS*, beides von Truma und Nachfolger von *SecuMotion*) ausgerüstet sein, der serienmäßig eine Schlauchbruchsicherung, bzw. einen Crashsensor enthält. Dieser Regler ist am Fahrzeug montiert, und Sie brauchen für ausländische Gasflaschen passende Anschlussschläuche (Tabelle und Einzelheiten über *www.truma.com*).

Für ältere Fahrzeuge empfehle ich eine **Schlauchbruchsicherung**, der Einbau dauert 15 Minuten. Sie ist unerlässlich, wenn Sie, was fast alle tun, unterwegs mit Gas kühlen. Die Sicherung verhindert, dass Gas bei einem Unfall oder nach einem Schlauchbruch in großer Menge ausströmt.

Geld

Geld zieht man flächendeckend mit Pin-Code aus dem **Bankautomaten**, am besten mit der **ec-Karte** (die heißt heute in Deutschland **Girocard**, in diesem Buch aber weiterhin ec-Karte), fast genauso oft auch mit der **Kreditkarte** (Visa oder Eurocard), was aber deutlich teurer ist. Beim Tanken kann man ausnahmslos mit der Kreditkarte bezahlen, in Supermärkten und in Restaurants aber nicht immer. Beim Gaststättenbesuch sollten Sie zur Sicherheit ausreichend Bares dabei haben oder zumindest vorher fragen, jedenfalls dann, wenn Sie in einem Dorf speisen, in dem es keinen Bankautomaten gibt.

Die Probleme beginnen, wenn man die Scheckkarte verliert, weshalb wir peinlich darauf achten, diese von unserer Kreditkarte getrennt aufzubewahren. Und das größte Risiko ist unsere Schusseligkeit, weil wir ab und zu den falschen Pin-Code eintippen. Zu den Reisedokumenten von höchster Wichtigkeit, deren diebstahlgeschützter Ablageplatz niemals in Vergessenheit geraten darf, gehört der Zettel mit der Kreditkarten- und Scheckkartennummer sowie der Telefonnummer der Zentrale. Beides brauchen Sie für die **Kartensperre**: In Deutschland erreichen Sie unter +49 116 116 (oder unter +49 30 4050 4050) die Hotline für etwa 90 Prozent aller Bank- und Zahlungskarten wie Maestro, EC, Girocard, Euro/MasterCard, VISA und American Express (Näheres unter https://www.kartensicherheit.de/de/). Rufen Sie dort **umgehend** an, wenn die Karte abhandengekommen ist, und sei es auch mitten in der Nacht. Nur wenn Sie davon berichten können, dass Ihnen das Stück Plastik gerade erst, vor wenigen Minuten, verlustig gegangen ist (und dass Sie die Geheimzahl nirgends aufgeschrieben haben), zahlt die im Kredit- oder Scheck-Kartenvertrag enthaltene Versicherung, falls ein Bösewicht Missbrauch treibt!

GPS

In diesem Reiseführer sind für alle Stell- und Campingplätze die Koordinaten angegeben. Das nutzt Ihnen nur, wenn Sie selbst ein Navigationsgerät besitzen, in das man Koordinaten eingeben oder, noch besser, zugleich eine Datei mit allen Koordinaten aufspielen kann. Sie können beim WOMO-Verlag die CD zum Buch erwerben und auf diese Weise alle Stell- und Campingplätze als sogenannte **POIs** (das ist die Abkürzung von **P**oint **o**f **I**nterest) auf Ihr Navi überspielen. Die CD enthält die gebräuchlichen Formate. Näheres erfahren Sie beim Kauf der CD oder im Buch *Multimedia im Wohnmobil* des WOMO-Verlages.

Benutzen Sie bitte ein GPS-Gerät, in dem Sie die Darstellung der so genannten **Winkelschreibweise** einstellen können. Der WOMO-Verlag hat sich zwar inzwischen für die Darstellung von **Grad(°), Minuten(') und Sekunden(")** entschieden, aber es sind noch ältere Auflagen in Umlauf, und es gibt jede Menge Konkurrenz mit anderer Schreibweise. **Wir bekommen immer noch Zuschriften irritierter Leser, die die Stellplätze nicht finden, weil sie in ihr Gerät statt Sekunden einen Nachkomma-Wert von Minuten eingeben!!**

Wer sein Gerät nicht umstellen kann, benötigt einen Taschenrechner und muss umrechnen: Um die Sekunden und Minuten zu dezimalisieren, muss man jeweils mit 0,01667 multiplizieren (zuerst also den Sekundenwert multiplizieren, danach dasselbe mit dem Minutenwert). Umgekehrt, also von einem Nachkommawert zu einem Sekunden- oder Minutenwert, geht es auch: Man

Corinaldo (Tour 12)

nehme zuerst (soweit erforderlich) den Nachkomma-Anteil der Gradzahl, multipliziere mit 60 und setze das Komma nach der zweiten Stelle (Beispiel: aus 43,84537°Grad rechnet man 0,84537 x 60 = 50.7222' Minuten = 43°50.722'). Um die Sekunden zu erhalten, muss man den Nachkomma-Wert erneut mit 60 multiplizieren und bekommt so (0,722 x 60 = 43,32) 43 Sekunden; die Winkelschreibweise führt nun also zu 43 Grad, 50 Minuten und 43 Sekunden (= 43°50'43").

Wir empfehlen Ihnen ein Navigationsgerät von ***Tomtom*** oder ***Garmin***. Beide sind übersichtlich, funktionieren fast tadellos und können die POIs des WOMO-Verlages gut integrieren. Ein kleineres Gerät reicht völlig.

Geben Sie lieber zusätzliches Geld für eine aktive (also mit Stromversorgung) Armaturenbretthalterung aus. Gerade bei Wohnmobilen ist ein Navi an der Scheibe unpraktisch und häufig zu weit entfernt. Außerdem können Sie das Navi ohne größere Fummeleien einfacher aus der Halterung ziehen und zum Stadtbummel mitnehmen (auch deshalb empfehlen wir kleine Geräte). Vermutlich die besten Autohalterungen bietet der Hersteller *Brodit* an, Lieferadressen können Sie mit dem Stichwort *Brodit* leicht ausgoogeln. Sie müssen in Ihrem Auto nichts bohren oder beschädigen.

Zu Navis speziell für Lkw oder Wohnmobile habe ich weder Erfahrungen noch zuverlässige Informationen.

Falls Sie mit einem *Smartphone* den rechten Weg suchen, kommen nach meinen Erfahrungen die Programme von *Tomtom* oder *Navigon* in Frage. Das Tomtomprogramm für das ***iPhone*** habe ich selbst getestet. Man muss leider alle Koordinaten selbst eingeben, dann funktioniert es aber gut, wenn man die Winkelschreibweise beachtet (die Ihnen am Gerät als *'Beispiele'* unter dem Einfügefeld vorgegeben wird). Zu den Nachteilen der satellitengesteuerten Navigation habe ich mich am Anfang des Buches unter der Überschrift *Gebrauchsanweisung* geäußert.

Hunde

Die schlechte Nachricht zuerst: Sie dürfen höchstens fünf Hunde mitbringen.

Im Übrigen benötigen Sie den **EU-Heimtierausweis** mit einer Beschreibung des Tieres, mit dem Namen und der Adresse des Eigentümers, dem Nachweis der Tollwutimpfung sowie mit der Chip-Identifizierungsnummer.

Für in Deutschland geimpfte Hunde muss das Mindestalter bei der Erstimpfung 3 Monate betragen und diese muss wenigstens 21 Tage zurückliegen. Sie sind verpflichtet, eine Identifikation (Chip) bei ihren Hunden anbringen zu lassen. Ist Ihr Liebling jünger als drei Monate, gelten Sonderbestimmungen.

Maulkorb und Leine müssen stets zur Hand sein, und angeblich drohen Geldbußen bis 200 Euro, wenn der Vierbeiner bei der Fahrt nicht im WOMO festgezurrt ist. Nicht auf allen Campingplätzen sind Hunde erlaubt. Das gilt auch für die Strände.

Internet

Wo wir uns gerade mit den neuen Techniken befassen: Ich kenne nun endlich auch eine ausgezeichnete Möglichkeit für einen **bezahlbaren Internetzugang in Italien**:

Kaufen Sie sich bei dem Südtiroler Anbieter **Messaxio** unter www.messaxio.com/ in deutscher Sprache von Deutschland, Österreich oder der Schweiz aus, also schon zu Hause, eine **italienische Telefonkarte** von **TIM**. Bei Drucklegung kostete eine Prepaid-Sim-Karte der italienischen Telefongesellschaften TIM mit Versand und Bearbeitung rund 30 €. Die Karte ist ein Jahr lang gültig und kann, wenn sie vor Ablauf eines Jahres wieder mit neuem Guthaben aufgeladen wird, beliebig lange verlängert werden. Die Investition ist also einmalig.

Über diese Karte können Sie dann – ebenfalls von zu Hause aus – einen Tarif buchen, der einen zeitlich befristeten, Datendownload ermöglicht, der so umfangreich ist, dass Sie damit während Ihres Urlaubs im Internet fast grenzenlos surfen können, sofern Sie nicht Filme runterladen. Einzelheiten kann ich Ihnen hier nicht nennen, da sich die Tarife ständig verändern. Die jeweils angebotenen Tarife finden Sie auf der Internetseite von TIM (http://www.tim.it/internet unter >Chiavette< und >Offerte Internet<), eine Anleitung erhalten Sie von Messaxio oder im Forum des WOMO-Verlages unter >Mobiles Internet in Italien<.

Aber Achtung: Wenn Sie die Funktionalität der Karte bereits von Deutschland, Österreich oder der Schweiz aus testen wollen, benötigen Sie ein weiteres, zusätzliches Guthaben auf Ihrer SIM-Karte, weil der eigentliche Tarif nur den Zugang von Italien aus ermöglicht (weil ich das nicht wusste, habe ich mich tagelang gewundert und viel Zeit beim Herumprobieren geopfert).

Außerdem können Sie bei dem Anbieter S@veonRoaming *(www.saveonroaming.net; Tel. +49 7031 7852786)* eine Karte der Telefongesellschaft **WIND** erwerben, die ich noch nicht getestet habe, weil ich seit Jahren gut mit der Karte von TIM zurechtkomme.

Wahrscheinlich gehören Sie zu den Menschen, die sowohl mit einem Smart-Phone wie auch mit einem Laptop im Urlaub *online* sind. Oder Ihre Kinder verweigern die Mitreise, wenn Sie nicht den allzeitigen Internetzugang garantieren können. Sie fragen deshalb sorgenvoll, ob Sie für jedes mitgenommene Gerät eine eigene italienische SIM-Karte benötigen oder ob Sie sich beim Austauschen der Karten während des Urlaubs die Finger wund fummeln müssen. Das müssen Sie nicht, wenn Sie sich einen sogenannten **mobilen Hotspot** kaufen (man nennt die Geräte auch mobile WLAN-Router, UMTS-Router oder MIFI). Das ist ein elektronisches Teil, etwas kleiner als ein Handy und mit Akku, das Sie für unter 100 Euro in Elektronik-Märkten oder bei Internet-Anbietern kaufen können. In dieses Teil wird Ihre italienische Telefonkarte eingelegt, und die Computer Ihrer Lieben, samt deren iPhones und Smart-Phones stellen eine WLAN-Verbindung dazu her, wie zum heimischen WLAN-Router. Damit können vier bis fünf Teilnehmer gleichzeitig surfen. Ihre Telefonerreichbarkeit über die gewohnte Rufnummer bleibt dabei erhalten. Sie müssen nur das kleine Teil immer dabei haben und einschalten (und aufpassen, dass Sie es nicht irgendwo liegen lassen oder geklaut kriegen). Wir haben das ausprobiert und sind begeistert. Bisweilen, bei schlechtem Telefonempfang (mit 2G), ist der Internetzugang etwas langsam, aber wir hatten überall Empfang und brauchten nirgends mehr einen kostenpflichtigen Campingplatz-Zugang zu buchen. Empfehlenswert sind die mobilen Hotspots des Herstellers HUAWEI. Für die Einrichtung dieses Gerätes muss man wissen, dass der Name des Hotspots eine Buchstaben-Ziffernkombination ist und dass der Zugangsschlüssel auf dem Gehäuse des kleinen Mifi-Hotspots, und außerdem noch einmal (oder nur) im Innern auf einem Aufklebezettel aufgedruckt ist.

Theoretisch können Sie sich die italienische Karte natürlich auch in Italien kaufen, Sie müssen dabei aber Ihre Steuernummer angeben, um Missbrauch zu vermeiden. Gerüchteweise habe ich gehört, es genüge dabei auch eine Phantasienummer.

Wer keine derartige Vorsorge trifft, muss weiterhin mit hohen Roaming-Gebühren rechnen oder zumindest vor Abreise mit seinem heimischen Telefonkartenanbieter einen Sondertarif vereinbaren (womit Sie jedoch nur eine Telefonkarte in Ihrem Smart-Phone haben und demgemäß noch vorsorgen müssen, dass das Smart-Phone auch als Router eingesetzt werden kann. Mit diesem Komplex möchte ich mich hier nicht weitergehend beschäftigen).

Wer sich um das alles nicht kümmern möchte, kann auf den meisten Campingplätzen einen kostenpflichtigen, sehr selten auch einmal unentgeltlichen WLAN-Internetzugang in Anspruch nehmen.

Landkarten

Als ich Sie am Anfang in den Gebrauch dieses Buches unterweisen wollte, habe ich keinen Zweifel daran gelassen, dass Sie neben dem tollsten und teuersten Navigationsgerät eine detailgenaue Landkarte brauchen.

Es kommen nur zwei infrage: Die **Marco Polo Karte** Umbrien, Marken im Maßstab 1:200.000 (1 cm = 2 km); sie ist meine Lieblingskarte. Oder die **Michelin Karte** Umbrien und Marken im selben Maßstab; sie ist übersichtlicher, aber weniger detailreich. Ich setze eine von beiden in diesem Buch voraus!

Falls Sie ab und zu wandern möchten, suchen Sie natürlich nach **Wanderkarten**, die es inzwischen von den meisten Wandergebieten gibt; Näheres können Sie unter der Überschrift *Wandern* nachlesen.

Lebensmittel/Getränke

Das Angebot an **Lebensmitteln** ist enorm. Sie brauchen also nicht Ihr WOMO mit heimischen Konserven zu überladen. Nur dunkles Brot, das sich mehrere Wochen hält, sollten Sie einpacken. Brot und *Panini* in unserem Zielgebiet sind meist salzarm. Die Auswahl an Obst und vor allem Gemüse ist erwartungsgemäß breiter als in unseren Läden. Aber die Preise sind nicht unbedingt niedriger.

Dies mag auch daran liegen, dass sich die Verbrauchergroßmärkte auf der »grünen Wiese« vor der Stadt in Italien nur langsam durchsetzen. Der tägliche Einkauf findet entweder im kleinen oder mittelgroßen Selbstbedienungsladen oder in einem Geschäft statt, das bei uns »Tante Emma-Laden« heißt, aber in unseren Städten schon fast ausgestorben ist (solch ein Laden heißt in Italien *negozio*).

Über Mittag macht jeder Laden zu, meist zwischen 13 und 16:30 Uhr; am Abend bedient man Kunden normalerweise noch bis 20 Uhr. Es gibt keine einheitlichen Ladenöffnungszeiten.

Das **Getränkeangebot** ist groß. Der Deutsche freut sich vor allem darüber, dass er aus Flaschen sogar 0,65 l Bier in seine durstige Kehle schütten darf. In den italienischen Bars - nicht in den Restaurants - gibt es zu hohen Preisen häufig auch Fassbier. Sprudel und stilles Mineralwasser haben gemeinsam, dass auf beiden zumeist *Aqua minerale naturale* steht, auf der Sprudelflasche muss zusätzlich noch *addizionata di anitride carbonica* oder *frizzante* aufgedruckt sein. Wenn man nach Sprudel fragt, muss man *Aqua minerale con gas* verlangen. Fruchtsäfte werden meist in kleinen Fläschchen und relativ teuer verkauft. Hochprozentiges kann man in Italien billiger kaufen als bei uns. Dies gilt auch für den *Wein*, dem wir weiter hinten ein eigenes Stichwort gönnen.

Literatur

Ständig werden über die Toskana neue Reiseführer und Zeitschriften-Sonderhefte veröffentlicht. Umbrien wird stiefmütterlicher behandelt, und über die Marken schreibt (fast) kein Mensch.

Da ich mich in einem Wohnmobil-Reiseführer bei Kunst, Geschichte und Literatur zwangsläufig kurz fasse, müssen Sie sich anderweitig informieren. Am besten eignen sich dazu die beiden Bücher aus dem **Michael Müller Ver-**

lag, ***Umbrien*** von Marcus X. Schmid und ***Marken*** von Sabine Becht. Falls Sie schon Elba bereist haben, ist Ihnen Sabine Becht mit ihrem Führer aus demselben Verlag vielleicht noch in guter Erinnerung.

Wer gerne kocht, freut sich über ***Tausend Tage in Orvieto: Eine umbrische Romanze mit Rezepten*** von Marlena de Blasi.

In Vorauflagen hatte ich Ihnen noch weitere unterhaltsame Reisebeschreibungen empfohlen, die allesamt nicht mehr aufgelegt werden.

Notfälle

Ärzte

Wir empfehlen dringend eine sehr preisgünstige **Auslandskrankenversicherung** (bis zu 45 Tagen). Sie sollte für jeden Wohnmobilreisenden eine Selbstverständlichkeit sein. Wer sich dazu nicht entschließen kann, benötigt für Italien und die Transitländer eine **europäische Krankenversichertenkarte** (EHIC). Das Dokument im Scheckkartenformat kann direkt bei Ärzten und Kliniken vorgelegt werden. Die Ausstellung der Karte ist kostenfrei und muss bei der heimatlichen Krankenkasse beantragt werden. Gewährt werden bei der Vorlage alle notwendigen Leistungen – allerdings zu den Bedingungen, die vor Ort gültig sind. Wer die EHIC nicht vorweisen kann, wird zu entsprechenden Tarifen als Privatpatient behandelt und muss in Vorleistung treten. Gegen Rechnungsvorlage wird in der Heimat möglicherweise ein Teil wieder erstattet.

Adressen deutschsprachiger **Ärzte** erhält man bei den Konsulaten oder vom ADAC, München (Tel. 0049 89 22 22 22), aber auch bei den örtlichen Touristenbüros oder beim Campingplatzverwalter.

Im schlimmsten aller schlimmen Fälle: Wenn Sie einen Auslandsschutzbrief haben, werden Sie, Ihre Familie und das WOMO kostenlos nach Hause transportiert; ADAC siehe eben.

Apotheken:
Die Öffnungszeiten: 9-13 und 16-20 Uhr; die Anschrift der Nachtapotheke kann man an jeder anderen Apotheke erfahren, zumeist unter der Überschrift *turno*.

Botschaften:
Deutsche Botschaft in Rom, Tel. +39 06 49213-208, Notruf in dringenden Fällen +39 335 7904170; Fax: +39 06 49213-320, http://www.rom.diplo.de/Vertretung/rom/de/02/Oeffnungszeiten/Oeffnungszeiten.html
Generalkonsulat der Bundesrepublik Deutschland, Milano, Tel. 02 623 1101;
Österreichische Botschaft in Rom, Tel. +39 06 841 8212, Fax: +39 06 853 52991;
Schweizer Botschaft in Rom, Tel. +39 06 809 571, Fax: +39 06 808 8510.

Notruf:
Polizeinotruf und Rettungsdienst: 113, Feuerwehr: 115, Carabineri: 112 (funktioniert alles auch per Handy)

Pannendienst:
Automobil Club Italiano - ACI: 116
Deutschsprachiger Notrufdienst des ADAC in Italien Tel. +39 02 661591 und in München: Tel. +49 89 22 22 22
ÖAMTC-Notrufzentrale Wien: +43 1 38 31 111.
Weitere Infos erhalten Sie unter dem Stichwort *Unfall*

Preise

Nichts ist teurer als Campingplätze und Fassbier! Billig sind Speiseeis, Pizza aus der Hand und Mineralwasser im Restaurant. Der Rest kostet ähnlich viel wie in Deutschland, wo sich auch italienische Gastwirte ein Beispiel genommen und mit dem Euro die Preise kräftig angehoben haben. Restaurants in Italien sind leider eher teuer.

Rad fahren

Rad fahren ist bei Italienurlaubern sehr beliebt, man sieht kaum ein WOMO, das nicht mehrere Räder auf dem Heckgepäckträger festgeschnallt hat. Ich bezweifle allerdings, dass diese Fahrräder – wenn überhaupt – häufig heruntergenommen werden. Denn Umbrien ist absolut kein ausgesprochenes Radfahrgebiet, an der Küste rentiert sich das Rad auf Campingplätzen, die nicht bei einer Ortschaft liegen. Es gibt in Italien kaum Radwege, und der Radfahrer ist im italienischen Straßenverkehr noch weniger gleichberechtigter Teilnehmer als bei uns. Nach unseren Erfahrungen rentiert sich das Rad nur, wenn man weite Teile des Urlaubs auf dem Campingplatz zubringt und dabei etwas mobiler sein möchte.

Wer es dennoch wagen will, kauft am besten ***Das Umbrien RadReiseBuch*** von Kay Wewior, der es auf jeden Fall besser weiß als ich.

Achtung: Ihre Räder ragen mit dem Gepäckträger über das Wagenheck hinaus, weshalb Sie unbedingt eine rot-weiße **Warntafel** *(Panello)* brauchen (gibt's beim ADAC, im Kfz-Zubehörhandel oder beim Campinghändler). Ohne dieses Teil riskieren Sie saftige Strafen sogar dann, wenn Ihr Gepäckträger gar nicht benutzt wird und hochgeklappt ist, aber übersteht.

Reisezeit/Klima

Der **Frühling** beginnt in Mittelitalien eher später als bei uns in Baden und nicht viel früher als in den meisten Regionen unserer Herkunftsländer. Denn unser Reiseziel ist, von der Küste abgesehen, bergig, was die Temperaturen nach unten und die Regenhäufigkeit nach oben treibt. An Ostern wird die Heizung häufiger als erwartet in Betrieb genommen, es kann auch mal länger regnen. Wappnen Sie sich also für durchwachsenes Wetter. Sie werden wahrscheinlich keinen vorgezogenen Sommerurlaub erleben. Kalkulieren Sie über Ostern ein beachtliches Tourismusaufkommen ein. Jeder, der in Italien ein WOMO besitzt, das sind bekanntlich viele, ist dann unterwegs. Die Stellplätze in den Städten sind rappelvoll. Ganz schlimm ist es, wenn der Nationalfeiertag, der 25. April, nahe an Ostern liegt, dann ist wirklich ganz Italien auf der Straße;

Ostersamstag in Loreto (Tour 10 - Platz Nr. 107)

genauso wenn sich mit dem 1. Mai ein Wochenende verbinden lässt. Darunter leiden in hohem Maß die religiösen Ziele, besonders Assisi, das an Ostern einen regelrechten Ansturm erlebt. Man muss das unbedingt beachten, zumindest darf man nicht enttäuscht sein, wenn man an diesem Wochenende im Gewühl steckt, von der Kirche bis zum Freiluft-Café.

Dabei möchte ich Ihnen gar nicht davon abraten, sich auch zwischen die italienischen Kurzurlauber zu mischen, denn es gibt viel zu sehen, vor allem am Abend des Karfreitag, wenn in fast jedem Ort eine Prozession abgeht.

Auf vielen Stellplätzen im Landesinnern werden Sie sich gerade an Ostern in mobiler Nachbarschaft besonders wohl fühlen. Überall herrschen Leben und Betriebsamkeit, die im Sommer oftmals fehlen. Ostern ist für die Ziele im Landesinnern die ideale Reisezeit! Das gilt auch für das Gebiet des Monte Conero, südlich von Ancona, aber nicht für die restliche Adria-Küste, die ich nur in den Sommermonaten, wenn man baden kann, empfehle, weil man dort eigentlich nur baden kann.

Zum **Frühsommer** hin nimmt die Niederschlagshäufigkeit ab. Anfang Mai sprießt in den waldreichen Regionen zartes Grün, die Weinberge haben Laub angesetzt und die fotogenen Mohnfelder blühen. Früher haben wir die Zeit um Pfingsten als die schönste empfunden, bis wir Ende Mai und Anfang Juni mehrfach total verregnete Ferien erleben mussten. An den über 1000 m hohen Bergen bleiben die Wolken hängen, und es gewittert häufiger als weiter im Westen. Das Wetter ist in den westlicheren, flachen Gebieten, beispielsweise am Trasimenischen See und am See von Bolsena, ebenso an der Adria, deutlich stabiler als in den Bergregionen. In den Frühsommermonaten sind Umbrien und die Marken touristisch so gut wie leer.

Touristische Hauptreisezeit ist selbstverständlich der **Sommer**, etwa ab Mitte Juli, wobei dann in erster Linie die Badeplätze am Meer, an den Seen oder die großen Campingplätze mit Schwimmbädern gut besucht sind. Dann kann es auch schon mal vorkommen, dass Sie wegen Überfüllung keinen Stellplatz mehr finden, wenn Sie erst am Nachmittag anreisen. Aber auch im höchsten Hochsommer gibt es derzeit in Umbrien noch keinen Massentourismus, man kann sich mit kleineren Engpässen gut arrangieren, zum Beispiel wenn man Campingplätze vor der Mittagspause ansteuert. Das gilt nicht für die Campingplätze am Meer, die teilweise belegt sind (Näheres beim Stichwort *Campingplätze*).

Der weiterhin erfreulich zurückhaltende Tourismus war sicher einer der Gründe, der Sie zu einer Umbrien-Marken-Reise bewegt hat. Die Realität wird Sie vermutlich nicht enttäuschen.

Das gilt auch für das Wetter, das im Hochsommer deutlich stabiler und besser ist als in Mitteleuropa. Freilich ist es heiß, aber es ist fast nie drückend. Und falls Sie doch einmal eine Hitzeperiode erwischt haben, müssen Sie nur ein paar Kilometer weiter fahren bis zum Rand der Berge, von denen abends und nachts ein kühler Luftzug weht. Eine Umbrien-Marken-Reise ist daher auch für die hitzeempfindlichen Freunde, die aber dennoch gerne im Hochsommer reisen (oder dann reisen müssen) eine gute Entscheidung. Fahren Sie bei Hitzeperioden in die Berge der 8. Tour.

Die meisten Italiener beenden ihre Sommerferien am Wochenende nach dem 15.8. (dem so genannten *Ferragosto*, Mariä Himmelfahrt und in Italien Feiertag). Es ist der Kardinalfehler schlechthin, sich am Samstag oder Sonntag, die diesem Wochenende folgen, zwecks Heimfahrt (umgekehrt ist es eher möglich) auf die Autobahn zu begeben. Sie setzen dann Ihre ganze Erholung aufs Spiel. Auch den größten Optimisten sei gesagt, dass sie an diesem Weekend mit absoluter Sicherheit auf der Autobahn wertvolle Urlaubs- und Lebenszeit vertun. Wenn es Ihr Terminplan irgendwie möglich macht, verlängern Sie den Urlaub so, dass sie erst später starten oder gönnen Sie sich einen Urlaubsabschluss in Südtirol, in Österreich, der Schweiz oder in Süddeutschland. Gerne bringe ich an dieser Stelle auch wieder das Elsass in Erinnerung, das Piemont oder die Pfalz (in Band 13 der WOMO-Reihe unter meiner Mitwirkung).

Danach wird es ruhig, und in der ersten Septemberwoche müssen Sie Campingplatz-Besitzer und alle anderen, die vom Tourismus leben, fast bedauern. Deshalb schließen auch die meisten Campingplätze schon Mitte September (Näheres siehe bei den Touren). Unsere Erfahrungen reichen nur bis dahin. solange bleibt das Wetter einwandfrei; der Sommer dauert noch bis in den Oktober.

Der Literatur habe ich entnommen, dass der **Herbst** genauso schön sein soll wie der Frühsommer, und dass es im **Winter** empfindlich kalt wird. Allerdings findet dann die Trüffel-Ernte statt, mit der wir uns aber unter dem entsprechenden Stichwort beschäftigen wollen.

Die meisten **Regentage** verzeichnen die Meteorologen in den Monaten März, April, Mai sowie von Oktober bis Dezember. Die geringste Niederschlagsmenge fällt in den Monaten Januar und Februar, dann ist es auch wesentlich milder als beispielsweise in Süddeutschland. Temperaturen unter dem Gefrierpunkt kann man im Winter nur im Gebirge messen, so dass ein Urlaub im Januar oder Februar gar nicht so abwegig wäre.

Restaurants

Pizza gibt es in Italien, von Touristenlokalen mal abgesehen, nur, wenn *Pizzeria* an der Fassade steht. Dort ist inzwischen die Pizza in Form, Zubereitungsart und Geschmack der bei uns gebräuchlichen angeglichen. Die Pizzapreise sind wirklich so anständig, dass man mit einer vierköpfigen Familie auch mal mit 50 Euro hinkommt.

Im *Ristorante* wird Ihnen nur selten ein komplettes Menü angeboten, und bei der Vorstellung an aus der Speisekarte gesondert auszuwählende *Antipasti, Primi, Secondi e Dolci*, genau genommen bei der Addition der Preise dafür, wird Ihnen ganz schwach, weil Sie mal gehört haben, jeder italienische Kellner werde Sie schlecht behandeln, wenn nicht sogar des Lokals verweisen, falls Sie nicht das volle Programm abarbeiten – und bezahlen. Das ist Quatsch! In normalen wie auch in besseren oder teuren *Ristoranti* können Sie bestellen so viel, aber auch so wenig Sie wollen. Italiener machen das nicht anders.

Sie bekommen, wenn Sie das wollen, auch zweimal Pasta nacheinander und müssen nur beherzigen, dass das Hauptgericht *(Secondo)* bisweilen immer noch nur aus einem Stück Fleisch oder Fisch besteht, wenn Sie keine *Contorni* (Gemüse oder Kartoffeln) dazu ordern.

Das Essen im Lokal ist in Italien trotzdem **teuer**, ganz gleich, ob sich das Etablissement *Ristorante, Locanda* oder *Trattoria* nennt (aber bei unserer letzten Recherche waren die Preise wegen der Krise in Italien eher gesunken). Preiswert, und zwar auf ähnlichem Niveau wie in Deutschland, sind nur Pizzerien.

Fisch ist deutlich teurer als Fleisch. Das gilt für *Primi* (erste Gänge) ebenso wie für *Secondi* (Hauptspeisen). Der Geschmack wird oft durch ein wenig Salz und etwas Olivenöl erheblich verbessert.

Wein ist in italienischen Gaststätten erstaunlich preiswert. Selbst gute Flaschen kosten kaum mehr als im Geschäft oder beim Erzeuger.

Pane e coperto, also der Grundpreis dafür, dass Sie zu Tisch sitzen dürfen, ist immer noch üblich, wenngleich nicht mehr flächendeckend.

Bitte beachten Sie, dass sich die von uns bei den einzelnen Touren angegebenen Öffnungszeiten von Jahr zu Jahr verändern; der Ruhetag wird zwar meistens beibehalten, bezüglich der Ferien krempeln manche Wirte aber ihre Jahresplanung völlig um, weshalb wir jene bei unseren Empfehlungen meist nicht mehr angegeben haben. Deshalb empfiehlt sich ein vorheriger Anruf.

In Italien gehört ein nicht zu knappes **Trinkgeld** (auch in Cafébars) zur Selbstverständlichkeit.

Wollen Sie nicht nur dem eigenen Instinkt oder den Empfehlungen dieses Wohnmobilführers folgen, sollten Sie sich den r**oten Führer Michelin, Italia** (sowohl in Deutschland als auch in Italien für rund 25 Euro) anschaffen. Eine echte Alternative, jedoch ohne die Stadtpläne und mit reduzierter Beschreibung, ist die *Michelin-App*, die es bei Drucklegung dieses Reiseführers mit Italien nur für das *I-Phone* gibt und die für ganz Europa 14,99 Euro kostet oder 7,99 Euro allein für Italien. Man kann sie *offline* benutzen und muss nur *online* sein, um auf die Pläne von *Google-Maps* zugreifen zu können, auf denen die Lokale zu finden sind. Sie können direkt aus dem Programm zur Reservierung anrufen. Ich bin begeistert!

In den bekannten Restaurants sollte man sich so frühzeitig wie möglich anmelden, insbesondere für das Wochenende. Andererseits reicht es nach unseren Erfahrungen, wenn man sich um die Mittagszeit (nachmittags nimmt oft niemand das Telefon ab) für denselben Abend noch einen Platz vormerken lässt. Die notwendige Redewendung hierfür: »*Vorrei ordinare un tavolo* per questa sera« (»*Ich möchte für heute Abend einen Tisch reservieren*«).

Sehenswürdigkeiten/Öffnungszeiten

Montags sind außer den Kirchen fast alle Sehenswürdigkeiten geschlossen!

Auch an anderen Tagen scheitern Besichtigungen häufig an **Öffnungszeiten**, die für Mitteleuropäer ungewohnt sind. Sie müssen nämlich davon ausgehen, dass über Mittag, also zwischen 13 und 15 Uhr, vieles dicht ist, wobei wir auch die Kirchen mit einbeziehen. Es gibt zwar Gotteshäuser und Museen, die den ganzen Tag über offen sind, gerade bei den Kirchen ist das aber die Ausnahme. Leider gibt es keine Gesetzmäßigkeit oder Verlässlichkeit. Soweit wir bei den Reisebeschreibungen Öffnungszeiten angegeben haben, sind diese also mit Vorsicht zu genießen, sie betreffen meistens auch nur das Sommerhalbjahr.

Piero della Francesca *'Die Geiselung'*
Urbino (Tour 12)

Die italienischen Eintrittspreise sind in den letzten Jahren brutal und teilweise unverschämt gestiegen, als könnte man damit die maroden Staatsfinanzen retten. Umso wichtiger sind daher Ermäßigungen: Kleinere Schulkinder haben häufig freien Eintritt. Dabei ist man bezüglich des Alters der Kinder großzügig. Staatliche Museen müssen Bürgern der EU, sind diese unter 18 oder über 65 Jahre alt, kostenlosen, Schülern und Studenten (gegen Ausweis) zum halben Preis Eintritt gewähren. Behinderten (und deren Begleitpersonen) gewährt man ebenfalls häufig einen Nachlass. Nehmen Sie also Ihren Renten- oder Behindertenausweis mit. Sie können damit viel Geld sparen.

Kirchen sind längst nicht mehr flächendeckend eintrittsfrei. Außerdem wird dort mittels Beleuchtungsautomaten kassiert. Will man Fresken, ein Altarbild oder eine Kanzel richtig genießen, sollte man Geldstücke in der Tasche klimpern lassen und darf damit nicht knausern. Das Licht bewirkt oft Wunder.

Zu unseren beliebtesten Zielen gehören die Dörfer, die von der Vereinigung ***I borghi più belli d'Italia*** *(Die schönsten* Dörfer Italiens) als Mitglieder aufgenommen worden sind. Wir zählen Ihnen die bei den Touren beschriebenen Orte hier nochmals auf. Soweit Dörfer in diesem Buch nicht behandelt werden, liegen sie meist abseits unserer Touren:

Arrone (Tour 7)	Bettona (Tour 5)	Bevagna (Tour 4)
Castiglione del Lago (Tour 1)	Cíngoli (Tour 10)	Corinaldo (Tour 12)
Gradara (Tour 13)	Grottamare (Tour 9)	Montecósaro (Tour 10)
Mondavio (Tour 12)	Montefalco (Tour 4)	Montelupone (Tour 10)
Norcia (Tour 8)	Offida (Tour 9)	Paciano (Tour 1)
Panicále (Tour 1)	San Gémini (Tour 6)	San Leo (Tour 13)
Spello (Tour 4)	Torgiano (Tour 5)	Trevi (Tour 4)
Vallo di Nera (Tour 8)	Visso (Tour 8)	

Wenn wir uns mit Listen beschäftigen, sollen hier auch die Bauwerke unseres Reisegebietes zusammen gefasst werden, die auf der **UNESCO-Liste des Welterbes** stehen, welche sich zusammen setzt aus Stätten des Weltkulturerbes, des Weltnaturerbes und des Erbes der immateriellen Kulturgüter:

Historisches Zentrum von Urbino (Tour 12)

Basilika San Francesco von Assisi und Gedenkstätten des Heiligen Fran-

in Camerino (Tour 11)

ziskus (Tour 5)
‚Die Langobarden in Italien, Orte der Macht – 568 - 774 n.Chr.‘ (Tour 4)

Telefonieren

Die **Ländervorwahlziffer** nach Italien ist stets die 0039, danach **muss die 0 der Ortsvorwahl mitgewählt** werden. Von Italien sind die Ländervorwahlziffern (ohne 0 der Ortsvorwahl):

von Italien nach Deutschland 0049
von Italien in die Schweiz 0041
von Italien nach Österreich 0043

In Italien wird (außer bei Notruf) immer die Ortsvorwahl einschließlich der 0 mitgewählt – auch aus demselben Ortsnetz – wie aus dem Ausland!! **Alle Angaben gelten auch für Funktelefone (Handys).**

Toiletten

Viele Leser denken bei diesem Stichwort nur an die legalen Entleerungsmöglichkeiten für das Chemieklo. Eine saubere **öffentliche Toilette** entlastet aber auch das eigene Klo und spart Chemie; darauf kann man gar nicht oft genug hinweisen. Wenn wir bei den Stellplatzempfehlungen Toiletten nennen, geschieht das nicht, um Ihnen einen Fingerzeig zur Entleerung Ihrer bordeigenen Chemietoilette zu geben, sondern das dient den Lesern, die ohne Toilette unterwegs sind oder ein Örtchen nur außerhalb der fahrbaren vier Wände aufsuchen (die Anzahl derer ist größer als man denkt). Die Chemietoilette sollten Sie dort möglichst nicht entleeren, weil das so gut wie nie ohne Spritzer abgeht und weil es dazu ausreichend Alternativen an den zahlreichen **Entsorgungsstationen** gibt. Sie finden diese auf unseren Touren und den Tourenkarten inzwischen flächendeckend, wenn auch längst nicht immer kostenlos. Seien Sie sparsam im Umgang mit Chemie und lassen Sie sich in Ihr Fahrzeug eine SOG-Toilettenentlüftung einbauen !

Unfall

Wenn das Schicksal Sie ereilt, sollten Sie als erstes daran denken, dass Sie auf sich selbst gestellt sind. So Sie einen Unfallgegner haben, notieren Sie sofort dessen Kennzeichen und unbedingt seine Versicherungsgesellschaft sowie die Versicherungsnummer. Beides können Sie von einem viereckigen Aufkleber hinter der Windschutzscheibe (bei Motorrädern in einer kleinen

Plastiktasche am Vorderbau des Fahrzeuges) ablesen. Es ist nämlich weiterhin schwierig, nur anhand des Kennzeichens den Haftpflichtversicherer zu ermitteln. Machen Sie möglichst eine Vielzahl von Fotos von Kennzeichen und Versicherungsplakette, den Unfallendständen, den Verkehrszeichen, Spuren und der Gesamtsituation. Die Polizei kommt nur bei schweren Sachschäden oder wenn Personen verletzt wurden. Falls der Unfallgegner keine Polizei möchte und Sie eindeutig schuld sind (die Verkehrsregeln sind im Wesentlichen die gleichen wie bei uns), falls niemand schwer verletzt worden ist, können Sie auch mit Ihrem Kontrahenten Formalitäten austauschen, ohne die Polizei zu rufen. Dann ersparen Sie sich nämlich mit hoher Wahrscheinlichkeit ein nicht geringes Bußgeld oder gar eine Kautionszahlung. Ihr **Haftpflichtversicherer** wird den Schaden nämlich auch regulieren, wenn Sie ohne Zuhilfenahme der Polizei über den Unfall wahrheitsgemäß berichten. Nur unverzüglich, das heißt so schnell Sie können, also spätestens am nächsten Tag, sollten Sie die Haftpflichtversicherung telefonisch informieren und Weisungen zu weiteren Verhaltensmaßnahmen entgegen nehmen. Einzelheiten können Sie meistens in der Heimat nach Rückkehr aus dem Urlaub nachreichen. Unterschreiben Sie nichts, was Sie nicht verstehen und lassen Sie sich nicht von gegnerischen Mitfahrern oder von Passanten beeinflussen.

Schon vor Jahren hat der EU-Gesetzgeber die **Regulierung von Unfallschäden** deutlich leichter gemacht: Wenn sich der Schaden in einem EU-Staat ereignet hat oder wenn der Unfallgegner aus der EU stammt, kann der Schaden von zu Hause aus in deutscher Sprache reguliert werden. Beim Zentralruf der Autoversicherer erfahren Sie in Deutschland (unsere Leser aus Österreich und der Schweiz bitte ich um Nachsicht, dass ich die Einzelheiten nicht recherchieren konnte) unter 0180-25026, falls Sie das Kfz-Kennzeichen und möglichst auch die Versicherung des Unfallverursachers angegeben haben, einen Regulierungsbeauftragten, meist ein anderes Versicherungsunternehmen. Dort melden Sie Ihre Ansprüche an. Es gilt aber das Schadensrecht des Unfallortes (also die dortigen Verkehrsregeln und auch die dortige Gesetzgebung über Schmerzensgeld, Rentenansprüche etc.). Informationen finden Sie unter *www.adac.de/Auslandsunfall*. Inzwischen können deutsche Bürger Schadensersatzansprüche aus einem in Italien von einem Italiener verursachten Verkehrsunfall auch in Deutschland vor deutschen Gerichten, aber nach italienischem Recht, einklagen. Das ist wesentlich besser als früher, aber immer noch so kompliziert, dass ich Ihnen weiterhin eine **Rechtsschutzversicherung** dringend empfehle. Dass Sie für Ihr Wohnmobil eine Vollkaskoversicherung abschließen sollten, muss ich nicht gesondert erwähnen.

Sie haben ein Wohnmobil **gemietet**? Fragen Sie Ihren Vermieter *vor* Abschluss des Mietvertrages, ob das Fahrzeug auch vollkaskoversichert ist. Fragen Sie Ihren Vermieter nach der Rechtsschutzversicherung. Falls er keine unterhält, Sie sich aber selbst rechtsschutzversichert haben, beispielsweise für Ihr normales Auto, genießen Sie Rechtsschutzversicherungsschutz auch als Fahrer eines fremden Autos, sofern Ihre eigenen Rechte betroffen sind. Dieses gilt für den gesamten strafrechtlichen Bereich, also für Geldstrafen, Freiheitsstrafen (manch einem kann der Urlaub nicht alternativ genug sein) und auch für die Durchsetzung Ihrer eigenen Schadensersatzansprüche, wenn Sie einen Körperschaden erlitten haben. Achten Sie darauf, dass Ihre Familienmitglieder in dieser Rechtsschutzversicherung mitversichert sind. Wir können Sie, um dieses unheilvolle Kapitel zu beschließen, nicht eindringlich genug bitten, alle diese Dinge nicht auf die leichte Schulter zu nehmen.

Schließen Sie nach einem Unfall sofort das **Gasflaschenventil**. Weitere Tipps geben wir Ihnen oben unter dem Stichwort *Notfälle* und zur **Schlauchbruchsicherung** an der Gasflasche unter *Gas*.

Zuletzt verweisen wir auf das Stichwort *Notfälle*. Sowie darauf, dass unsere versicherungsrechtlichen Ratschläge nur für Deutschland überprüft sind.

Verkehr/ Tankstellen

Gemeint sind die Vorschriften in Italien, wir nennen Ihnen die überraschendsten:

Auf zahlreichen Straßen muss man bis ins Frühjahr (beispielsweise vom 15.11. bis zum 15.4.) **Schneeketten** mitführen – kein Mensch tut das.

Ein **Reservekanister** ist verboten. Aber Sie wären vermutlich der erste Leser, der kurz vor der Grenze die 5 l in den Fahrzeugtank umfüllt.

Ein Bußgeld riskieren Sie, wenn Sie keine **Warntafel** an Ihrem überstehenden Heckgepäckträger angebracht haben, selbst wenn dieser hochgeklappt ist. Der sogenannte *Panello* muss aus Alu sein, die früher gebräuchliche Plastiktafel ist bei Einheimischen noch häufig im Einsatz, sie wurde aber schon vor Jahren verboten. Und es hört sich nicht an wie ein Gerücht, wenn gemunkelt wird, die Warntafelindustrie habe Dankesschreiben an die Bürokratie geschickt.

Die Empfänger solcher Post sind dieselben, denen die Warnwestenindustrie die Füße küsst, muss doch in Italien und Österreich, wie inzwischen auch in Deutschland und der Schweiz, jeder, der pannen- oder unfallbedingt sein Auto verlässt, eine gestreifte **Warnweste** tragen, also auch die Beifahrer.

Die Glühlampenindustrie wird sich über verstärkten Birnenverbrauch freuen und ebenfalls Danke sagen: Seit dem Jahr 2003 ist in Italien <u>außerorts</u> auch tagsüber auf <u>allen</u> Straßen **Abblendlicht** vorgeschrieben (was auf Landstraßen nur etwa jeder Dritte befolgt). Österreich hat die Lichtpflicht wieder abgeschafft, dafür wurde sie in der Schweiz eingeführt.

Die Strafen sind saftig: 200 Euro, wenn der *Panello* fehlt. 1.000 Euro und der Führerschein sind nach einer Geschwindigkeitsüberschreitung von mehr als 40 km/h in den Händen der Polizei. Für Geschwindigkeitsüberschreitung unter 40 km/h können zwischen 100 und 400 Euro fällig werden. Selbst wer nur bis zu 10 km/h zu schnell ist, zahlt zwischen 25 und 100 Euro. Kurvenschneiden oder das Befahren des Sicherheitsstreifens bringen ebenfalls den Führerschein in Gefahr.

Dafür werden **stationäre Blitzer** durch Verkehrsschilder deutlich angezeigt. Man zahlt also für seine Unaufmerksamkeit.

Wenn die Parkplatzmarkierungen aus **blauen Linien** bestehen, ist der Parkscheinautomat nicht weit, das Parken kostet nämlich Geld. Auch auf kommunalen Stellplätzen kommt immer mehr blaue Farbe zum Einsatz. **Gelbe Linien** bedeuten Parkverbot.

Zebrastreifen sind für deutsche Fußgänger gefährlich, weil italienische Autos nicht anhalten – und für deutsche Autos, wenn sie anhalten. Damit rechnet kein italienischer Hintermann.

Auf den Autobahnen ist an den **Mautstellen** größte Vorsicht geboten. Wer sich auf der falschen Spur eingeordnet hat, weil er zum Beispiel die *Telecard* mit der *Via Card* verwechselt hat und dann rückwärts fährt, muss sich einen Ersatzfahrer suchen, falls die Polizei zuschaut. Die zieht nämlich dann sofort den Führerschein ein, weil man auf der Autobahn bekanntlich nicht rückwärts fahren darf. Wenn Sie also in die falsche Spur gelangt sind, bleiben Sie stur stehen und warten Sie, bis Ihnen das Personal zu Hilfe kommt. Nehmen Sie dennoch auf **italienischen Autobahnen** die mit ***Viacard*** gekennzeichnete Spur und stecken Sie Ihre Kreditkarte (*Visa* und *Eurocard* funktionieren, aber meistens nicht die *ec-Karte*) in den Schlitz (ohne Geheimzahl und Unterschrift, den Magnetstreifen rechts unten), und Sie düsen nach wenigen Minuten weiter!

Ab **1,5 Promille Blutalkohol** wird Ihr WOMO vom italienischen Staat eingezogen und versteigert. Sie bekommen vom Erlös aber keinen Cent ab!

Zur Schonung Ihrer Urlaubskasse nachfolgend eine Tabelle über die erlaubten Höchstgeschwindigkeiten (km/h):

	Autobahn	**Landstraße**	**Ortschaft**
Schweiz	120	80	50
Österreich	130	100	50
Italien	130	90	50

Bei Drucklegung gab es im Zielgebiet zwar verschiedene **Umweltzonen**, aber keine hat uns beeinträchtigt. Jedenfalls haben wir keine uns behindernden Verbotsschilder gesehen.

Eine **grüne Versicherungskarte** ist für Italien wie auch für die Transitländer nicht erforderlich, sie wird aber allgemein empfohlen. Wir empfehlen Ihnen auch dringend eine **Vollkaskoversicherung** und einen **Schutzbrief**, beides halten wir, genauso wie die **Rechtsschutzversicherung** für eine Selbstverständlichkeit wie die Auslandskrankenversicherung.

Dem **schlechten Zustand** vieler Straßen sieht man den schlechten Zustand der italienischen Staatsfinanzen zunehmend an. Das **Tankstellennetz** ist in Italien dicht. Aber die meisten Säulen sind über Mittag zwischen 12.30 und 15 Uhr geschlossen. Auch sonntags ist es oft schwierig, eine offene Zapfstelle zu finden. Beides gilt nicht für Autobahnen, wo Sie 24 Stunden tanken können. Falls die Tankstellen bestreikt werden, gibt es auf den Autobahnen trotzdem Sprit, weil dort der Streik verboten ist. Die Urlaubskasse wird entlastet, wenn Sie an den zunehmenden Selbstbedienungssäulen tanken. Sie erkennen diese an der Beschriftung *fai da te (mach es selbst)*. Tanken Sie, bevor Sie Italien erreichen, denn nirgends ist der Sprit teurer!

Vorsicht ist beim verbreiteten **Tanken per Automaten** geboten. Leser haben berichtet, dass kein Diesel geflossen ist, obwohl der Automat den Geldschein geschluckt hat (mit kleinen Scheinen ausprobieren). Bei uns hat die Betankung allerdings stets funktioniert, wenn auch meist mit der Visa-Karte und erst nach längerem Austesten der richtigen Bedienungsreihenfolge.

Wanderungen

Wir möchten Sie bei den Reisebeschreibungen mit einigen selbst getesteten Vorschlägen zu Wanderungen und Spaziergängen verleiten. Wandern oder, wie die Italiener sagen, *Trekking*, ist in Mittelitalien längst in Mode. Nur sind leider die äußeren Voraussetzungen dafür nicht gerade ideal. Damit meine ich weniger die Landschaft, wenngleich auch hier ein paar Einschränkungen zu beachten sind: Im Sommer ist es heiß, und lange schattige Wege dürfen Sie nicht überall erwarten. Sie müssen bedenken, dass Sie durch ein südeuropäisches Land stiefeln, das auf größeren Abschnitten nicht bewaldet ist. Sie sollten deshalb ausreichend Wasser mitschleppen. Auch im Sommer muss man sich gegen plötzliche Witterungsumschläge wappnen, da es in den Bergen, wo die reizvollsten Wanderrouten verlaufen, unvorhergesehen gewittern kann. Und noch im späteren Frühjahr müssen Sie in den höheren Regionen der Sibillinischen Berge mit Schneefeldern rechnen. Bei allen Witterungen und in jeder Jahreszeit würde ich mich schon wegen der in Italien beheimateten Schlangen ohne stabile Wanderschuhe nirgends auf den Weg machen!

Die Anzahl der markierten Wanderwege hat sehr stark zugenommen. Das gilt auch für die **Wanderkarten**: Der Südtiroler Kompass-Verlag *(www.kompass.at)* hat im Maßstab 1:50.000 sieben ordentliche Karten herausgegeben, die Sie in Italien in fast jedem touristisch orientierten Ort bekommen. Sie können sie auch schon in der heimischen Buchhandlung oder bei *amazon* bestellen. Mit Hilfe dieser Karten, auf denen Wanderwege eingezeichnet sind, ist der größte Teil Umbriens und ein erheblicher Teil der Marken abgedeckt. Auch außerhalb der markierten Strecken können Sie sich mit den Karten meistens orientieren. Fast flächendeckend sind auch italienische Karten über die Marken im Maßstab 1:50.000 im Handel *(Carta Escursionistica* des *Instituto*

Rundwanderung ab San Cipriano (Tour 12)

Geografico Adriatico).

Wanderführer von unserem Zielgebiet gibt es inzwischen nur noch vom Bergverlag Rother (Rother Wanderführer): ***Umbrien*** von **Rolf Goetz** und ***Marken-Adriaküste*** von **Ursula und Claus-Günter Frank**. Die Bücher sind aus unserem Wanderleben nicht wegzudenken und haben mich auch bei einigen meiner Vorschläge geleitet.

Nachfolgend fasse ich die in diesem Buch abgewanderten 17 Strecken zur besseren Übersicht noch einmal zusammen:

Von Tuoro zum Feld der Schlacht am Trasimenischen See (Tour 1)
Von Panicále mit Paciano (Tour 1)
Von Spello nach Collepino (Tour 4)
Von Assisi zur Eremo delle Carceri (Tour 5)
Von Assisi zur Basilika Santa Maria degli Angeli (Tour 5)
Von Cesi auf den Monte Torre Maggiore (Tour 6)
Von Ferentillo zur Abtei San Pietro in Valle (Tour 7)
Von Spoleto auf den Monteluco (Tour 7)
Von Preci zur Abbazia di Sant'Eutizio (Tour 8)
Von der Forca d'Ancarano auf den Monte Patino (Tour 8)
Rundweg bei Castelluccio (Tour 8)
Zur Einsiedelei von Colle San Marco (Tour 9)
Von Sirolo zum Ex Convento Camaldolesi (Tour 10)
Von Gubbio auf den Monte Ingino (Tour 11)
Rundweg bei Mondavio (Tour 12)
Rundwanderung ab San Cipriano (Tour 12)
Von San Leo ins Tal des Marecchia (Tour 13)

Wasserversorgung

Wir haben noch in keinem anderen Reisegebiet so viele öffentliche Wasserzapfstellen gesehen.

Wir verfügen allerdings über einen etwa 8 m langen Wasserschlauch und setzen Ähnliches auch bei Ihnen voraus. Wenn Sie nämlich nur ein kurzes Schläuchlein mit einem einzigen Anschlussstück mitführen, wird es gelegentlich Probleme geben. Wir besitzen außerdem verschiedene, etwa 40 cm lange Schlauchenden (es gibt in den Baumärkten bei uns durchsichtige PVC-Schläuche, bei denen der jeweils kleinere genau in den nächst größeren hineingesteckt werden kann), mit deren Hilfe man seinen Schlauch jeder Dicke eines Wasserhahns, der vorne kein Gewinde hat, anpassen kann. Notfalls kann man den Schlauch auch in den Wasserhahn hineinstecken. Außerdem gibt es im WOMO-Handel (zumeist mit einem Duschkopf) einen kurzen Schlauch mit einem dehnbaren Gummianschluss, den man über die meisten Wasserhähne schieben kann. Befestigen Sie dieses Gummiteil an Ihrem Füllschlauch! Wir halten es allerdings für völlig unangebracht, den Schlauch in einem Friedhof anzuschließen – oder generell fremdes Wasser im Übermaß kostenlos und ungefragt zu bunkern.

Wir hantieren seit Jahren mit einer 10 l Gießkanne, es gibt nichts Praktischeres, wenn man diese sauber hält und unterwegs Platz für sie hat. Alternativ empfehle ich einen faltbaren Wasserkanister, bei dem das Umfüllen in den eigenen Tankstutzen allerdings schwieriger ist.

An den öffentlichen Zapfstellen bekommen Sie durchweg Trinkwasser, dessen Qualität von uns natürlich nicht analysiert werden kann, dafür entkeimen wir ziemlich regelmäßig mit *Micropur*, einem geruchs- und geschmacklosen Mittelchen auf der Basis von Silberionen, frei von Chlor und Jod, das auch der Veralgung Ihrer WOMO-Wasserleitungen vorbeugen soll.

Wein

In Band 8 habe ich Sie in die Geheimnisse der italienischen Weinklassifizierung eingeführt. Daran möchte ich anknüpfen.

Das meiste, was ich in einer früheren Auflage über umbrische Rotweine geschrieben habe, können Sie vergessen. Es war noch kurzlebiger als ein Stellplatz. Die Preise sind nämlich dramatisch gestiegen, neuerdings jedoch wieder leicht gesunken. Aktuell geblieben ist meine Beschreibung des Weins, insbesondere die Behauptung, dass Sie in Umbrien guten Rotwein kaufen können, wenngleich die Spitzenerzeugnisse ein wenig lieblicher sind als in der Toskana und nicht ganz die Klasse eines guten *Brunello* besitzen. Aber preislich rangiert die Mehrheit noch mindestens eine Klasse tiefer. Der berühmteste Rotwein Umbriens ist der ***Sagrantino di Montefalco***. Er wächst, Sie ahnen es, bei Montefalco und wird aus einer eigenen Traube hergestellt, der Sagrantinotraube, und war ursprünglich hauptsächlich ein Süßwein, der zwar heute auch noch produziert wird, aber nur noch in geringer Menge. Er nennt sich dann *Passito*.

Der *Sagrantino* begegnet Ihnen in fast allen Geschäften Umbriens, die Wein verkaufen. Die Preisunterschiede sind allerdings deutlich, es gibt leider auch viel schlechten *Sagrantino*. Die großen Supermärkte bieten am preisgünstigsten an. Nach meinen Erfahrungen sparen Sie nur wenig, wenn Sie direkt zum Winzer fahren (der allerdings meistens nicht so zulangt wie der Touristen-Shop). Ich decke mich inzwischen häufig bei *Coop* (zum Beispiel in Spoleto) ein. Der einzige Nachteil besteht darin, dass Sie den Wein dann nicht fertig in Kartons verpackt ins WOMO tragen können. Sehr zufrieden war ich stets von den verschiedenen Jahrgängen des Winzers *Caprai*, dessen Wein aber der teuerste von Montefalco ist (ein Besuch des Weingutes lohnt sich nicht, der Wein ist dort nicht preisgünstig, und das Personal ist unlustig). Wesentlich billiger ist ein *Sagrantino*, der gar nicht in Montefalco abgefüllt wird, den es fast überall bei *Coop* gibt – zuletzt für rund 11 Euro. Es ist der *Sagrantino* von *Spoleto Ducale*, den Sie daran erkennen, dass auf dem Etikett ein Ritter zu Rosse abgebildet ist. Unter allen Rotweinen, die mir auch jetzt, bei der Überarbeitung und nach neuen Rechercheeisen, in Erinnerung sind, ist er der Tropfen mit dem besten Preis-/Leistungsverhältnis. Selbst echte Weinkenner werden sicher zugeben, dass man lange suchen muss, um für diesen Preis einen ähnlich ausgewogenen Rotwein zu finden. Wobei an dieser Stelle einmal gesagt werden muss, dass die Zeiten, in denen man für unter 10 Euro einen wirklich guten Rotwein finden konnte, lange vorbei sind.

Wer weniger tief in die Tasche greifen möchte, muss auch nicht verdursten. Dem sei der ***Rosso di Montefalco***, der kleine Bruder des *Sagrantino*, empfohlen, der meistens von jungen Sagrantino-Weinstöcken stammt und der ebenfalls ein Wein mit überdurchschnittlicher Qualität ist. Hier habe ich mich auf den *Rosso* von *Caprai* eingestimmt, den man für 10 Euro kaufen konnte. Zu empfehlen sind auch *Rosso* und *Sagrantino* des Weinguts *Adanti* in Bevagna (Tour 4), wo sich der Direkteinkauf lohnt.

Berühmt ist ferner der ***Rubesco***, der keine Traubensorte, sondern eine Marke ist, unter welcher die Fattoria *Lungarotti* verschiedene Traubensorten, die in der Nähe des Städtchens Torgiano (Tour 5) wachsen, verschneidet. Der *Riserva*, ein Wein mit 3 Jahren Fasslagerzeit, gehört zu den besten Rotweinen Mittelitaliens, der allerdings wenigstens 5, besser 10 Jahre braucht, um vollends zu reifen. Ein solcher *Rubesco* von *Lungarotti* war zuletzt nicht unter 20 Euro zu haben. Der einfache *Rubesco* kostet so viel wie ein *Rosso di Montefalco* und schmeckt auch so ähnlich.

Die dritte Weingröße Umbriens ist die unbekannteste: Es ist Rotwein aus der Weinlage *Assisi*, der von den Brüdern ***Sportoletti*** bei Spello (Tour 4) produziert wird und den Sie nicht im Supermarkt – aber in Lebensmittelgeschäften in Spello – kaufen können (am günstigsten jedoch direkt beim Erzeuger an der alten Landstraße von Spello nach Assisi, etwa 2 km nördlich von Spello). Das Spitzenerzeugnis ist die *Villa Fidelia*. Kaum hatte die WOMO-Reihe sie entdeckt, kamen im Jahr 2001 auch schon die Leute vom berühmten Weinführer *Gambero Rosso* und verpassten ihr die Höchstnote: *3 Gläser*. Die Folgen waren ein beim Direkteinkauf auf 19 Euro gestiegener Flaschenpreis und ein gewaltiger Neubau. Was sich ja nicht widerspricht. Bei den jüngeren Jahrgängen hat eine Reduzierung der Bewertung auf nur noch *2 Gläser* den Preisanstieg gedämpft. Mit 15 Prozent Alkohol ist mir der Wein auch zu schwer geworden.

Ein guter Tipp unter den Roten ist aber weiterhin *Sportolettis* schlichtere Variante, die sich *Rosso Assisi* nennt. Für 7 Euro müssen Sie immer noch lange nach Besserem suchen!

Unter den **umbrischen Weißweinen** ist eigentlich nur der *Orvieto* bekannt, der mich nie überzeugt hat und der im Grunde ein Allerweltswein ist. Die Mitnahme nach Hause lohnt sich also nicht. Falls Sie eingefleischter Weißweintrinker sind, sollten Sie in Umbrien zur nicht ganz billigen weißen *Villa Fidelia* von *Sportoletti* (etwa 10 Euro) greifen.

Auch in den **Marken** wächst guter Wein: Vom **weißen Verdicchio dei Castelli di Jesi**, aus der Verdicchio-Traube, ist bei den Touren die Rede. Ich empfehle die Erzeugnisse des Hauses ***Garofoli***, Loreto (Tour 10), den *Macrina* für 6 Euro oder die Steigerung, den *Serra Fiorese*, für knapp 10 Euro, ein richtig guter Weißwein. Das Konkurrenzprodukt ist der *Gaiospino* von der **Fattoria *Coroncino*** in Staffolo (das liegt südlich der SS 76, der vierspurigen Straße von Ancona nach Fabbriano – Tour 11), ein überdurchschnittlich guter Weißwein für rund 12 Euro, dessen Eigenimport lohnt, und der Ihnen auch zu Hause bestens gefallen wird.

Unter den märkischen **Roten** sind unsere Erfahrungen aus Kostengründen geringer. Aber der *Sassi Neri* der **Fattoria *Le Terrazze*** aus Numana (südlich von Sirolo – Tour 10; Via del Musone 4, an der Straße von Numana nach Loreto, südwestlich von Marcelli) ist eine Wucht, exzellent bewertet und mit rund 22 Euro relativ (!!) preiswert. Falls es überhaupt noch eine Steigerung gibt, heißt diese *Chaos* und kostet beim selben Erzeuger rund 28 Euro. Unsere Tipps für Leser, die was Gutes für Weihnachten und zur Gans einpacken möchten (der einfache *Rosso* hat mich nicht so überzeugt).

Das Stichwort *Wein* am Ende jeden Buches ist eine schwere Hypothek, erweckt es den Eindruck, mit meinen Büchern sei der Urlaub teuer. Das täuscht und liegt an der Preisexplosion europäischen Rotweins und weil ich Ihnen hier keine Durchschnittsware empfehle. Aber soll ich deshalb das Weinkapitel streichen – und mit dem *Wasser* mein Werk vollenden? Wir haben am Schluss der Bücher oftmals angestoßen, und im Toskana-Buch gab es an dieser Stelle, nicht zuletzt wegen der Hypothek, schon ordinäres Bier. Das muss man aber nicht wiederholen.

Der Wein ist immer noch einer der schönsten Gründe für eine WOMO-Reise nach Italien.

Stichwortverzeichnis

Perugia (Tour 5)

Info-Blatt aus dem WOMO-Buch: Umbrien & Marken '15
(komplett ausgefüllt erhalte ich 10% Info-Honorar auf Bestellungen direkt beim Verlag)

Lokalität: Seite: Datum:
(Stellplatz, Campingplatz, Wandertour, Gaststätte, usw.)
unverändert gesperrt/geschlossen folgende Änderungen:

Lokalität: Seite: Datum:
(Stellplatz, Campingplatz, Wandertour, Gaststätte, usw.)
unverändert gesperrt/geschlossen folgende Änderungen:

Lokalität: Seite: Datum:
(Stellplatz, Campingplatz, Wandertour, Gaststätte, usw.)
unverändert gesperrt/geschlossen folgende Änderungen:

Lokalität: Seite: Datum:
(Stellplatz, Campingplatz, Wandertour, Gaststätte, usw.)
unverändert gesperrt/geschlossen folgende Änderungen:

Lokalität: Seite: Datum:
(Stellplatz, Campingplatz, Wandertour, Gaststätte, usw.)
unverändert gesperrt/geschlossen folgende Änderungen:

Lokalität: Seite: Datum:
(Stellplatz, Campingplatz, Wandertour, Gaststätte, usw.)
unverändert gesperrt/geschlossen folgende Änderungen:

Meine Adresse und Tel.-Nummer:
(nur komplett ausgefüllte, zeitnah eingesandte Infoblätter können berücksichtigt werden)

Wir bestellen zur sofortigen Lieferung: (Alle Preise in € [D], Preisänderungen vorbehalten)

- ☐ Wohnmobil Handbuch ... 19,90 €
- ☐ Wohnmobil Kochbuch ... 12,90 €
- ☐ Heitere WOMO-Geschichten ... 6,90 €
- ☐ Multimedia im Wohnmobil ... 9,90 €
- ☐ Gordische Lüge – WOMO-Krimi ... 9,90 €
- ☐ Albanien ... 19,90 €
- ☐ Allgäu ... 17,90 €
- ☐ Auvergne ... 19,90 €
- ☐ Baden-Württemberg ... 19,90 €
- ☐ Bayern (Nordost) ... 19,90 €
- ☐ Belgien & Luxemburg ... 18,90 €
- ☐ Bretagne ... 18,90 €
- ☐ Burgund ... 17,90 €
- ☐ Dänemark ... 19,90 €
- ☐ Elsass ... 18,90 €
- ☐ England ... 18,90 €
- ☐ Finnland ... 18,90 €
- ☐ Franz. Atlantikküste (Nord) ... 17,90 €
- ☐ Franz. Atlantikküste (Süd) ... 17,90 €
- ☐ Griechenland ... 19,90 €
- ☐ Hessen (Norden + Osten) ... 19,90 €
- ☐ Hunsrück/Mosel/Eifel ... 19,90 €
- ☐ Irland ... 19,90 €
- ☐ Korsika ... 17,90 €
- ☐ Kreta ... 14,90 €
- ☐ Kroatien / Montenegro ... 19,90 €
- ☐ Latium/Rom/Abruzzen ... 18,90 €
- ☐ Ligurien ... 17,90 €
- ☐ Loire-Tal/Paris ... 17,90 €
- ☐ Languedoc/Roussillon ... 19,90 €
- ☐ Marokko ... 19,90 €
- ☐ Namibia ... 19,90 €
- ☐ Neuseeland ... 24,90 €
- ☐ Niederlande ... 19,90 €
- ☐ Nord-Frankreich ... 18,90 €
- ☐ Normandie ... 17,90 €
- ☐ Norwegen (Nord) ... 19,90 €
- ☐ Norwegen (Süd) ... 19,90 €
- ☐ Österreich (Ost) ... 19,90 €
- ☐ Österreich (West) ... 18,90 €
- ☐ Ostfriesland ... 19,90 €
- ☐ Peloponnes ... 18,90 €
- ☐ Pfalz ... 19,90 €
- ☐ Piemont/Aosta-Tal ... 19,90 €
- ☐ Polen (Nord/Masuren) ... 17,90 €
- ☐ Polen (Süd/Schlesien) ... 17,90 €
- ☐ Portugal ... 17,90 €
- ☐ Provence & Côte d'Azur (Ost) ... 18,90 €
- ☐ Provence & Côte d'Azur (West) ... 18,90 €
- ☐ Rumänien ... 19,90 €
- ☐ Pyrenäen ... 17,90 €
- ☐ Sachsen ... 19,90 €
- ☐ Sardinien ... 19,90 €
- ☐ Schleswig-Holstein ... 19,90 €
- ☐ Schottland ... 18,90 €
- ☐ Schwarzwald ... 17,90 €
- ☐ Schweden (Nord) ... 18,90 €
- ☐ Schweden (Süd) ... 19,90 €
- ☐ Schweiz (Ost) ... 19,90 €
- ☐ Schweiz (West) ... 18,90 €
- ☐ Sizilien ... 18,90 €
- ☐ Slowenien ... 17,90 €
- ☐ Spanien (Nord/Atlantik) ... 19,90 €
- ☐ Spanien (Ost/Katalonien) ... 18,90 €
- ☐ Spanien (Süd/Andalusien) ... 17,90 €
- ☐ Süditalien (Osthälfte) ... 19,90 €
- ☐ Süditalien (Westhälfte) ... 17,90 €
- ☐ Süd-Tirol ... 18,90 €
- ☐ Thüringen ... 19,90 €
- ☐ Toskana & Elba ... 19,90 €
- ☐ Trentino/Gardasee ... 17,90 €
- ☐ Tschechien ... 18,90 €
- ☐ Tunesien ... 17,90 €
- ☐ Türkei (West) ... 18,90 €
- ☐ Türkei (Mitte-Kappadokien) ... 17,90 €
- ☐ Umbrien & Marken mit Adria ... 18,90 €
- ☐ Ungarn ... 17,90 €
- ☐ Venetien/Friaul ... 19,90 €